Manual introductorio a la

Ginecología Natural

TERCERA EDICIÓN

PABLA PÉREZ SAN MARTÍN
ilustraciones de EL COMETA LUDO

Primera edición: solsticio de invierno 2009
Segunda edición: equinoccio de primavera 2011
Tercera edición: solsticio de invierno 2015

www.ginecosofia.*com*

ISBN: 978-956-09041-2-6
RPI: 254.821

Dirección editorial: Meli Wortman para Chanchajistán

Diseño de cubierta: Nicolás Sagredo

Ilustraciones de cubierta: Priscila Barbosa

Diseño de interiores e ilustraciones: El Cometa Ludo

Impresión: Andros

Impreso en Chile / Printed in Chile.

«Las flores de mi jardín
han de ser mis enfermeras».

VIOLETA PARRA

«La Iglesia dice: el cuerpo es una culpa.
La ciencia dice: el cuerpo es una máquina.
La publicidad dice: el cuerpo es un negocio.
El cuerpo dice: yo soy una fiesta».

EDUARDO GALEANO

ACLARACIÓN IMPORTANTE

Este libro es un manual introductorio para acompañar el trabajo personal e integral en cuanto a la salud sexual que cada una deberá desarrollar a su propio ritmo y en su contexto particular. Este libro no crea expertas en *ginecología natural*, no promueve una nueva "especialidad médica alternativa" ni es material para brindar talleres con fines de lucro.

Al contrario que la industria médica, que estandariza diagnósticos y tratamientos, creemos que lo que te resulte efectivo a ti no siempre tendrá el mismo resultado en otra mujer. Todo lo que se recomienda en este libro es parte de un proceso total. La aplicación de recetas aisladas no garantiza resultados positivos. Además, este libro no entrega diagnósticos médicos y deberá complementarse con una asesoría médica en casos delicados de salud.

Agradecemos la comprensión y el respeto por estas sabidurías ancestrales.

Las queremos sanas y salvas, mimadas y profundamente expertas en ustedes mismas. Ese proceso es lento, largo y responsabilidad de cada una, en comunidad.

Índice

Bienvenida

El ardiente deseo del conocimiento es inagotable para nosotras. La búsqueda nos lleva hacia el recuerdo, hacia algo que olvidamos y no dilucidamos bien de qué se trata.

Nos deslizamos hacia un saber que nos pertenece. Nuestra matriz palpitante nos lo recuerda, en los sueños y en los orgasmos. Ella nos renace y despierta. Ella, centro de nuestro equilibrio, la corteza que nos une con el todo y con el origen.

Es un camino a veces oscuro y doloroso, pero nosotras sabemos que no solo somos flores, sino también espinas. La travesía nos llama, porque el sendero hacia el indescifrable destino también pasa por primaverales estaciones de gozo. Y en el andar nos volcamos otras, en ocasiones niñas, mujeres, madres y hasta abuelas del tiempo. La ruta es vasta, pero nuestras almas aúllan juntas cantos familiares –aunque desconocidos– que hacen del viaje una hermandad hacia ese antiguo conocimiento, ese que en su paso da vida y la nutre, cuida, sana y hasta levanta muertos de sus tumbas.

Nada nos detiene, menos si nuestro fuego creador late al ritmo de la matriz palpitante, la que nos mantiene unidas a nuestra *mapu* [tierra].

Algunos le temen a nuestro andar, dicen que nos volvemos peligrosas *kalkus* [brujas] cuando nos adentramos en las ruinas de los misterios. Los depredadores siempre están al acecho, para hacernos volver al camino establecido y recto, en el cual nuestro sentir se medicaliza, nuestra palabra se censura, nuestras manos no se ensucian y la ropa siempre se mantiene prolija. Nos alejan de un sentimiento en común, de nosotras mismas y de nuestra gran *ñuke* [madre] hasta que quedamos huérfanas. Pero siempre el latido y el resonar de las tormentas y las fuerzas ocultas de la Naturaleza nos reclaman para retornar hacia ese entrañable y desconocido vestíbulo.

Solo estoy aquí para susurrarte lo que alguna vez me contaron: que los caminos siempre serán distintos. Debo seguir el mío. Te aliento y, si me precisas, estaré en el viento, soplando fuerte para secar tus lágrimas, darte respiros y empujones de fuerza al andar. Es tiempo ya de que sigas el tuyo. Yo seguiré bordando historias, cocinando antiguas recetas y tejiendo frazadas de guerra… Protégete de tus miedos y de todas las verdades. Es tiempo ya de que abras las puertas hacia las profundidades de ti misma. Sumérgete.

Pabla Pérez San Martín

Equinoccio de otoño 2015
Putaendo, Chile

Introducción

Han pasado varios años desde que comencé este camino sobre el estudio de las plantas medicinales y la salud autogestiva. Los primeros esbozos para llegar a este libro fueron publicaciones sencillas de información que recopilé en diferentes viajes por Sudamérica mientras era estudiante de Sociología. Compilé todo el material que iba encontrando en mis acercamientos con otras mujeres: testimonios, recetas, noticias, citas de libros e importantes *fanzines feministas* inspirados en movimientos *self-help* y en las obras *Our bodies, Ourselves* y las guías de salud Hesperian, entre otras. En el año 2009, de modo artesanal, publico un primer *fanzine* agitador que es apenas una selección de textos críticos, y durante dos años sigo indagando para publicar finalmente un libro con investigación, fundamento y contexto social local.

El *Manual introductorio a la Ginecología Natural* que hoy tienes en tus manos es para mí el cierre de un ciclo y el resultado de una indagación que se hizo cada vez más profunda y transformadora. Como indica su título, esta es apenas una *introducción* en el camino de la búsqueda de nuestra propia salud.

Abrí una puerta que dio paso a un largo camino. Fueron aconteciendo muchos aprendizajes positivos, en medio del camino me retracté de muchas creencias, me equivoqué en pensar de manera radical, experimenté todo en mi cuerpo, me hice madre, acompañé a otras madres en sus partos, realicé una investigación durante diez meses con un equipo de investigadoras y como resultado escribí otro libro, *Del cuerpo a las raíces.* Fueron años de mucho crecimiento, de aprender y desaprender los paradigmas del mundo.

Lo más bello y nutricio fue que puse en práctica todo lo que creía y aprendí. Desde parir un hijo hasta recibir otros con mis propias manos. Comencé conmigo misma y luego con mis amigas, luego en talleres con más mujeres y hoy como aprendiz de Partería Tradicional, bajo las enseñanzas de muchas otras parteras y mujeres gestantes que me han ido acompañando.

Hoy, en esta tercera edición, corregida y actualizada con nuevas temáticas, pretendo incentivar a las mujeres a que se acerquen a la salud natural, considerándose seres integrales. Deben comenzar a amarse y a proteger cuerpo, mente y espíritu para lograr el equilibrio: pensamientos positivos, emociones liberadas y un cuerpo lozano y bien nutrido como puntos iniciales para vivir de manera saludable y libres de dolencias. Las plantas medicinales que aquí indicamos no trabajan solas; ayudan y acompañan procesos de sanación conscientes, nos ayudan en la medida en que nosotras mismas también queremos curarnos. Con esto no quiero decir que su poder sea poco relevante sino todo lo contrario: son muy poderosas. Por lo mismo, debemos confiar en ellas y pedirles que sanen nuestras enfermedades, respetando su tiempo y el que todo nuestro organismo necesita para sanarse. Esto será efectivo en la medida en que nos cuidemos y nos entreguemos al proceso de sanación.

Mi camino también comenzó lleno de preguntas y cuestionamientos, pero siempre llegaba a la misma respuesta: "lo natural es mejor". Y claramente, todo era más simple de lo que una creía cuando se trataba de preparar una infusión o una cataplasma para un tratamiento. Pero más simple aún se iba mostrando todo cuando me cuestionaba la raíz de mis dolores y de los desequilibrios manifestados por mi cuerpo como "enfermedades".

Lo mismo sucede cuando nos adentramos en la historia de la sexualidad de nuestra madre o abuela (nuestros principales referentes femeninos). Por muy diferentes que seamos de ellas, de a poco podemos ir entendiéndonos a nosotras mismas y reconocer qué es lo que estas vidas nos transmitieron de positivo y negativo, qué debemos cortar para cambiar el rumbo de la historia de nuestro linaje femenino. No podemos pararnos frente al mundo sin entender la historia de las generaciones pasadas, con sus triunfos y errores, que hoy nos tienen con vida. Resolver los dolores de nuestra útera se relaciona directamente con amigarnos con la Matriz desde la que se originó nuestra vida.

Hoy sigo investigando y publicando de manera independiente, al mismo tiempo que sigo el rumbo de la Partería Tradicional. No pensaba que aquella pequeña inquietud que tuve en un inicio posteriormente se convertiría en un camino de vida, que me llevó a recorrer muchos lugares del mundo aprendiendo de las mujeres y sus diversas culturas llenas de sabidurías... Y nada sería de este trabajo si no existieran mujeres y hombres como tú, interesadas/os por el cuidado y empoderamiento de su salud.

Las y los invito a disfrutar de este *Manual*, que veo como una pequeña y a la vez gran contribución al rescate del conocimiento y las tradiciones ancestrales de nuestras sabias mujeres, que hoy ya no están con nosotras.

CAPÍTULO I

Cuerpo y energía

UNA DECLARACIÓN DE PRINCIPIOS

«Agua soy que tiene cuerpo,
la tierra la beberá.
Fuego soy,
aire compacto, no he de durar».
Jaime Sabines

He vuelto a leer la primera edición de este libro. Tenía apenas veintiún años cuando la escribí. La primera presentación del texto era un *fanzine* o panfleto político contestatario y feminista, por supuesto. La portada era una vulva en primer plano llena de vellos, lo que fue para entonces un hecho un tanto desaprobado y hasta censurado, incluso dentro de un colectivo feminista, cuando me presenté con ella como afiche promocional para los talleres de sexualidad que impartía.

Han pasado varios años ya desde aquel entonces. Hoy releo mis escritos para darles una gran removida a todas esas ideas. Porque una crece, cambia y va rellenando los espacios de un gran puente. Con todo lo escrito sigo muy de acuerdo. Solo me hace ruido aquella manera racional y fragmentada que tuve para abordar la salud, trabajando solo desde el síntoma y de lo físicamente palpable. En el escrito que comencé a editar marcaba una y otra vez la palabra "cuerpo"; aparecía en reiteradas ocasiones para definir aquello que ha sido presa de castigos y condenas durante siglos. Demarcaba su trascendencia y la importancia de su liberación. Porque nosotras sabemos lo que es habitar un cuerpo amordazado por la cultura, la moral y los cánones de belleza. Sabemos lo que es el abuso, el acoso, la condena, los juicios, el sentirse un objeto en constante evaluación para los ojos del mundo, un cuerpo al que nadie quiere mirarle la vulva, y menos sin depilar, un cuerpo que se enferma, pero que también se excita y se apasiona como los volcanes. Cuando pude percatarme de la realidad de habitar un cuerpo, me sentí como en la punta de un iceberg y hasta elevé banderas de gloria… hasta ese entonces, de alguna manera, mi lucha por la sanación y la autogestión de la salud solo abordaba el cuerpo: la estructura física y material del ser humano.

Han pasado años y viví diversas experiencias de sanación con mujeres sabias, parí un hijo, me convertí en partera, trabajé más profundamente con las plantas medicinales, aprendí de los rituales, recordé las enseñanzas de mi abuela, entre otras vivencias que han sido el ímpetu de mis transformaciones. Comprendí entonces que el discurso inicial estaba inacabado. Algo no lograba completarse en esa búsqueda de soluciones para nosotras. Si bien es muy importante desempolvarnos y cuidar de nuestro cuerpecito tan magullado, comprendí que es quien divide nuestro mundo interno del externo, y es así como también nos disfraza y delata, ya que adentro hay una dimensión incorpórea, poco considerada como un elemento de nuestra totalidad, que también pide ser removida y levantada. Precisamos, igualmente, aprender de aquellas fuerzas que cohabitamos, comprenderlas, descolonizarlas, bruñirlas y cultivarlas para estar en equilibrio con nuestra totalidad.

En aquel momento, entre tanta intelectualidad, llegué a decir que "no somos más que un cuerpo". La conciencia y la energía se resumieron en una coraza política que explotó cuando unas mujeres sabias me encaminaron a sentir la vibración de mi cuerpo... digo, no de mi cuerpo sino... ¡de mi ser! y experimentar el poder de sanación que poseemos cuando traspasamos las barreras de la mente.

Comprendí el sinsentido de seguir cultivando panfletos bajo esa visión fragmentada, porque es bajo esa racionalización que ningún ser ayuda a sanarse, pues solo se trata al cuerpo, con "mimos", como un objeto separado, como el único escenario relevante. Tuve la lucidez de entender que en el cuerpo no se encuentran todas las respuestas. Para sanar nuestra salud, de nada sirve un manual de recetas para unir los retazos descosidos de un cuerpo, disfrazar una hierba en reemplazo de un medicamento o aplicar una cura en una zona determinada para que cicatrice superficialmente. De nada sirve aquello si no estamos conectadas con nuestro proceso, acudiendo a la raíz profunda que nos enferma y trabajando sobre ella; de nada sirve si no estamos conectadas con la energía vital que posee una planta medicinal, pues como nos enseñan aquí las yerbateras, es su alma la que nos sana. Y es que nadie nos enseña que para curarse, a veces, se necesita dejar de zurcir solo la cáscara; que una caricia al alma y una gran sacudida a nuestras energías (temas un tanto inexplicables para la mente lógica) a veces funcionan como la mejor medicina.

Creí que el autoconocimiento físico era la solución: conocer los recovecos de mi vulva, mi vagina, mi cérvix, mis glándulas, etcétera –espacios sobre los que poco y nada nos enseña la cultura–. Redescubrirlos sigue siendo para mí un ejercicio fundamental de promover, pero teniendo en cuenta que para los procesos de sanación el autoconocimiento no solo pasa por el cuerpo, ni tampoco por el entendimiento de su funcionamiento biológico y cíclico. Eso solo sigue redundando en el paradigma mecánico y de fragmentación.

Nadie nos enseña a conocernos, sobre todo a nosotras, las mujeres, que llegamos a conocer nuestra vulva después de que lo hizo nuestra pareja o el/la doctor/a. Conocer y comprender nuestro cuerpo y su funcionamiento es indispensable, aunque solo es una parte de este gran rompecabezas que es el mantenimiento de nuestra salud. Revisar con un espéculo el cérvix (ejercicio de autoexamen que promuevo en este libro) es una práctica fantástica de autogestión de nuestra salud. Pero la propongo solo como un ejercicio para redescubrir y evaluarnos cada cierto tiempo, ya que la comprensión de nuestros procesos como seres integrales va más allá del uso de estos instrumentos que, cabe destacar, fueron creados con base en el sufrimiento y la experimentación de muchas mujeres, y que sabemos manejar bajo la lógica médica.

Por ejemplo, llegar al punto de despertarte y saber que estás ovulando sin mirar un calendario ni revisarte con una herramienta médica ¡es fantástico! ¡Y posible! Porque hay algo más profundo, a lo que se llega con práctica y apertura para percibir lo que somos y habitamos. Ni un especialista, ni una herramienta médica, ni un libro de biología, ni un manual de ginecología natural pueden enseñarnos más que nosotras mismas sobre aquello de lo que estamos hechas, lo que sentimos y deseamos. Si bien nos pueden guiar en asuntos prácticos, hay que necesariamente sumergirse en un mundo abisal de sentir profundo que trasciende todo eso para escuchar las sabidurías de nuestro propio ser. Es así como vamos construyendo el camino hacia el poder de nuestra propia sanación.

> El don de sanar reside en cada uno de nosotros. No es un don que se concede solo a unos pocos. Es una cualidad innata suya y mía. Todo el mundo puede beneficiarse de la curación, y todo el mundo puede aprender a sanar. Cada cual puede sanarse a sí mismo y a los demás[1].

---

1 Brennan, B. (2006). *Manos que curan II.* Buenos Aires, Martínez Roca, p. 13.

En este nuevo andar y en esta nueva edición tampoco he encontrado las respuestas a todo. Y tampoco me empeñé en eso. Pero sí he aprendido suficiente de mí misma y necesitaba despojarme de aquel discurso que solo se remite a abordar el cuerpo –espacio que, reitero, es de mucha importancia, pero no el único–. Este libro pretende ser un manual de sanación integral, por lo cual necesitaba abrirse, crecer y, por supuesto, mejorar para ser un aporte en los procesos de salud/enfermedad de las personas y aportar a los movimientos de salud y autocuidado, una nueva mirada para vivir en armonía con la totalidad que cohabitamos.

En palabras de Ziley Mora a partir de su experiencia con la sabiduría mapuche, una se enferma a causa del *weda dungun*, de las "malas palabras" que una escucha desde pequeña, que quedan mal ubicadas en la cabeza, en el corazón y en las piernas… Desde el oído pasan a todas las partes del cuerpo y quedan mal colocadas en el alma. Las mujeres debemos buscar la manera de limpiarnos de todo lo que nos han contado y ocultado sobre nosotras mismas, de nuestros cuerpos, de nuestras "oscuras y pecadoras almas", de nuestra sexualidad, que pareciera ser, para la medicina, sinónimo de enfermedad.

Las invito a sumergirse en una revisión cabal de su salud para mantener su bienestar, que incorpore todos los pedazos y puntos cardinales de nuestra historia para comprendernos; a revisar su alimentación, sus relaciones sociales y familiares; a sanar el árbol ginecológico; a comprender el cuerpo y su simbología; a conectarse con la energía; a reconocer las emociones sin desconectar el cuerpo del alma y siendo una en amor y respeto con la *mapu* [tierra] que habitamos.

Por otra parte, sé que este libro ha llegado a estar en rincones del planeta muy lejanos al mío, y me he cuestionado mucho la posibilidad de que sea un manual "neutral", que pueda ser entendido por mujeres de diversas culturas y activismos… Sin embargo, he dejado esa ambición de lado y he dado rienda suelta a mis instintos y aprendizajes, ya que por más que quiera, no puedo sacar de mi perspectiva mi historia y mi cultura, que son el impulso de este trabajo. Por lo mismo, tengo muy presente que el enfoque que presento sobre la educación sexual o los caminos de sanación que expongo pueden ser muy diferentes a la educación y la cultura recibida en sus tierras. O que, incluso, los contenidos de este libro pueden desafiar las concepciones más cotidianas que tenemos, como la definición de "mujer" que uso por sentido común, para referirme a biomujeres, aunque comprendo los cuestionamientos que se hacen sobre las divisiones de sexo/ género. Es por esto que el presente libro puede ser usado por todas y todos, del lugar/espacio que sean y del sexo que habiten, por supuesto, rescatando todo lo positivo que pueda entregarles, sin la intención de propagar dogmas ni verdades absolutas.

Cada ser es única en este universo. Cargamos con una historia y con una misión diferente. Cada una debe recorrer su camino para evolucionar hacia el permanente bienestar. Cuestiono lo necesario que es rellenar estos espacios vacíos que nadie nos muestra ni señala. Y es que nos falta tanto alimentar el espíritu y el sentir profundo hacia nuestra salvaje naturaleza… pero existe un fuego escondido dentro de nosotras, una energía que nos une a la raíz profunda de nuestra *Ñuke Mapu* [Madre Tierra]. Las invito a alimentar aquella electricidad que nos conecta a la magia del universo para sanarnos. Porque nuestra vibración es tan solo una pequeña réplica de la vibración del cosmos. Que así lo sientas.

CAPÍTULO II

La mujer y la medicina

LA USURPACIÓN DE NUESTRA SEXUALIDAD

«Hay que darle la vuelta al cuento
que no cesan de contar:
no son príncipes azules
los que nos pueden salvar,
sino el dragón de la cueva
que vive en cautividad».

CASILDA RODRIGÁÑEZ

Mucho antes de que los tiempos empezaran a enumerarse por la androcéntrica Historia, la conciencia vivía vinculada con todos los seres que componemos el mundo. Cohabitaban en nosotras las interpretaciones mágicas de la realidad, las relaciones de comunidad, el juicio circular del tiempo, el "mito" del eterno retorno. Ya teníamos todo aquello que ahora nos parece imposible, increíble, inimaginable. La Madre se besaba al alba, nuestra boca rozaba la tierra –sustento de nuestras vidas– como acto de profunda gratitud ante la generosa Matriz que nos alberga. Una con la Madre, serpenteábamos de placer. Hasta que la sabiduría se hizo remota y lejana a todos los secretos de nuestro vientre; hasta que una caricia desgarrada y mezquina nos la arrebató, en la noche en la que los Padres se alzaron contra la libertad de nuestra corazonada silvestre, aquella noche oscura de la masacre, cuando a las niñas se les sentenció a someterse[1], cuando a las madres se les condenó al dolor del parto, cuando la serpiente fue remitida al Infierno, a la maldición bíblica del dolor primigenio. Toda una cultura silenció el cuerpo, echó el velo ignorante sobre las generaciones durmientes, sobre su propia fuerza. La medicina se volvió el control del cuerpo, y la ginecología, "ciencia de la mujer", quedó exclusivamente en manos de varones, como autoridades indiscutibles. En cambio, los ciclos naturales comenzaron a percibirse como burdas y anticuadas herejías, que atentaban contra los milagros del progreso. Como si una voz nos dijera: "Es que nada puedes saber tú de ti misma, simple mujer ciega, triste remedo del patriarcado poderoso…".

Aunque las brujas estén quemadas, siempre hay luz al fondo, y sin miedo nos paramos ante este mundo fragmentado de hijas huérfanas y de madres maltratadas. Porque nada hemos perdido en lo más profundo y cálido de la memoria de la carne: el gran vientre que aún alberga toda la vida humana. Ahí, la serpiente todavía danza, nuestros cuerpos aún nos pertenecen, ingobernables y misteriosos, pudiendo aún hacer de esta vida una fiesta y de nuestros nacimientos todos los orgasmos que nos merecemos. El camino está dispuesto.

Un poco de historia

En muchas culturas, a lo largo de la historia del universo, se repite la imagen de la serpiente como símbolo mitológico que representa la creación de la vida y la naturaleza cíclica de las cosas: refleja el tiempo y la continuidad de la vida, los períodos que comienzan y acaban, las cosas que nunca desaparecen

[1] Basado en el mito selk'nam de la revolución patriarcal.

y que solo cambian de manera infinita. Asimismo, ha sido relacionada con la sexualidad, el erotismo y también con la matriz. En definitiva, representa la generación de la vida en relación con los aspectos femeninos del universo.

La arqueóloga lituana Marija Gimbutas encontró miles de piezas pertenecientes al período paleolítico. Son diversas piezas cerámicas en las que los motivos pintados resaltan la valoración de lo femenino. Las figuras de animales, como serpientes y ranas, eran representadas por diversas culturas como úteros. Esta arqueóloga, en sus decenas de libros y con base en las miles de piezas encontradas, denominó estas expresiones como "adoración a la Diosa", que aquí en Sudamérica podríamos interpretar como un culto a la Madre Tierra. En aquellas sociedades tan sabias pero paradójicamente llamadas "prehistóricas", al contrario de lo que nos ha contado la Historia en la versión del "viejo mundo", no existían las guerras y había un equilibrio entre hombres y mujeres. Estas enormes investigaciones le costaron el rechazo de algunos colegas varones por integrar a la arqueología lo que ella denominó *arqueomitología*. Desde entonces, la Historia tendría una parte oculta[2], aquella que sabemos por naturaleza que vive en todas nosotras, porque el patriarcado no ha sido desde siempre el paradigma imperante.

Grandes mitos en la era patriarcal relacionaron a la serpiente con todo el Mal. Para la mitología griega, por ejemplo, este animal representaba al enemigo. "Las fundaciones de

2 "Entonces sucedió que las apolíticas excavaciones de Marija Gimbutas vinieron a replantear la cuestión al asentar que la vieja Europa tenía 'una cultura matrifocal y probablemente matrilineal, agrícola y sedentaria, igualitaria y pacífica'. Esta sociedad agrícola ideal no fue una utopía porque fue real, existió en la Europa sudoriental a partir del año 6500 a.C. hasta que fue destruida, entre el 4000 y el 2500 a.C., por varias oleadas de invasores indoeuropeos, pastores guerreros provenientes de las estepas rusas". Martínez, R. (1991). "Marija Gimbutas y las diosas de la vieja Europa", en *Debate feminista*, 4(2): 359.

las principales ciudades de la Grecia patriarcal tienen casi siempre un mito fundacional que incluye la derrota de alguna serpiente monstruosa por parte del héroe: Cadmo, para fundar Tebas; Perseo, para fundar Micenas, etcétera"[3]. Pero más predominante para definir el vuelco de la serpiente en la historia patriarcal será el mito del "pecado original", en el que la serpiente es en sí misma una bestia que personifica la maldad y la oscuridad, representando el caos. Desde entonces, la serpiente siempre será vista desde esta óptica. Por consiguiente, es diabolizada, vista como la tentación de la mujer que representa Eva –la mujer original, según la tradición judeocristiana–, quien desobedece a Dios e incita a Adán a morder la manzana prohibida. "'Pondré enemistad entre tú y la serpiente', dijo Yavé explícitamente, es decir, te quitaré tu sexualidad: paralizaré tu útero, te volverás 'histérica', parirás con dolor y el hombre te dominará. Ahí está el destino de la nueva condición de la mujer"[4]. Este suceso fue plasmado en el Génesis de diversas maneras; estas ideas fueron multiplicadas por el mundo occidental y determinaron, en gran parte, la situación social de sometimiento de la mujer en esta parte del mundo. Con la muerte de la serpiente, ajusticiada por un ángel armado con una espada al servicio del Dios Padre, se reivindica la destrucción de la libertad de la mujer. Como explica Rodrigáñez en varios de sus libros, en años posteriores aparecerá la imagen de la Virgen María aplastando la cabeza de la serpiente; con esto se consagrará como la esclava sumisa de Dios y con ello todos los "males femeninos" latirán en el útero "errante" de la mujer.

3 Rodrigáñez, C. (2010). *El asalto al Hades: la rebelión de Edipo*. Edición de la autora, p. 162.

4 Ídem.

Nuestros cuerpos

A lo largo de la Historia, los cuerpos de las mujeres han sido presa de constantes abusos y experimentaciones. Nuestra sexualidad se ha visto como un territorio que se controla, se analiza y se somete. Es como si una parte nuestra estuviese borrada. La Historia no solo nos ha negado socialmente, sino que también nos ha castrado a nivel sexual, partiendo por la religión y el gran mito de la manzana, "fruto del conocimiento", al que no debíamos acercarnos. Un universo de culpas se adjudican a este "ser errante"; a este "hombre mutilado", como nos llamó Aristóteles; a este "sexo que no existe", como afirma Sigmund Freud. Así nos han encasillado y nos han despreciado por ser misteriosas para la ciencia, provocadoras para la moral, peligrosas para la política y pecadoras para las religiones.

Culturalmente, hemos sido la negación y, al mismo tiempo, el miedo de una sociedad patriarcal-falocéntrica que nos ha visto como un enemigo insurgente frente a su posición de poder. La respuesta es una hegemonía tirana que nunca se vivió ni se vive en las sociedades matriarcales, en las cuales se resalta la autonomía sexual de la mujer y la educación libre de sus hijas/os, en las que no existe evidencia de que la distribución del poder sea desigual, ni las mujeres atropellan ni gobiernan sobre hombres y niños/as. Tenemos vastos registros de comunidades familiares precolombinas; nuestros pueblos tuvieron organización matriarcal hace tan solo un par de siglos, como los selk'nam y los iroqueses, entre otros. No tenemos que remontarnos al Paleolítico para encontrarlos. Del mismo modo, existe hoy en día en Oriente una comunidad matriarcal vigente que resalta a los ojos del mundo: es la comunidad de Mosuo, en China, con más de cuarenta mil habitantes.

La historia de la Ginecología: ciencia de la mujer

El texto más antiguo encontrado sobre ginecología es el *Kahun Gynaecological Papyrus*, encontrado en Egipto, que data del año 1800 a.C. El texto contiene treinta y cuatro secciones sobre asuntos de salud sexual denominados "quejas ginecológicas". No es un texto que ofreciera hasta ese entonces tratamientos quirúrgicos de ningún tipo. Más bien se recomienda el uso de variadas hierbas y extractos de insectos como remedios. Más adelante, en los siglos IV y V a.C., podemos identificar el *Corpus Hippocraticum*, un conjunto de tratados sobre salud que incluían algunos "problemas" ginecológicos. Estos tratados no fueron escritos por Hipócrates sino por un grupo desconocido de hombres asociados a los aprendizajes de este médico griego.

En Atenas, donde se ejerció la primera política "democrática" y la "misoginia" como ejemplos de vida y conducta, mujeres y niños/as eran considerados ciudadanos de segunda clase. Las mujeres no tenían derecho a la vida social pública, ni a estudiar y menos a actuar como médicas, con pena de muerte como castigo. Hubo una mujer rebelde llamada Agnódice (siglo IV a.C.), que luchó ante las injusticias hacia la salud del sexo femenino. Quiso estudiar la medicina contra todas las adversidades, y así fue que viajó hasta la ciudad egipcia de Alejandría para estudiar con los grandes maestros médicos de entonces, Herófilo y Erasístrato. Solo pudo lograrlo adoptando la identidad de un varón. Años más tarde, regresó a Atenas y ayudó a muchas mujeres a parir. Como secreto, todas las mujeres se la recomendaban entre ellas como partera, hasta que su éxito desató la envidia de los hombres médicos, quienes la acusaron falsamente de violar a dos de sus pacientes. Ella tuvo que desmentirlo en juicio público en el Areópago, donde tuvo que desnudarse ante los magistrados para mostrar su vulva y así poder desmentir las acusaciones. Libre de ese cargo, luego sería enjuiciada por ejercer la medicina ilegalmente, por falta de "falo". Pero para sorpresa de la sociedad ateniense, todas las mujeres se alzaron en su ayuda, proclamando su deseo de morir con ella y su decisión de no tener sexo con sus esposos si Agnódice era enjuiciada. Finalmente, se resolvió que Agnódice podía ejercer la medicina, con la restricción de que solo sería aplicada en mujeres. Desde entonces, fue posible estudiar para las mujeres atenienses.

Desde el comienzo de la Historia, nunca las mujeres estuvieron solas al momento de parir o de precisar sabiduría en cuanto a su salud sexual y/o reproductiva. Siempre contaron con el apoyo de otras mujeres sabias, que con sus experiencias como amparo, estuvieron presentes, en un principio sin estudios y posteriormente adoctrinadas bajo la especialidad médica llamada "obstetricia", que significa literalmente "ponerse enfrente". Esta especialidad es liderada hasta hoy por varones, en general, con una visión patriarcal sobre los cuerpos y los procesos sexuales.

La Historia ha sido escrita por "hombres". Por ende, nadie destaca el ancestral rol de las mujeres como sanadoras, médicas, parteras y comadronas, acompañando desde el inicio de los tiempos a sus congéneres. Fueron y son muchas las restricciones históricas para que las mujeres pudieran acceder a los estudios y al campo de la investigación, incluso científica. En la historia de la ginecología, son muchos los nombres de varones cuyos apellidos se otorgan como nombres a "destacados" avances, como sillas de partos, herramientas médicas, intervenciones quirúrgicas, medicamentos, y hasta se patentan con sus apellidos algunos órganos sexuales femeninos. Nunca figuran las mujeres y sus logros, pues fueron despojadas en diversos períodos de sus propios cuerpos y de los de sus iguales, pues juntas, en calidad de sanadoras, eran capaces de temibles "aquelarres", dice la historia medieval. Por eso, hablar linealmente de la historia de la ginecología no me genera nada más que desagrado. Hay datos que han delimitado el camino de esta especialidad, que fue tomando un carácter cada vez más tétrico, pero mientras tanto, las parteras siempre siguieron sus labores, en paralelo al desarrollo de la disciplina médica, como ahora mismo en el "tercer mundo", en miles de comunidades que no dejan entrar a la ciencia para que arrase y desprestigie sus saberes.

Ningún trabajo supera el aporte que realizara a la medicina y la cirugía el estadounidense James Marion Sims en el siglo XIX. Considerado el fundador de la *ginecología moderna*, su trabajo es la base de la ginecología que hoy se nos aplica a las mujeres, y la que nos interesa abordar, desentrañar y transformar desde quienes somos, "usuarias" de este sistema médico.

Sims se desempeñaba como médico general en los campos de algodón de Alabama. Un día de 1845, "aburrido de su vida y tiempo", decidió comenzar a experimentar, en un viejo hospital ubicado detrás de su casa, con las mujeres afroamericanas que eran explotadas en aquellos campos. Los revolucionarios resultados de esa experiencia lo llevaron a fundar una clínica de mujeres en Nueva York, donde posteriormente siguió experimentando con mujeres de condiciones vulnerables: inmigrantes, pobres y campesinas.

En Alabama esclavizó durante cinco años a muchas mujeres para utilizarlas en sus aberrantes experimentaciones. Ninguna de ellas llegó hasta ese lugar por su propia voluntad y mucho menos fueron sometidas a las operaciones con su consentimiento. En reiteradas ocasiones, Sims llegó a operar (como parte de su ensayo) a las mismas mujeres, ¡siempre sin anestesia! El caso más destacado es el de Anarcha, mujer a la que efectúo hasta treinta operaciones sin analgesia, como él mismo detalla en sus memorias. Sims inicia estos experimentos para resolver problemas relacionados a la fístula vésico-vaginal (ocasionados comúnmente por violaciones, partos dificultosos y el uso de fórceps), que deja una lesión en los tejidos blandos de la pelvis, generando principalmente incontinencia urinaria y fecal.

> Para Betsey, Anarcha y Lucy, que junto a otras once o doce esclavas permanecieron cinco años en el "hospital" de Sims, montado en su patio, los primeros procedimientos fueron particularmente agonizantes, ya que no se utilizaban catéteres para el drenaje vesical. Las suturas y esponjas que quedaban en los tejidos que se infectaban rápidamente, se incrustaban y eran imposibles de eliminar. La primera en ser operada fue Lucy. Tenía 18 años. La cirugía duró una hora y Lucy sufrió dolores insoportables, posicionada sobre sus manos y rodillas. Doce doctores observaban la operación. Sims dice en sus memorias: "Pensé que iba a morir. Le tomó a Lucy tres meses recuperarse en su totalidad de la operación". Anarcha era unx de lxs sesenta y cinco esclavxs de la Plantación de Algodón Wescott. Después de setenta y dos horas de parto, sufre de fístula vésico-vaginal/recto-vaginal por mal uso de fórceps por parte del propio Sims, que fue quien la asistió en su parto[5].

Es durante este tiempo que Sims creará una serie de instrumentos y herramientas médicas (se dice que más de setenta), entre las que se destaca el "espéculo de Sims". Un espéculo es una herramienta para examinar las cavidades humanas; en este caso, específicamente para dilatar una vagina y llegar a observar hasta el cuello del útero, para poder indagar sobre posibles alteraciones. Si bien esta herramienta ha permitido

---

5 "Anarcha, Lucy, Betsey y otras chicas del montón", nota publicada en la página web de Anarcha Gland.

a los/as médicos/as y a nosotras mismas conocer y acceder a partes de nuestros órganos internos que hubiera sido muy difícil examinar de otra manera, no debemos olvidar que el espéculo es una simple herramienta –usada en general de manera por demás invasiva– cuyo uso, en nuestra visión, no arroja mayores resultados si no se enmarca en una aproximación de salud integral.

La falta de ética sobrepasa el aporte que los "avances" de Sims puedan haber hecho a la ciencia a partir de la intervención de muchas mujeres sometidas a sufrimientos inimaginables[6]. Lo que se practicó con ellas sigue funcionando bajo la misma lógica con muchos doctores y doctoras cuando acudimos a sus consultas y no recibimos más que medicamentos o prescripciones con falta de información sobre su funcionamiento… Para qué hablar sobre la decisión libre de las mujeres para abortar o de cuándo vamos a parir... se nos maltrata junto a nuestras/os hijas/os al momento de nacer, nos introducen fórceps, nos someten a máquinas, nos dañan el piso pélvico con la práctica de episiotomía, y hasta parten nuestro útero en dos si alteramos sus tiempos de trabajo (muy pocas veces porque es realmente necesario). Lo mismo sucede con la gran manipulación hormonal sobre nuestros cuerpos y energía. Se nos engaña y se nos oculta información muy relevante sobre la acción y los efectos desfavorables que las hormonas sintéticas tienen sobre nuestro organismo. Seguimos siendo conejillos de Indias para la ciencia, y lo seguiremos siendo mientras no nos conozcamos y mientras sigamos poniéndonos bajo su mandato y aceptando sus prescripciones sin exigir toda la información segura que necesitamos para sanarnos.

---

6 Para leer más sobre la controversial ética médica de Sims vista desde la medicina, ver Wall, L. L. (2006). "The Medical Ethics of Dr. J. Marion Sims: a Fresh Look at the Historical Record", en *Journal of Medical Ethics*, 32(6): 346-350.

La medicina y su desarrollo son imprescindibles para salvar muchas vidas, pero su paradigma está mal enfocado, y resaltan su falta de humanidad, de contexto y de sensibilidad. Hoy en día es un negocio y un servicio despersonalizado y elitista que no está al alcance de todos/as. Como si eso fuera poco, nuestras vidas giran en torno a la enfermedad, y por ende sufrimos de excesiva medicación; vivimos inmersas en una sociedad del pánico, que es capaz de cenar un cóctel de medicamentos antes de solo pensar que puede enfermarse. Y es que antes de nacer ya estamos destinados a ser "pacientes" de la industria médica farmacéutica, una realidad avalada por el poder religioso y científico. La mujer se ve hoy despojada de todo el conocimiento de su sexualidad; no es capaz de autocomplacerse, de reconocerse y, menos, de sanarse. Un panorama desolador. No entendemos lo que nos sucede, al mismo tiempo que odiamos nuestros cuerpos, ya sea por disconformidad estética o porque nos generamos "enfermedades hormonales" al intoxicarnos con ridículas sobredosis de hormonas que nos impone la transgénica industria médica. La autoeducación y el autoconocimiento de nuestra salud son herramientas indispensables para nuestro autocuidado y para el mantenimiento vital de nuestra salud. Verás que el mínimo acercamiento a tus procesos es un gran avance para el mantenimiento de tu bienestar. ¿Necesitamos de la medicina? Sí, la necesitamos, pero el primer paso es conocernos, para no entregarnos como materia lista para la experimentación y dispuesta a malos tratos. Nosotras tenemos el poder de curarnos partiendo por conocernos y redescubrirnos.

Historia de sanadoras

Las brujas ahora tenemos las llamas

Las parteras empíricas, actualmente reconocidas como "parteras tradicionales", han sido desde el inicio de los tiempos quienes acompañan procesos de salud en la vida sexual y/o reproductiva de la mujer. Han sido las guardianas y tutoras de una vasta sabiduría ancestral que la ciencia no ha podido –ni podrá– comprender. Estas sanadoras, sin estudios académicos, han amparado innumerables vidas asistiendo infinitos nacimientos y velando por la salud de las mujeres parturientas, y de las niñas y los niños recién nacidas/os.

También han sido llamadas "curanderas", siempre relacionan la sanación con el uso de hierbas y pociones medicinales, y aplican técnicas y maniobras que son aprendidas por la transmisión en su linaje. Comúnmente, las parteras son hijas, nietas o sobrinas de parteras a las cuales suelen acompañar ya desde niñas, cuando comienza su aprendizaje.

Diferentes procesos históricos fueron separando a esta dupla tan antigua e indispensable: la mujer pariendo y la otra acompañándola. Los sucesos conocidos como "caza de brujas", que tuvieron lugar en Europa Central en los comienzos de la Edad Moderna, resultan un hito social a partir del cual declina el protagonismo histórico de la mujer como sujeto activo en la sanación y experta en los cuidados de la salud sexual de la mujer (partera, curandera, comadrona). "La caza de brujas ahondó las divisiones entre mujeres y hombres, inculcó a los hombres el miedo al poder de las mujeres y destruyó un universo de prácticas, creencias y sujetos sociales"[7].

---

[7] Federici, S. (2010). *Calibán y la bruja. Mujeres, cuerpo y acumulación originaria*. Buenos Aires, Tinta Limón, p. 252.

Mujeres solteras, viudas, campesinas y curanderas, sobre todo de estratos sociales pobres, por arbitrarios motivos fueron enjuiciadas bajo la acusación de practicar "brujería". Fueron víctimas de un holocausto misógino. Solo una parte de ellas ejercía la medicina, y diferentes registros mencionan que ayudaban a sanar y a exterminar pestes enteras en las ciudades hacinadas de la Edad Media. Sí, esas mismas que fueron posteriormente perseguidas y quemadas en las hogueras de la Inquisición. No se sabe exactamente cuántas fueron asesinadas y encarceladas, pero se habla de miles en diferentes lugares de Europa. El manifiesto feminista WITCH, publicado en el año 1968, habla de nueve millones de mujeres quemadas.

> Las brujas siempre han sido mujeres que se atrevieron a ser valerosas, agresivas, inteligentes, no conformistas, curiosas, independientes, liberadas sexualmente, revolucionarias. [...] [Una bruja] vive y ríe en cada mujer. Es la parte libre de cada una de nosotras. [...] Eres una bruja por el hecho de ser mujer, indómita, aireada, alegre e inmortal[8].

Como un nuevo paradigma, se condena a toda mujer que sane una enfermedad sin tener estudios. De esta forma, como relata Leonor Calvera[9], la Iglesia fue prohibiendo todo tipo de curación realizada fuera de su dominio por la misma gente. Fue así como, estratégicamente, los curas salían de las iglesias derramando agua bendita entre los leprosos, ciegos, inválidos y locos, predicando que de esta forma pagarían en vida el castigo que Dios les había enviado por sus pecados.

A nuestro continente, años más tarde, llegarían poco a poco todas estas paranoicas e injustas acusaciones contra las mujeres. "La acusación de adoración al Demonio fue llevada al 'Nuevo

---

8 Morgan, R. (ed.) (1970). *Sisterhood is Powerful.* Nueva York, Vintage, pp. 539-540.

9 Calvera, L. (2005). *Diosas, brujas y damas de la noche.* Buenos Aires, Nuevohacer.

Mundo' por los misioneros y conquistadores como una herramienta para la subyugación de las poblaciones locales"[10]; es un artilugio básico para otra masacre progresiva acontecida hace quinientos años, aquí, con la invasión y saqueo de los colonizadores en nuestras tierras. Este continente puramente indígena, rico en saberes ancestrales y chamánicos, es sometido a una religión y a la adoración de un Dios único. Nuestra *Pachamama* [Madre Tierra] es relegada ante la adoración de la Virgen María. Así, toda la conciencia espiritual de nuestro continente es aniquilada y castigada. Las parteras, curanderas, chamanas y chamanes son acusados del crimen de "brujería". El holocausto se concreta hasta el día de hoy, cuando la medicina oficial sigue persiguiendo a las medicinas ancestrales, catalogándolas como "poco válidas" y juzgando el ejercicio de la Partería Tradicional como riesgoso e ilegal.

Se ha ido olvidando aquella sabiduría que supo de abuelas autorregulando su fertilidad según los ciclos de la luna y palpando el calor de su vientre, todos esos secretos caseros para simples y también complejos malestares –hoy agravados y patentados como síndromes y enfermedades–, los sabios remedios para abortar, la ciencia de ayudar a otra mujer a parir sin dolor, sin miedo y sin violencia... Es impresionante cómo el número de cesáreas aumenta cada día, sobrepasando en muchos países lo recomendado por la Organización Mundial de la Salud (OMS), que indica que no más de entre el 10 y el 15% de los nacimientos deben realizarse con esta técnica. Me parece un tanto absurdo tener que justificar los beneficios que tiene un parto natural en comparación con una cesárea, porque salta a la vista: es lo que la Naturaleza nos brindó a las mujeres que elegimos ser madres. Sin embargo, se hace necesario informar y concientizarse, en este mercado arrasante y negro de la biomedicina.

---

10 Federici (2010), obra citada, p. 247.

Muchas de nuestras dolencias han sido a tal punto demonizadas, como la menstruación o la menopausia, que hoy en día parecieran ser una enfermedad que necesita de muchos cuidados, cuando en la práctica sabemos que no es así. He aprendido y reconocido la capacidad innata que poseemos para poder sanarnos, a partir de nuestra conciencia de autoconocimiento y autocuidado, aprendiendo herramientas básicas que nos brinda la Madre Tierra. Toda esta realidad la he comprobado con distintas mujeres a mi alrededor, en Chile y también en comunidades Quichua y Shuar de la selva del Amazonas, en Ecuador, donde las mujeres suelen parir con la ayuda de parteras tradicionales, sin miedo, sin cesáreas, sin muertes. Suelen transitar la vida sin las enfermedades sexuales de la ciudad, la menopausia como un período de plenitud y los síntomas premenstruales como algo inexistente, de la mano de sabidurías que provienen del conocimiento adecuado de la Naturaleza y de las plantas. En comunidades de Bolivia, como en muchísimos lugares a los que el imperio tecnológico aún no ha llegado, la resistencia sigue al margen de esta expiación. Mis amigas de la selva me hicieron ver la simple realidad de vivir sin esta paranoia autómata de la medicina occidental y cómo llegar a recuperar nuestra sabiduría como mujeres; saber que no necesitamos estudiar académicamente nada, que tan solo necesitamos unirnos, desearnos y querernos como serpientes, como úteras que palpitan al sonido de la rebelión del gigante dragón que arrasará con este horrible sistema capitalista y patriarcal.

CAPÍTULO III

DESCOLONIZAR NUESTRO CUERPO

AUTODETERMINACIÓN ANTE EL PATRIARCADO Y LA MEDICINA

En general, nuestra sexualidad se reduce vulgarmente a lo genital. Sin embargo, sabemos que constituye un mundo extenso, que traspasa lo genital, lo físicamente visible y/o penetrable.

Necesitamos re-conocer aquel espacio que durante mucho tiempo se nos ha ocultado para lograr explorarlo libremente; indagarlo desde una perspectiva propia, exenta de miedos, tabúes, prejuicios, moral y estandarizaciones médicas; comprender la historia que los órganos genitales cargan por el mundo y nuestra propia y peculiar historia. ¿Qué reconoces de tus genitales? ¿Cómo los nombras? ¿Te avergüenzan? ¿Qué te dijeron cuando pequeña de "aquellos lugares"?

Recuerdo que en mi infancia y adolescencia nadie mencionaba como corresponde, es decir, respetuosamente, los genitales femeninos. En clases de biología se mencionó alguna vez la palabra "vagina", que era todo lo que estaba bajo los vellos púbicos. Con eso cerramos el "asunto". Los órganos sexuales internos eran enseñados de manera fría en cuanto a su función biológica reproductiva, una pincelada de higiene, y prevención de una larga lista de enfermedades venéreas.

Mi familia omitía mencionar el nombre de los genitales; eran lugares totalmente silenciados. Entre mis compañeros y compañeras de escuela, nada que decir… los nombres peyorativos hacia nuestros genitales formaban una larga lista que todos los días aumentaba tras la puerta del sanitario.

Me fui educando, como muchas de ustedes, en conversaciones cotidianas con amigas, en lecturas, en discusiones, etcétera. Y bajo la carencia de afecto y respeto hacia nuestro cuerpo, comencé a investigar cada nombre, a apreciar las diferencias de nuestros genitales, a descubrir lugares fantásticos, colmados de placer y misterio. Comprendí que toda esta humillación hacia nuestra sexualidad tenía un origen muy antiguo, colmado de paradigmas y filosofías que lamentablemente siguen en el poder y que atraviesan nuestras palabras y sentires de manera cotidiana.

¡Ningún estuche para su espada!

Indagando el origen de los nombres que poseen nuestros genitales, he reconocido una historia de experimentaciones, desprecios y fraudes hacia nuestros cuerpos[1]. Podemos encontrarnos con que la palabra *vagina* es un término proveniente del latín que significa literalmente "vaina"; es decir, una cubierta para guardar y proteger un objeto. Ese objeto, en la historia de los hombres, fue su espada, y la vagina como vaina cumpliría la función de "estuche para el falo". Fueron los anatomistas quienes realizaron los análisis de los cuerpos femeninos durante siglos y determinaron sus nombres con base en vejatorias analogías. Así, al referirse a nuestros genitales, podemos encontrarnos con que "las obras ginecológicas se caracterizaban por eufemismos vagos como *sinos pudoris* (cueva de la vergüenza)"[2], y un largo etcétera.

1 Profundiza en las obras *Historia de la vagina. Un territorio virgen al descubierto*, de Catherine Blackledge (Barcelona, Ediciones Península, 2003) y *Vulva, la revelación del sexo invisible*, de Mithu M. Sanyal (Barcelona, Anagrama, 2012).

2 Sanyal (2012), obra citada, p. 18.

Hasta el día de hoy es frecuente observar el error conceptual referido a la vagina y la vulva, que son órganos diferentes. Durante muchos años se desconoció la existencia del clítoris, del himen, del periné, etcétera. Pero aún la vulva, lo que todos podemos ver a simple vista, fue invisibilizada. La noción de "vagina" se utilizó para mencionar y describir la vulva, pasando por alto el hecho de que la vagina es solo la cavidad fibro-muscular interna que comienza en el vestíbulo vaginal y llega hasta el cuello del útero. "Vulva", en cambio, es todo lo que podemos observar externamente de nuestros genitales, desde el monte de Venus, el clítoris, los labios, la entrada de la vagina y el periné, hasta el ano.

Siguiendo la historia de nuestra anatomía, encontramos argumentos sorprendentes. En *The Woman's Encyclopedia of Myths and Secrets*, de Barbara G. Walker, se alude al clítoris sin entender su existencia y función: se lo describe como "la marca del diablo".

> Era una tetilla, de media pulgada de largo, que el ayudante del verdugo vio a simple vista pero estaba escondido, puesto que se encontraba en un lugar muy secreto que era indecoroso mirar; sin embargo, finalmente, ya que no estaba dispuesto a callar una cosa tan rara, mostró la cosa a varios espectadores. Los espectadores no habían visto jamás algo así[3].

Desde el siglo XVI, los anatomistas, en un estado de delirio, han indagado en los órganos sexuales de las mujeres con tal de descubrir este "nacimiento fallido"[4], este ser que no alcanzó a desarrollar sus órganos reproductivos hacia afuera, este lamentable "cuerpo incompleto". Estas afirmaciones sobre

---

3 Citada en Sanyal (2012), obra citada, p. 17.

4 Palabras de Pseudo Alberto Magno, Santo, proclamado Doctor de la Iglesia el 16 de diciembre de 1931 por el papa Pío XI.

nuestro sexo se realizaban con base en la observación del varón, criatura "biológicamente perfecta". Fue así que Vesalius, fundador de la anatomía moderna, plasmó en su libro *De humani corporis fabrica* a los órganos sexuales femeninos como equivalentes a los órganos sexuales masculinos, representando a la vagina como un pene interno. "Según estas sorprendentes ilustraciones, las diferencias entre los genitales femeninos y masculinos serían espaciales pero no estructurales"[5].

Estas ideas tienen un origen anterior al Renacimiento. Fue Aristóteles quien estableció la desafortunada diferencia entre hombres y mujeres por su temperatura, identificando al varón con el elemento *fuego* (para ellos el más alto de la –arbitraria– escala del universo) y a la mujer con el elemento *agua*, que era inferior. De acuerdo a esa ideología, el médico griego Galeno afirmaría: "Las mujeres carecen del calor necesario para que se desarrolle el falo. Por su naturaleza más fría y húmeda, conservan un pene replegado en el interior de su cuerpo"[6].

Estos planteamientos serán transformados posteriormente en el siglo XVI por Gabriele Falloppio, proclamado por él mismo como el primero en describir el clítoris dentro de la anatomía hasta ese entonces, quien sigue con las comparaciones con el hombre como patrón de medida, pero que, sin embargo, afirma que el clítoris no está dentro de la mujer, sino afuera: lo presenta como un pequeño pene, debido a su capacidad de erección ante el estímulo.

Estas ideas formarán la base estructural de todo un pensamiento en el cual el hombre es la referencia y medida de todo. Los hombres poseen el fuego, el calor, la fuerza, el falo y la sabiduría. Razonamientos tales como "La mujer es y ha

---

5 Blackledge (2003), obra citada, p. 74.

6 Ídem, p. 77.

sido siempre un hombre mutilado", surgidos de Aristóteles, marcaron los cimientos del pensamiento misógino que moldeó todos los aspectos de la vida y, por qué no, de la medicina occidental y su manejo hacia nuestra salud.

Tomando otro caso, encontramos el cérvix, que es lo que hoy conocemos como el "cuello del útero". Este se refiere exclusivamente a la zona donde termina el útero, en la cual encontramos el *Os*, que es el orificio externo del cérvix, puerta de salida de la sangre menstrual hacia la vagina y el lugar por el cual entran los espermatozoides y sale el/la bebé al momento del parto. Los anatomistas del Renacimiento llamaron por un largo período de tiempo "cérvix" tanto al útero como a su cuello y las trompas.

El término esconde una curiosidad: no significa "cuello", sino que proviene de la palabra latina *cervidae*, que significa "cérvido": mamíferos rumiantes, que poseen cuernos de media asta (pues al igual que algunos mamíferos, se decía que nuestro útero poseía cuernos). La comparación se basaba en unos órganos que hoy conocemos como "trompas uterinas", "descubiertas" por Gabriele Falloppio, quien las bautizó como "trompas de Fallopio".

La sexualidad y los genitales femeninos fueron y siguen siendo un misterio para el mundo entero. En la cultura occidental podemos ver cómo, dentro de la filosofía, la ciencia y la religión, se ha especulado con nuestros cuerpos, reduciendo nuestra sexualidad a su "única" función biológica reproductiva y omitiendo el disfrute que nos entrega.

Incluso hasta el día de hoy poco se sabe del clítoris. Por ejemplo, se ignora que es un órgano que no pertenece al sistema reproductivo ni al urinario; un órgano que solo existe para provocarnos placer; un dulce y encantador órgano que a simple vista vemos pequeño, pues solo muestra su cresta y capucha, pero que sin embargo es muy grande (llega a medir aproximadamente 10 centímetros). Al ser estimulado se erecta y sus miles de terminaciones nerviosas se pierden dentro de nosotras. ¡Es momento ya de redescubrirlo!

Como hemos repasado, duele pensar la historia de nuestras ancestras y hermanas que en diversas regiones del mundo aún viven bajo legados salvajes de sumisión, subyugadas ante teorías y creencias que demonizan nuestra sexualidad.

Reconociendo y reconectando el puzzle de nuestra sexualidad

Actualmente, expertos en salud (comúnmente médicos/as alópatas) nos revisan y hablan de nuestras "zonas" con nombres foráneos, símiles a marcas de desodorante o detergente… otras tienen nombres de científicos que creyeron descubrir algo nuevo para bautizarlo con su apellido.

Lo mismo ocurre con los nombres de las enfermedades, exámenes y medicamentos. Pareciera existir la intención del sistema médico de simplemente repetir patrones y catalogaciones sin explicarlas. Muchas veces, cuando se exigen traducciones de lo que se nos plantea, las respuestas son vagas.

Haré un repaso de nuestros genitales y órganos sexuales internos y externos a partir de un lenguaje simple y cercano, de lo que significan para mí estos espacios sagrados. Valorar, amar, sentir, descubrir, dar placer, observar, tocar, acariciar y volver a nombrar a partir de una analogía sexual amorosa es la pretensión de este apartado en pos de una construcción colectiva.

GENITALES Y ÓRGANOS SEXUALES

VELLO PÚBICO: *Musgo Fragante*

Aparece comúnmente cuando entramos en el período de pubertad. Sus funciones se identifican con la protección y el calor que le brinda a los genitales, papel que con el paso del tiempo pierde utilidad por el uso de la vestimenta. Sin embargo, una de las tareas más importantes del vello reside en la protección para que no ingrese ningún tipo de patógeno a nuestros genitales. Al mismo tiempo, amortigua el roce de piel generado en el acto sexual, evitando así infecciones en la epidermis. "Para los chinos, un triángulo equilátero que crezca un poco hacia arriba es un signo de belleza así como el vello abundante significa sensualidad y pasión"[7].

VULVA: *Mar de Conocimientos*

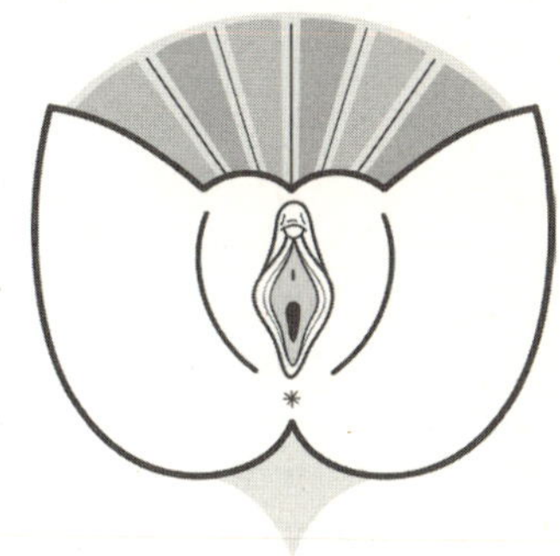

Es todo lo que habita y podemos observar en nuestros genitales externos: desde el monte de Venus, los labios, el clítoris, el periné, y la salida al exterior de la uretra y la vagina.

Cada vulva tiene características propias. Así como nuestros rostros, posee una personalidad y rasgos bien suyos. Aunque algunos de estos rasgos son comunes entre unas y otras vulvas, no encontraremos dos idénticas.

Si realizas el ejercicio de observarte periódicamente, verás que tu vulva nunca es la misma.

---

7 CAMPHAUSEN, R. (1999). *Diccionario de la sexualidad sagrada*. Barcelona, Editorial Alejandría, p. 333.

Durante la pubertad, podemos notar las primeras transformaciones en su desarrollo, con variaciones en tamaño, color y apariencia. Lo mismo ocurre durante nuestro ciclo menstrual, excitación sexual, gestación, parto, menopausia, enfermedades, etcétera.

Monte de Venus: *Montaña Adorable*

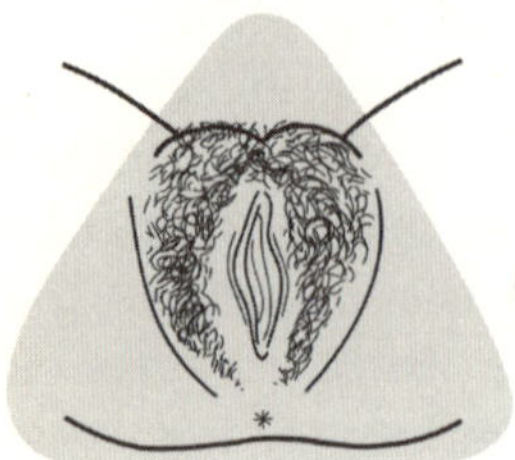

Está compuesto por un cojín de tejido graso que tiene la función de proteger al hueso púbico, creando una blanda esponja protectora. Posee vello y glándulas sebáceas y sudoríparas. Su nombre proviene de la diosa romana del Amor.

Labios (mayores y menores): *Medias Lunas*[8]

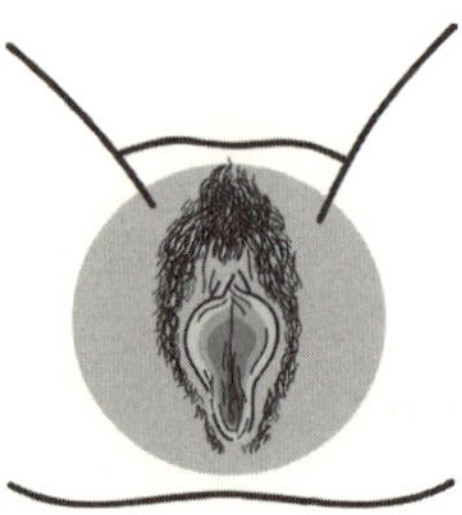

Cuando observamos nuestra vulva bajando desde el monte de Venus hasta el periné, encontramos nuestros dos labios mayores, que poseen vello y rodean a los labios menores, sin vello y con una suave textura. Los labios poseen "glándulas sudoríparas y glándulas aromáticas sebáceas que resultan imprescindibles para estos tejidos sensibles"[9].

Cada mujer posee unos labios particulares, que suelen hincharse durante la excitación sexual y durante la menstruación. Como son sensibles al tacto y el estímulo, crecen y menguan como la luna, debido a los "bulbos clitorales" que

8 En lugar de "labios mayores y menores", Charlotte Roche los describe como "medias lunas" en su novela erótica *Zonas húmedas* (Barcelona, Anagrama, 2008).

9 Camphausen (1999), obra citada, p. 335.

están bajo los labios mayores, y el clítoris, que posee "tejido eréctil esponjoso responsable de la hinchazón de los labios"[10].

CLÍTORIS: *Fuente de Placer*

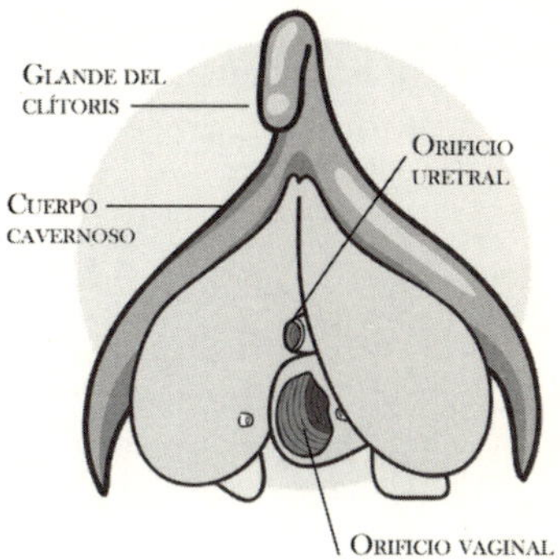

Está en la parte superior de la vulva. Lo que vemos comúnmente es solo su corona, capucha y glande. Sin embargo, el clítoris en su totalidad puede llegar a medir entre 10 y 13 centímetros, e incluso va creciendo con el paso de los años. Posee un cuerpo cavernoso compuesto de seis mil a ocho mil terminaciones nerviosas que, al ser estimuladas, causan placer. Este cuerpo tiene la forma de unas piernas abiertas que contornean al bulbo del vestíbulo.

Fue Josephine Lowndes Sevely, en el año 1987, quien publicó un estudio que describe detalladamente cada parte que compone lo que conocemos como "clítoris", donde desmiente lo que se ha dicho por siglos: que "el clítoris es un pequeño pene". La única semejanza significativa es que ambos se erectan con la excitación sexual.

- *Capucha del clítoris:* es la piel que recubre la corona o glande del clítoris. Es una capucha protectora de piel que se forma por la unión de los labios menores. Es conocida en China como "campo dorado" y "semilla de grano"[11].

- *Corona del clítoris:* lo que se conoce comúnmente como "clítoris", es solo una pequeña parte visible. Llamamos "clítoris" a la punta (corona) o al glande.

[10] Ídem.
[11] Ídem.

• *Glande del clítoris:* se sitúa bajo la capucha. Suele llamarse "pene femenino" por la semejanza con el glande del pene. Es una zona que produce mucho placer al ser estimulada, debido a sus miles de terminaciones nerviosas, tejido eréctil y vasos sanguíneos. Sensible al tacto, sale de su capucha al ser estimulado, crece y cambia de tonalidad.

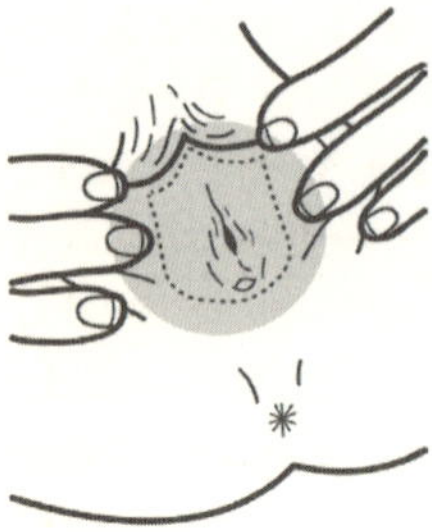

Vestíbulo vulvar: *Patio Celestial*[12]

Zona de la vulva que limita con los labios menores (se nota al estirarlos). Lugar húmedo debido a la acción de las glándulas vulvovaginales.

Vejiga: *Cántaro Áureo*

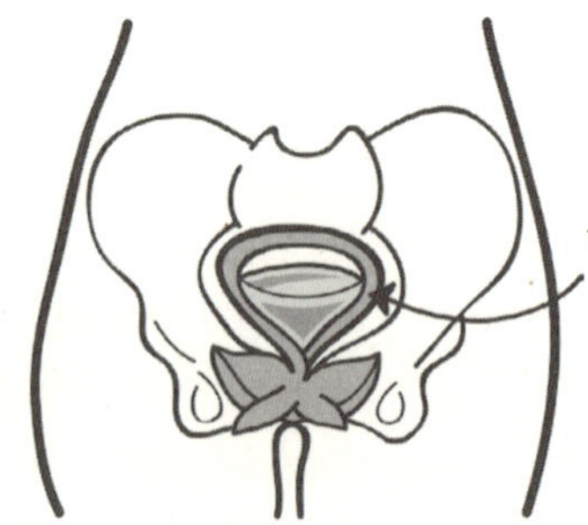

Órgano del tracto urinario, su función es albergar, almacenar y expulsar todos los residuos sintetizados por los riñones. El líquido resultante se llama "orina", la cual se moviliza a través de la uretra y finalmente por el meato urinario para ser eliminada. La vejiga se encuentra en la zona de la pelvis, entre el pubis y el ano. Es un órgano que debe mantener un equilibrio constante entre la retención y la evacuación.

• *Uretra:* es el conducto encargado de transportar la orina desde la vejiga hasta el meato urinario. Mide entre 3,5 y 4 centímetros de longitud.

---

12 Así es llamada esta área por los chinos. Camphausen (1999), obra citada, p. 336.

- *Meato urinario:* al abrir los labios de la vulva podemos reconocerlo. Se ubica entre el clítoris y la vagina. Es un pequeño orificio por el cual se expulsa la orina y donde la uretra se conecta con el exterior.

Periné (suelo pélvico): *Puente de Poder*

Se encuentra entre la entrada de la vagina y el ano. Se compone de musculatura y ligamentos encargados de otorgar flexibilidad y resistencia a los órganos de la pelvis que sostiene. Es importante conocer esta zona, estimularla y ejercitarla, debido a que cumple funciones determinantes de por vida en nuestra salud sexual. Aquellos problemas identificados como comunes, tales como incontinencia urinaria, prolapsos (caída del útero y vejiga), desgarros durante el parto e incapacidad de controlar el esfínter, están directamente relaciones al poco control y trabajo de esta área del cuerpo. Los ejercicios de Kegel son los más recomendados para fortalecerla.

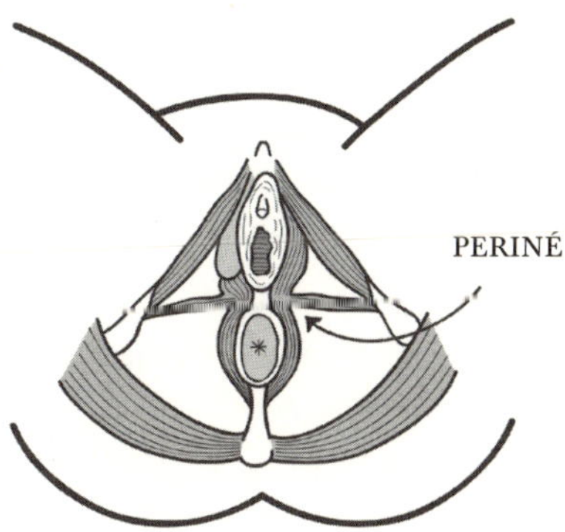

Vagina: *Camino a la Fuente*

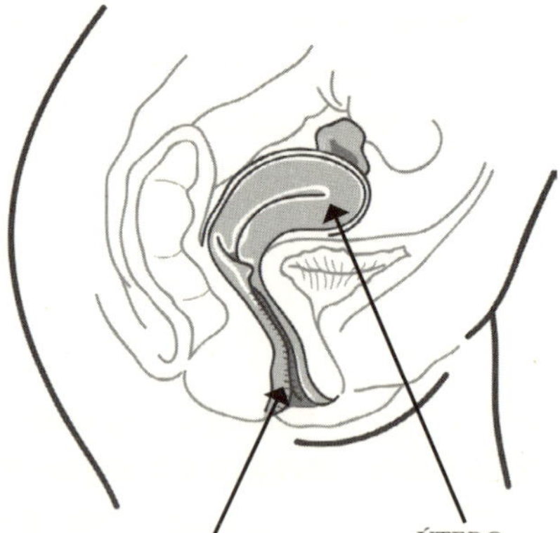

A diferencia de la vulva, la vagina es la parte interna, la cavidad fibro-muscular que se inicia en el vestíbulo vaginal y llega hasta el cuello del útero. Varía en profundidad y tamaño dependiendo de la anatomía de cada mujer. Es el lugar por donde descienden nuestros fluidos, como el moco cervical y la sangre de la menstruación. Es también la puerta de entrada de los espermatozoides, de la penetración en las relaciones sexuales y masturbaciones, y también la vía por donde sale el/la bebé al momento del parto. Posee glándulas lubricantes y sustancias aromáticas para atraer y favorecer el acto sexual, así como para proteger el ecosistema vaginal.

Himen: *Capullo de Flor*

Es una membrana que rodea el orificio externo que se encuentra en la unión de la vulva y la entrada de la vagina. Su forma, color y tamaño varían de una mujer a otra. Se pueden reconocer diversas formas y características que lo diferencian.

Existe una carga religiosa, histórica y moral sobre esta zona, ya que se supone que es “la única forma de comprobar la virginidad de una mujer” (si el himen sangra en la primera relación sexual). Los estudios y nuestras experiencias han demostrado que esta afirmación es incorrecta, ya que el himen puede o no romperse previamente, durante el transcurso o con posterioridad al acto sexual, debido a actividades deportivas, movimientos bruscos, masturbación y/o penetración, como también puede estirarse sin romperse en diversas ocasiones (con excepción del parto), debido a que se trata de una membrana fibrosa-elástica.

Se dice que su nombre deriva de la mitología grecorromana y hace referencia al Dios Himeneo, que representa la celebración del matrimonio.

Se reconocen diversos tipos, pero solo ilustraremos algunas de las formas más comunes de reconocer.

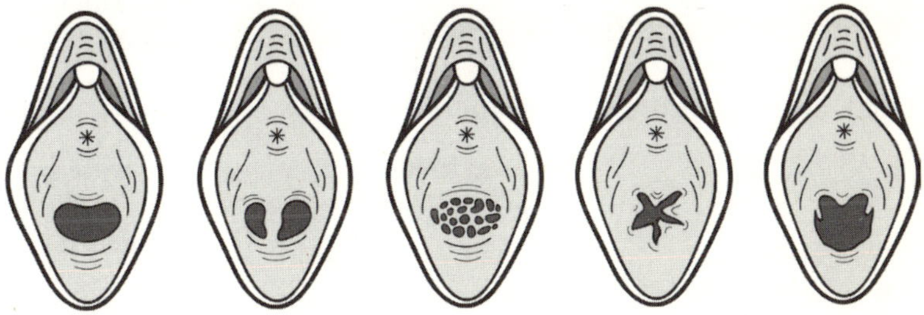

HIMEN ANULAR — HIMEN SENTADO — HIMEN CRIBIFORME — HIMEN DESPUÉS DE LA RELACIÓN SEXUAL — HIMEN DESPUÉS DEL PARTO

CÉRVIX O CUELLO DEL ÚTERO: *Puerta de la Fuente*

Ubicada al final de la vagina, es la puerta de entrada hacia el útero. Podemos llegar a verla si nos realizamos un autoexamen con un especulo. En la parte final de la vagina, encontraremos una pequeña pelota que posee un orificio al centro, llamado *Os.* Si lo tocamos, sentiremos como si fuera la punta de una nariz de suave consistencia. Si te observas periódicamente, verás que el cérvix cambia durante todo el ciclo vital, tanto de posición como de color y apariencia.

MOCO CERVICAL: *Guardián Protector*

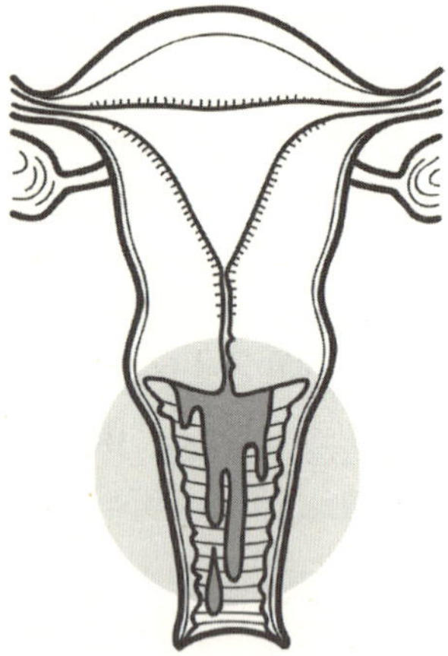

Es secretado por el cuello del útero durante todo el ciclo sexual femenino y podemos percibirlo mayormente en la fase de ovulación, en la que unos días antes del día fértil aumenta considerablemente y nos deja ver su abundante consistencia, similar a la de la clara de huevo. Aparece para ayudar a los espermatozoides a subir por el *Os* (agujero del cérvix) hasta las trompas uterinas y allí conseguir la concepción.

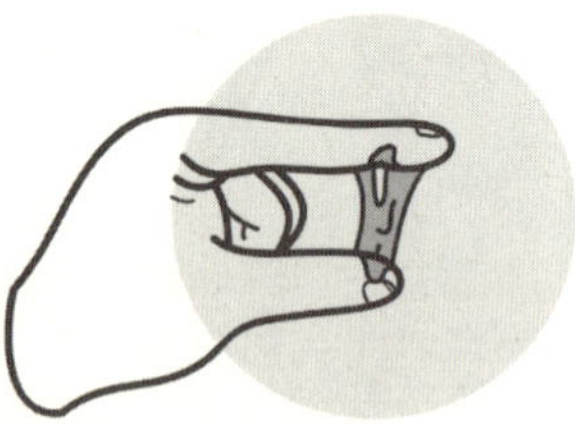

Posteriormente, seguirá latente con menos abundancia y con un pH ácido, que en estado de baja fertilidad se dispondrá a proteger al cuello de la entrada de espermatozoides, generando un tampón o puerta, y con su acidez protegerá la cavidad vaginal y el cérvix de patógenos externos.

OS (ORIFICIO CERVICAL INTERNO Y EXTERNO): *Pasaje Luminoso*

Es el pequeño orificio situado al centro del cérvix. Posee tan poco diámetro que es imposible que allí entre un dedo. Se abre para la bajada de la sangre menstrual, el ingreso de los espermatozoides y para la salida del/la bebé, que es cuando se dilata a su máximo tamaño. Transcurrido el parto, regresa a su tamaño inicial.

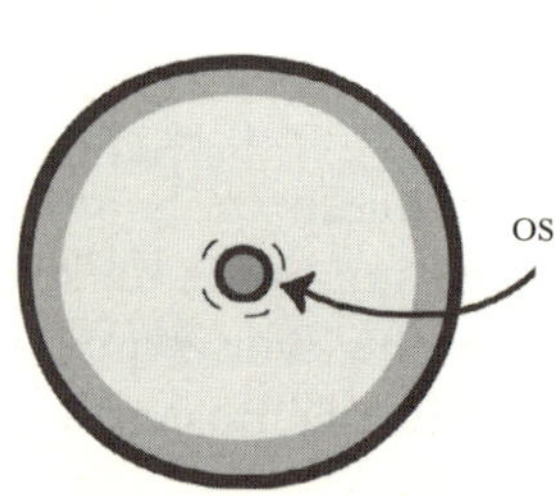

En las mujeres que aún no han parido, encontramos un pequeño orificio circular. En cambio, en las que ya han tenido un parto, podemos ver aún un orificio de pequeño tamaño pero con alguna forma particular, como media luna o estrella, producto del parto.

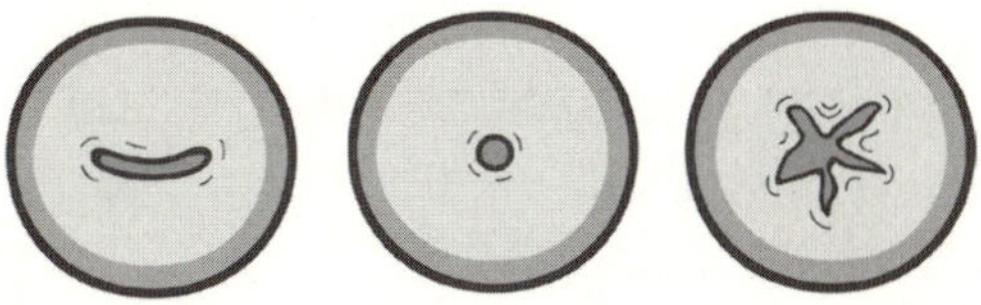

ÚTERA: *Espacio Sagrado / Fuente / Matriz*

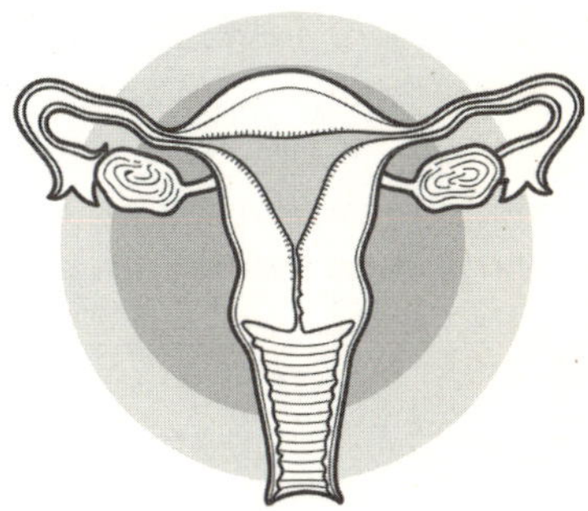

Es nuestro segundo corazón, hacia y desde donde emanan muchos movimientos de nuestra energía sexual. Está ubicado internamente y podemos reconocerlo palpando entre el pubis y el ombligo, donde al mismo tiempo se ubica el Chakra sexual *Swadisthana*, que significa "la morada de la fuerza vital".

Es biológicamente un músculo "hueco"; su tamaño varía en cada mujer, pero siempre se relaciona con el tamaño de nuestro puño cerrado. Cambia de posición, tamaño y textura durante todo nuestro ciclo sexual. Está compuesto por dos partes principales: el cérvix y el cuerpo del útero.

Las paredes internas del útero, que conocemos como "endometrio", sufren transformaciones durante todo el ciclo menstrual.

ENDOMETRIO: *Reboso Carmesí*

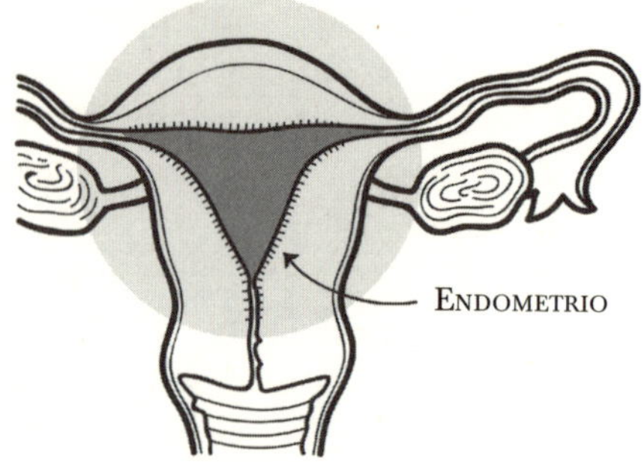

Es una de las tres capas que posee el útero, la más interna. El perimetrio, en cambio, es la capa externa y el miometrio, la capa muscular. El endometrio es una capa mucosa encargada de crecer y nutrirse durante todo el ciclo menstrual, pasando desde los 3 milímetros después de la menstruación hasta los 10 milímetros cuando acontece la ovulación. Su función es acoger al cigoto una vez ocurrida la fecundación. Es aquí donde se desarrolla la placenta y, si no ocurre la fecundación, el organismo se desprende de esta capa, dando paso a la menstruación, donde se despoja de nutrientes, hormonas, secreciones y sangre para iniciar una renovación y bienvenida al nuevo ciclo.

TROMPAS UTERINAS: *Caminos Serpenteantes*

Son oviductos musculares que unen los ovarios y el útero. Desempeñan una acción fundamental en la creación humana. Son las que proporcionan una dinámica de protección y un camino a través del cual "empujan" al ovocito desde el ovario para que pueda establecerse en un tercio de alguna de las dos trompas y allí se posibilite la fecundación. Si esto no sucede, el ovocito sigue su camino hacia el útero y se produce la menstruación.

OVARIOS: *Nidos de Perlas*

Son dos pequeños órganos con forma similar a una almendra. Se encuentran debajo de las trompas uterinas y se ubican uno al lado derecho y otro al lado izquierdo del útero. Son los encargados de producir óvulos y hormonas sexuales.

OVOCITOS (ÓVULOS): *Semillas de Creación y Renovación*

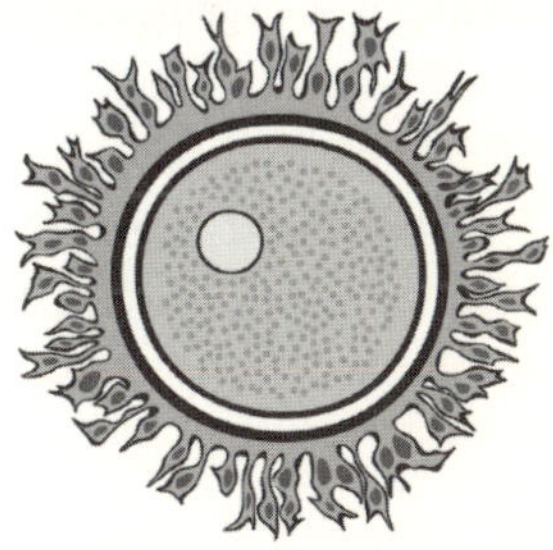

Son células sexuales femeninas ubicadas en los ovarios. Durante el período fértil de la mujer, mensualmente madura un ovocito, aunque puede madurar más de uno. Este proceso sucede en uno de los ovarios. Al estar maduro, sale del ovario y es absorbido por una trompa uterina, para dar camino por sus conductos. Solo cuando el *ovocito* es fecundado pasa a ser *óvulo.* Si esto no ocurre, el ovocito sigue su camino por la trompa y se elimina con el endometrio en la menstruación.

> La mujer tiene en sus ovarios el mayor número de óvulos que va a tener jamás, alrededor de veinte millones, cuando es un feto de veinte semanas en el vientre de su madre. A partir de ese momento, comienza a perderlos[13].

[13] NORTHRUP, C. (1999). *Cuerpo de mujer, sabiduría de mujer.* Barcelona, Urano, p. 146.

Glándulas vulvovaginales: *Néctar de Placer*

Existen diferentes nombres para definir estas glándulas. Las vestibulares mayores se conocen también como "Glándulas de Bartolino", debido al anatomista danés Caspar Bartholin. Se ubican cerca del vestíbulo de la vagina, una al lado izquierdo y la otra al lado derecho. Aunque son ínfimas externamente, se identifican en sentido horario a las 16:00 y 20:00 horas, como lo indica la ilustración. Secretan feromonas y líquido, ayudando a la lubricación de la vagina y los labios.

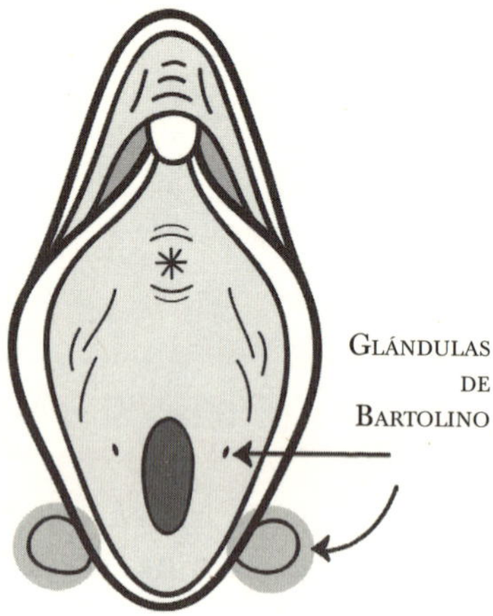

Las glándulas vestibulares menores, conocidas popularmente como "Glándulas de Skene" o "parauretrales", se sitúan en la parte de arriba de la vagina, al interior de sus paredes, cerca del clítoris y la uretra. Tienen la función de aumentar la irrigación sanguínea durante la excitación sexual. Y como es costumbre para la patriarcal medicina, su nombre recuerda al ginecólogo escocés Alexander Skene, el "primero" en describirlas científicamente. Estas glándulas prostáticas son las encargadas de producir el líquido de la eyaculación femenina. Popularmente, se dice que dicha emanación acuática

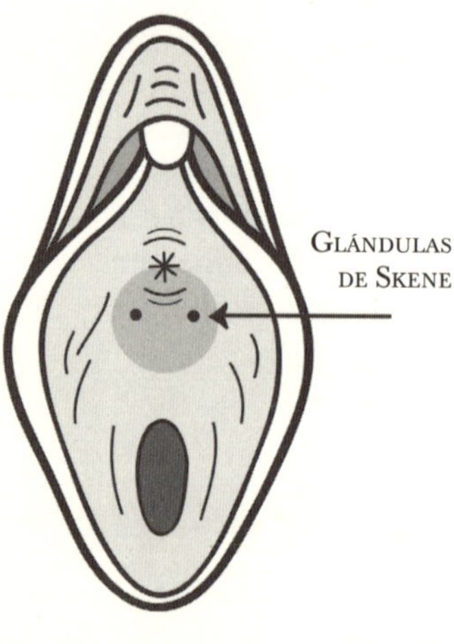

ocurre por el estímulo del punto G (cuestionable). A partir de la práctica de la estimulación prostática, se puede ocasionar esta eyaculación. Por ahora, se desconoce bastante su existencia, lo que ocasiona que muchas mujeres crean que están orinándose cuando les sucede, pero ¡no es así! Es un fluido líquido diferente. La invitación es a explorarnos y redescubrirnos, despojándonos de los apellidos médicos patriarcales en nuestros cuerpos...

El proyecto Anarcha Gland invita a repensar el nombre de las glándulas parauretrales o de Skene como "Glándula de Anarcha" (a la eyaculadora) y "Glándulas de Lucy & Betsey" (a las lubricantes o vestibulares mayores). En el capítulo II conocimos la historia de esas mujeres con cuyos cuerpos se experimentó y a quienes se torturó como parte de los estudios que dieron base a la medicina ginecológica moderna.

CAPÍTULO IV

Do it yourself

SALUD POR Y PARA MUJERES

Self-help o “auto-ayuda” es el nombre con el que un grupo de mujeres feministas, en Los Ángeles, a principios de los años setenta, bautizó la práctica de ejercer autogestión de la salud, a partir del propio conocimiento del cuerpo a través de la realización de autoexámenes. Usando su sabiduría y, de manera autodidacta, ciertas herramientas que utiliza la medicina (como el espéculo), a raíz de la necesidad de generar un conocimiento propio, estas mujeres se sumergieron en una revolucionaria idea: la de auto-observarse y compartir sus experiencias de manera comunitaria.

Esta iniciativa de salud, luego impulsada por el Colectivo de Mujeres de Boston, generó grandes contribuciones a los posteriores movimientos feministas de salud. Hoy logramos acceder a su valiosísimo trabajo conocido como *Our Bodies, Ourselves - Global Initiative* (OBOGI)[1], que ofrece manuales de salud y también información en línea sobre investigaciones con evidencia culturalmente apropiada sobre salud sexual y reproductiva para niñas y mujeres de todo el mundo.

En una dirección similar, rescatamos el trabajo de la partera Susan Klein, quien desarrolló una investigación llamada *Un libro para parteras*, manual de uso práctico en el que hallamos

---

1 *Iniciativa global - Nuestros cuerpos, nuestras vidas.* Puedes encontrar mucha información de salud a nivel global en <www.ourbodiesourselves.org>.

diversas herramientas para el autocuidado y prevención en la salud de la mujer, como el examen casero con vinagre para detectar precozmente el cáncer de cérvix, práctica con la cual se previene gran cantidad de muertes en zonas donde no existe la asistencia médica[2].

Al igual que estos movimientos de salud, pensados por y para mujeres[3], el presente libro desea incentivar el acercamiento genuino de las propias mujeres hacia su salud, enfoque que debe incluir nuestra propia historia y los sentires que nos han construido. Estas son herramientas fundamentales para el desarrollo de una salud preventiva más eficiente, concreta y cercana a la realidad que experimentan las diferentes mujeres en el mundo.

Necesitamos investigar y crear conocimientos en beneficio del bienestar de las mujeres y no con base en un patrón masculino o en resultados de estudios motivados solo por la rentabilidad de las farmacéuticas.

Necesitamos nuevas respuestas por parte de la comunidad científica, respuestas integrales que incorporen la experiencia consciente y la voz de las propias mujeres sin que sean utilizadas, contaminadas o engañadas como lo hacen las multinacionales probando sus vacunas y medicamentos con mujeres y niños/as del "tercer mundo".

Las mujeres debemos comprender por nuestra propia experiencia cómo funcionan nuestro útero, hormonas y ciclo menstrual sin que sean procesos manipulados. Debemos

---

2 Este libro es parte de la serie denominada *Donde no hay Doctor*, proyecto creado por Hesperian - Guías de Salud, y se puede descargar libremente en <www.hesperian.info>.

3 Invito a conocer el trabajo de la *Revista MyS (Mujeres y Salud)*, colectivo de mujeres que desde el año 1996 ofrece información científica de salud en lenguaje comprensible y conocimientos nacidos de la experiencia de las propias mujeres. Ver su página web: <www.mys.matriz.net>.

acercarnos por fuera del discurso médico oficial, que enseña de manera fría y cerrada la comprensión de los procesos de salud humanos, sin considerar aspectos esenciales: culturales, espirituales, económicos, políticos, etcétera, que no se pueden desligar de nuestra salud.

Carme Valls-Llobet, médica catalana especializada en endocrinología, ha construido una larga trayectoria en el estudio distintivo de la morbilidad en las mujeres, a través de una crítica hacia la medicina androcéntrica. Esto ha sido fundamental dentro de los espacios de la investigación científica. Valls-Llobet pone en cuestionamiento

> los estereotipos a partir de la invisibilidad de las mujeres en las investigaciones de la ciencia médica y epidemiológica [...]. [Valls-Llobet] indica que el cuerpo de la mujer está regulado, controlado, normativizado y condicionado por un sistema de género diferenciador y discriminador[4].

Valls-Llobet promueve la necesidad de exponer las diferencias integradoras entre los sexos para así dar paso a un cambio de paradigma, que integre a más mujeres en los espacios científicos, tanto para diagnósticos como para tratamientos en los equipos de validaciones en las investigaciones. "Tras defender que sexo y género no son sinónimos, [Valls-Llobet] apoya la noción de género que permite introducir la variable de la diferencia sexual en el corazón mismo de la investigación teorética"[5]. Esto constituye una contribución hacia la transformación del paradigma médico dominante en beneficio de un cambio respetuoso con nuestra salud y con nuestra Madre Tierra. Es que nosotras mismas recuperemos el protagonismo y la participación

---

4 Pérez, R. (2010): "Un análisis de la relación mujeres, salud y poder", en *Salud 2000, Revista de la Federación de Asociaciones para la Defensa de la Sanidad Pública*, España, n° 126.

5 Ídem.

activa en nuestra salud, con nuestra intervención como agentes cuidadoras, cavilando, levantando, ejerciendo y experimentando una salud diferente: integral, comunitaria y armónica con el entorno. Así daremos paso a conocimientos propios, abriremos espacios comunitarios para que broten y se compartan en favor de nuestro bienestar y de nuestra comunidad.

He visto, con el tiempo, que quienes se sumergen en estos procesos ocasionan revoluciones, que se esparcen como semillas en el viento y que logran transformar nuestra visión como la de quienes nos rodean, incluidos los agentes y especialistas de salud que acompañan nuestros procesos.

Autogestión de la salud

«No tengo salud porque perdí el saber de mí. Estoy como en tierra extraña»[6].

Sabiduría Mapuche

Autogestionar tu salud implica quebrar con paradigmas importantes (y es un camino a veces dificultoso) debido a que ese hacerse cargo implica sumergirnos en reconocer no solo el cuerpo y su funcionamiento, no solo cambiar los hábitos alimentarios o integrar infusiones de hierbas en nuestras vidas, sino también adentrarnos en nuestra peculiar historia y sanar aspectos esenciales que solemos evitar y que frecuentemente son síntomas de una herida profunda.

Deseo hacer una pausa antes de entrar en el tema de autoconocimiento y autoexámenes para dar relevancia a lo trascendente de conocernos más allá de la materia y de lo somático. Quiero destacar la importancia de poder trazar un

6 Extraído de Mora Penroz, Z. (2003). *Palabras mágicas para reencantar la tierra.* Santiago de Chile, Norma, p. 100.

autoconocimiento metafísico, que incluya particularmente nuestra historia ancestral y nuestro árbol familiar para reconocernos como parte de ese trazo y comprendernos dentro de un contexto integrador.

La autogestión de nuestra salud debe partir de la base del contexto histórico/espiritual de cada persona. Después de años de experiencia, puedo asegurar que ningún autoconocimiento físico, ni la comprensión biológica, política, ni teórica de nuestro cuerpo nos salvará el cuero de enfermarnos. No nos salvará mientras sigamos sin reconocer nuestro origen y sin reconciliarnos con él, mientras nuestra conciencia viva fragmentada, mientras sean la mente y ahora el cuerpo los únicos fundamentos para abordar los procesos de salud/enfermedad.

Sanar el origen es conocerse aún más profundamente

Para llegar a un entendimiento de nuestros malestares, para sanarnos de manera profunda, reconectando las piezas para encontrar el equilibrio con nuestro centro y reconectarnos con la gran Madre Tierra que nos mantiene con vida, deberemos trascender el acto reduccionista de centrar nuestra atención solo en el síntoma físico del malestar (enfermedad) que se nos presente en un determinado momento de la vida.

Debemos partir desde la base de que algo nos pide ayuda a gritos y se hace cuerpo para exigirnos su atención… deberemos volcarnos a lo más abisal y profundo de nuestros planos espirituales para comprender aquello que lo origina. Abordar solo el síntoma, curando la herida de manera natural, no nos sacará de la espiral que provoca la enfermedad.

No solo somos este cuerpo maltratado y sus órganos no son objetos ajenos a las manifestaciones. "Me duele el útero", "los riñones no funcionan"... ¿Acaso no somos el útero y el riñón mismo? Somos el pulso, la vibración, el orgasmo y la sangre que baja desde nuestro útero... Somos creadoras de esa realidad. El malestar es solo la manifestación física de todo un proceso y de una vibración constante que se construye segundo a segundo, como seres auto-poiéticos que necesitan alimentarse vitalmente de amor y felicidad.

Conocer el origen de nuestros males, que se transforman en heridas a veces visibles y otras veces no, es una herramienta básica para luego darnos cuidados indispensables. Debemos cuestionarnos por qué acontecen aquellos desequilibrios, en qué momento proliferan, si eso mismo le ocurría a nuestra madre, a nuestras abuelas o a nuestras hermanas mayores.

Es importante reconocer nuestras recónditas heridas, hábitos, maltratos y autoexplotación, aquellos patrones que repetimos producto de nuestra historia familiar, trazar esa historia ancestral. Son herramientas primordiales para analizarnos a partir de ciertas herencias que reproducimos de manera inconsciente.

Identificar aquellos dolores, desamores, traumas, abusos que te cohabitan es un punto elemental para desanudar y comprender tu propio "mito del eterno retorno". La comprensión de tus constantes malestares no puede ser resuelta desde un solo plano y un ahora; debe abarcar tu historia y tu entorno. El proceso de sanación, además, debe involucrar la aceptación de aquella historia, y la posibilidad de contar con tu comunidad como parte del proceso de sanación con el ahora.

A modo de ejercicio

- Encuéntrate con tu madre o padre, o si no busca a algún familiar cercano. Intenta revivir el momento de tu nacimiento y todo el período que envolvió tu llegada al mundo: la gestación, el parto, la lactancia, los primeros años de vida... puedes pedirle a estas personas que lo escriban en una carta o pueden reunirse para revivir ese momento.

• Analiza el contexto social, económico y religioso de tu país y de tu núcleo familiar. Reconstruye un poco la historia de tu llegada al mundo. Tú no solo existes y sientes desde que tienes memoria; eres parte de este universo hace más tiempo de lo que crees y llegaste con una misión al mundo que deberás descubrir y cumplir.

• Agradece la vida, el amor y la contención que te entregaron quienes te trajeron al mundo, criaron, alimentaron, enseñaron…

• Honra tu linaje, perdona sus faltas y errores, asume tu historia, da pasos grandes y sagrados para no repetir sus errores. Conéctate con tus ancestros y su peculiar historia. Abre tu problemática al mundo, comparte tu experiencia, lee, investiga, viaja… renuévate y, sobre todo, ¡ámate!

«Yo agradezco todos los días
porque la abundancia
vive en la gratitud
ningún mal me puede pasar
porque soy
hija de las estrellas
de la luz
de las aguas
de las montañas
soy hija del amor incondicional
yo me amo
yo me acepto
yo me perdono
yo merezco ser feliz»[7]

[7] Oración transmitida por una amiga, a quien se la enseñó otra amiga, y que así se ha movido entre nosotras. Desconozco su origen.

Cuerpo: recuperar el espacio colonizado

Retornando a la forma, lo que podemos ver, tocar y sentir es lo que llamamos "cuerpo", un espacio que vive fragmentado, separado de la conciencia y maltratado por el sistema/medio. Es nuestra trinchera de lucha, nuestra coraza, nuestra materia, que pide a gritos conexión, amor y respeto.

Quizás pienses que tú no sabes nada de tu cuerpo ni de cada órgano que posees porque nos acostumbramos a que ese espacio le sea más familiar al ojo ajeno que al propio, más cerca del especialista que de nuestro propio saber... En el caso de nuestros genitales, las mujeres cargamos con mucho pudor y miedo de conocer aquellas "zonas prohibidas". He escuchado a muchas mujeres confesar no haberse mirado nunca la vulva o metido un dedo en la vagina para observar y sentir. Nuestra pareja sexual o nuestro/a ginecólogo/a de turno suelen conocernos más en ese sentido que nosotras mismas.

Reconocer el cuerpo y su totalidad es más simple de lo que tú crees. Tan solo con unos rutinarios ejercicios llegarás al entendimiento de cada una de tus partes. Después de que lleves un tiempo revisándote e integrando las piezas al sentir, comprenderás a tiempo cuando algo ande mal para solucionarlo con un tratamiento adecuado.

Los autoexámenes que explicaremos a continuación te ayudarán a reconocer específicamente tus órganos genitales y mamas. Debes estar atenta si llegas a determinar alguna herida, quiste, sangre fuera del ciclo, bulto o líquido en los pechos.

Si reconoces algo que escapa de tu entendimiento, no dudes en acudir a un especialista para que te brinde un diagnóstico certero. Los autoexámenes no sirven como autodiagnóstico;

solo sirven para conocer y tomar contacto con tu cuerpo, lo que quizás precise un período largo de tiempo. Debes ir reconociendo tu cuerpo en su "estado natural".

Existen distintos tipos de exámenes rutinarios que te realizan los doctores y doctoras. Te nombraremos algunos, junto con las formas en que puedes realizarlos tú misma, sola o con la ayuda de alguien.

Un buen ejercicio es anotar todo lo que vas observando en un calendario lunar y realizar las revisaciones en las mismas fechas cada mes. La idea es que tomes contacto con tu cuerpo y que lleves un registro permanente del estado de tu salud.

Autoconocimiento y autoexámenes

«Inmersión, inmersión,
cerremos las compuertas,
aventurémonos hacia las inciertas profundidades.
Inmersión, inmersión,
vayamos verticalmente a la deriva
dejando que el vértigo nos acaricie,
viendo alejarse allá arriba la superficie».

Jorge Drexler – *Mundo abisal*

Las siguientes son diferentes formas de exámenes que se nos suelen realizar en revisaciones médicas rutinarias para controlar el estado de salud de nuestra vulva, vagina, cérvix, útero y mamas.

Es bueno que cuando acudas a una revisación le exijas a tu doctor/a conocer cuál es el procedimiento que va a realizar sobre tu cuerpo, antes de que comience. Ninguno de estos exámenes debiera causar ningún tipo de dolor, excepto que sea realizado de manera brusca o que exista algún órgano dañado. Lo positivo es que, si lo realizas tú misma, sabrás de qué se trata cuando te lo esté realizando otra persona y de qué manera debería hacerse sin que te sea incómodo.

Examen pélvico

Existen tres tipos[8]:

1. El *examen visual* es una forma de inspeccionar la vulva para verificar si existen signos irregulares tales como heridas, inflamaciones e infecciones, entre otras.
2. El *examen con espéculo* permite ver las paredes de la vagina y observar el cérvix para hacer pruebas para la detección temprana de infecciones o cáncer.
3. El *examen bimanual* (a dos manos) es una forma de revisar el estado de los órganos internos: el útero y los ovarios. Debe ser realizado por otra persona.

Autoexamen visual

Este es un ejercicio básico para reconocer tus genitales. Obsérvate con la ayuda de un espejo. Busca un lugar cómodo para ti, lávate bien las manos y revisa tus genitales externos uno por uno: los labios, el monte de Venus, el clítoris, la vagina. Además de reconocerlos, busca si existe irritación, enrojecimiento, hinchazón, verrugas, bultos, heridas o flujo anormal.

[8] Las referencias fueron tomadas de Klein, S.; Miller, S. y Thompson, F. (2007). *Un libro para parteras.* Berkeley, Hesperian, pp. 374-380.

Autoexamen con espéculo

El espéculo es una herramienta médica que se utiliza para realizar una revisión vaginal hasta encontrar el cérvix (se consiguen fácilmente los de tipo desechable en locales de material médico y ortopédico). Hay de tres tamaños: el mediano es el más usado en mujeres jóvenes que no han tenido partos. Su uso, comúnmente, se relaciona al examen preventivo para el cáncer cérvico-uterino.

Materiales:

- Guantes esterilizados
- Luz (lámpara o linterna)
- Espéculo (desechable)
- Lubricante (agua o aceite vegetal)
- Espejo
- Base firme donde apoyarte (cama, mesa o alfombra)
- Almohada.

Pasos a seguir:

1. Busca un lugar cómodo para realizar el examen. Lleva todo lo necesario a ese lugar y cuando estés familiarizada con la manipulación del espéculo, acomódate en el lugar escogido, semiacostada con las rodillas dobladas y los pies bien separados. Apoya tu espalda en una pared o en una almohada.
2. Lubrica (solo si es necesario) el espéculo. Con guantes o las manos bien limpias, abre tus labios con una mano y con la otra sostén el mango del espéculo apuntando hacia la parte interior de tus muslos (de forma horizontal) y de esta manera insértalo (cerrado) suavemente en la vagina.

3. Cuando haya llegado al fondo de la vagina, gíralo lentamente de modo que el mango quede apuntando hacia el ano. En esa posición, comienza a abrirlo de forma vertical lo máximo que puedas sin incomodarte.

4. Atornilla el seguro del espéculo para que quede abierto de manera fija. Con una luz dirigida, apunta hacia el fondo de tu vagina y, con la ayuda de un espejo, observa todo lo que te sea posible.

5. Para que entiendas lo que ves, te recomendamos buscar en internet fotos de diversos tipos de cérvix para reconocerlos[9]. La zona rosada son las paredes de tu vagina; en el fondo encontrarás una protuberancia redonda y rosada que posee un orificio denominado *Os* en el centro. Ese es el cérvix. (No es simple reconocerlo. Puja hacia afuera para que aparezca, pero si te incomoda o no logras verlo, vuelve a intentarlo en otro momento.)

6. Para retirar el espéculo, debes soltar el tornillo, dejarlo abierto y tirar suavemente hacia afuera.

El cuello del útero cambia durante todo el ciclo vital de una mujer. En ciertos momentos lo verás más abajo y el *Os* estará apuntando en diferentes direcciones o más abierto durante la menstruación y ovulación. También reconocerás que su color varía, así como la consistencia del moco cervical, lo que te ayudará a reconocer tu estado de fertilidad. Asimismo, después de un parto vaginal, el *Os* cambia su forma y durante la menopausia, el cérvix puede aparecer más pálido.

---

9 Existe un proyecto denominado “Beautiful Cervix”, en cuya página web (<www.beautifulcervix.com>) puedes encontrar miles de cuellos uterinos fotografiados durante todo un ciclo lunar, de distintas mujeres en distintas situaciones de la vida. Es un buen ejercicio para conocerlos.

Cuadro de diferencia para anotar lo que ves en tu revisión

Apariencia del cérvix	SIGNOS COMUNES	SIGNOS DE ALERTA
FLUJO	Líquido, blanco o transparente.	Verde, amarillo, gris, pastoso.
OLOR	Cada mujer sabe de sus olores. Solo si percibes uno diferente, deberás prestar atención.	Fuerte, descompuesto, similar al pescado.
ASPECTO	Liso, con bolitas o pequeños bultitos.	Llagas, heridas, sangre fuera del ciclo, verrugas, inflamación.
COLOR	Rosado o pálido. Azulado en gestantes.	Un color fuera de lo común que además traiga alguno de los otros signos de alerta.

Examen vaginal bimanual

Puedes pedirle a alguna persona de confianza que te ayude y también tú puedes revisar a otra mujer. Es solo un ejercicio de revisión y reconocimiento. Si tienes algún órgano interno doliente, acude a un especialista.

Recomendaciones:

- Orinar antes del examen.
- Buscar un lugar cómodo.
- Lavar muy bien las manos.
- Usar guantes esterilizados.
- Si es necesario, usar algún lubricante natural.
- Es necesario estar tranquila, respirando por la boca y relajando las manos, el cuello, la espalda y el abdomen.

Pasos a seguir:

1. Con la mano izquierda, abre suavemente los labios de la vulva y con la mano derecha inserta los dedos (medio e índice) en la vagina, intentando llegar hasta el cérvix, que se sentirá como una redonda protuberancia (como la punta de una nariz) y de suave textura. Gira tus dedos alrededor del cérvix. Este ejercicio no debería doler, excepto que se esté en presencia de una infección o gestación.
2. Al mismo tiempo, con la mano izquierda deberás palpar el bajo vientre, logrando detectar las paredes del útero.
3. Quien examine deberá fijarse en el tamaño, aspecto, movilidad, consistencia y ubicación del útero, las trompas y los ovarios, tratando de localizar cualquier bulto extraño, dolor pélvico o tendencia a la inflamación.

La palpación del útero no debería doler. La de los ovarios puede doler un poco porque son difíciles de encontrar.

Pruebas para la detección temprana de cáncer de cérvix

Un eficaz método, que consiste en la realización de una prueba casera con vinagre aplicada al cérvix, ha reducido la muerte de mujeres en muchos lugares del mundo, como se ha constatado en un reciente estudio en India[10]. Este tipo de cáncer es el que más comúnmente ataca a las mujeres en países desarrollados. La prueba puede ser realizada en el hogar con la ayuda de un tercero (es simple), no implica grandes conocimientos ni altos costos económicos. Puede detectar células precancerosas y cancerosas, lo que ayudaría a resolverlo a tiempo si se lo acompaña con un tratamiento adecuado.

---

[10] Afirmaciones con base en los resultados de las investigaciones del médico Surendra Srinivas Shastrien, de la ASCO University.

Este ejercicio no reemplaza a la prueba Papanicolau (PAP) ni a la colposcopía, que deben ser realizadas una vez al año (desde que se haya iniciado la vida sexual de una mujer) hasta la edad de 65 años.

Materiales:

- Espéculo
- Gasa esterilizada
- Vinagre (ácido acético al 4 o 5%)
- Pinzas largas.

Pasos a seguir:

1. Coloca el espéculo en la vagina y observa el cérvix (ver arriba "Autoexamen con espéculo").
2. Sostén un pequeño trozo de gasa esterilizada con pinzas esterilizadas.
3. Remoja la gasa en vinagre blanco puro (cualquier tipo de vinagre puede servir, siempre que tenga ácido acético al 4 o 5%) y unta el vinagre en el cérvix. Quita la gasa. El vinagre no lastimará el cérvix pero podría causar un poco de ardor.
4. Espera un minuto. Mira el cérvix otra vez. Si hay células anormales, verás unas manchas blancas en el cuello de la matriz. En ese caso, deberás recibir atención sin demora[11].

11 Klein y otros (2007), obra citada, p. 379.

LOS PECHOS: VOLCANES EN EXPANSIÓN

«La purificación y el desahogo de los pechos puede aliviar asimismo el peso del corazón».

MAITREYI D. PIONTEK

Los pechos o mamas son otro espacio que solemos desconocer en su profundidad. ¿Cuál es la relación que posees con tus pechos? ¿Los observas, tocas, acaricias y examinas tú misma?

Le daremos una revisada a estas montañas de vitalidad, encanto, placer y nutrición.

Las mamas poseen una estructura compleja, que se compone internamente de un 90% de tejido adiposo, además de glándulas mamarias, vasos linfáticos, nervios, pequeños vasos sanguíneos y otras estructuras. Externamente, encontramos la areola y el pezón.

Como las flores, las mamas se transforman minuto a minuto. Asimétricas, nunca son del mismo tamaño y van cambiando en cada etapa de la vida. En la pubertad, evidencian un paso importante con el desarrollo de las glándulas mamarias y luego siguen modificándose durante todo el ciclo menstrual, la gestación, la lactancia y la menopausia.

Con el frío y con la excitación sexual, erectan sus pezones demostrando su sensibilidad. Se sitúan cercanas al cuarto chakra, *an-ajata*, del corazón (centro de emotividad y circulación de energías), por lo que viven cargadas de emociones. Para la medicina tradicional china, es vital activar su energía y ser conscientes de su necesaria distensión y bienestar. Se dice que cuando el corazón se carga de emociones negativas, es en los pechos donde se acumulan la pena, el dolor y las angustias.

Con respecto a la explotación de la belleza, las mamas parecen ser objeto de comercialización pública, donde la tendencia es reemplazarlas por un modelo plástico, satisfaciendo cánones, deseos y aprobación de otras personas... Es momento de conocer su relevancia, su necesidad de dar y recibir cariño, comenzar a honrarlas, acariciarlas, amarlas tal cual son y liberarlas de vez en cuando al aire y al sol, del rígido *brassier*.

No solo otras personas deben servirse de la abundancia de placer que brindan nuestros pechos. Para nuestro bienestar, es vital poder nosotras mismas disfrutarlas, sentirlas, acariciarlas, estimularlas, examinarlas y masajearlas.

Dentro de las prácticas del Tao, se promueve el masaje de los pechos para conseguir vitalidad, fortalecimiento y placer para muchos órganos de nuestro cuerpo, activando el *Chi*[12]. "La estimulación de los pechos afecta de forma especial a las glándulas pineal, pituitaria y el timo.[13]"

Este ejercicio ofrece beneficios a nuestra salud, ya que mejora la autoestima, la energía sexual, el ciclo menstrual, las hormonas y los meridianos del riñón, entre otros. Brindar cariño a través del masaje a nuestras mamas es una vital manera de otorgarnos autocuidado y autocuración, al mantener un contacto consciente con nuestra totalidad y su flujo de energía, que se condensan en esta zona.

12 El *Qì* o *Chi* puede resumirse como el "flujo vital de energía" o "fuerza de vida" para la cultura tradicional china.

13 Chia, M. (1983): *Amor curativo a través del Tao. Cultivando la energía sexual femenina.* Madrid, Editorial Mirach, p. 126.

Automasaje de pechos

Materiales:

- Espacio físico tranquilo
- Aceite vegetal (almendras, oliva o pepa de uva)
- Velas, inciensos o aceites esenciales (opcional).

Pasos a seguir:

1. Busca un momento de tranquilidad y un lugar cómodo, donde te encuentres sola y relajada.
2. Quítate la ropa de arriba y busca una postura cómoda.
3. Unta tus manos con un poco de aceite.
4. Realiza tres respiraciones abdominales profundas.
5. Junta tus manos y frótalas hasta generar calor.
6. Apoya tus manos suavemente sobre los pechos y envíales energía amorosa.
7. Toca delicadamente con las puntas de tus dedos en forma de círculo alrededor de tus pechos (sin tocar los pezones).
8. Por fuera de los pezones, comienza a dibujar círculos primero hacia dentro y después hacia afuera. Deberás repetir este recorrido nueve veces.
9. Ahora da masajes circulares a la totalidad de los pechos, presionando suavemente el tejido contra ellos.
10. Debes conectarte con lo que te hace sentir bien y variar la intensidad del masaje de acuerdo a tus sensaciones. "Pasando de caricias ligeras como plumas a toques más enérgicos. Acariciarte los pezones incrementará la liberación hormonal y la energía generada"[14].

[14] Masaje recomendado en Chia, M. y Carlton, R. (2003). *La mujer multiorgásmica.* Madrid, Editorial Neo Person, p. 230.

Autoexploración mamaria (AEM)[15]

Se recomienda hacerse este examen todos los meses para diagnosticar precozmente tumores, quistes o cáncer. Tan solo toma diez minutos y te será de gran ayuda para el cuidado de tu salud. Al igual que el masaje, deberás aprovechar un espacio de relajación y conexión. A medida que conozcas las características de tus senos, te será más fácil ir descartando cualquier enfermedad y probablemente estarás capacitada mejor que nadie para detectar cualquier anormalidad a tiempo.

Para tener en cuenta:

- Los pechos nunca son del mismo tamaño. Van cambiando en cada etapa del ciclo menstrual.
- Es bueno examinarlos el mismo día de cada mes.
- Después de la menstruación es una buena fecha para hacerlo, ya que los pechos están al mínimo de su tamaño y es más fácil detectar algún bulto extraño. En cambio, justo antes de la menstruación es probable que sientas endurecimientos o dolor.
- Debes examinarte en un lugar con buena luz.
- Un bulto redondo, discreto y duro es probablemente un quiste no canceroso.
- El cáncer a menudo produce un endurecimiento en una zona específica y suele no ser doloroso.
- Puede haber ganglios inflamados en axilas o por encima de las clavículas.
- Existen videos en internet que puedes usar como guía para ayudarte.

15 Información recomendada por el Servicio Nacional de la Mujer, SERNAM (Chile), <www.sernam.cl>.

De pie frente al espejo

1. Párate frente a un espejo con los brazos flojos a los costados del tronco y mira tus pechos.
2. Observa tus pechos con los brazos levantados sobre la cabeza.
3. Obsérvalos con las manos firmemente apoyadas en las caderas.

En cada una de las posturas, busca alguna anomalía, como diferencias de forma (no de tamaño), un aplastamiento o protuberancia en un solo pecho, una arruga o pliegue en la piel, un derrame de líquido de un pezón si lo aprietas suavemente, un enrojecimiento o una dureza incrustada en el pezón. Fíjate si algún pezón está especialmente duro o falto de elasticidad y si los dos pezones apuntan en direcciones simétricas.

Acostada

1. Acuéstate en una cama o en un sillón.
2. Levanta un brazo y pon esa mano bajo la cabeza. Ayúdate con un pequeño almohadón colocado bajo el hombro.
3. Recorre el pecho suave y detalladamente con los dedos de la mano opuesta e imagina tu mama dividida en cuatro partes. Palpa cada parte con movimientos circulares, desde el borde de la mama hacia el pezón.
4. Haz un pequeño movimiento hacia arriba y hacia abajo, cubriendo también todo el pecho con un movimiento más amplio. La zona de localización más común de los tumores está entre el pezón y la axila. Préstale atención.
5. Repite lo mismo en la otra mama.
6. Asegúrate de que no quede ninguna zona sin palpar.

7. Realiza este autoexamen siempre en la misma fecha y anota todo lo que sientas y veas en cada revisión.
8. Tócate los cuatro lados de las axilas y su vértice (la axila es como una pirámide: el lado anterior es la cara posterior del músculo pectoral, el lado posterior es la cara anterior del músculo deltoides, el lado interno da contra las costillas y el externo lo aporta el brazo en su cara interna; por el vértice pasan vasos y hay ganglios).
9. Busca ganglios por encima y debajo de las clavículas.
10. Registra si te pica uno de los pezones (hay un cáncer que se llama "Paget", que afecta la piel, infiltrándola, y da prurito).
11. Recuerda que estamos buscando cinco cosas importantes:
    a. Bultos que no duelen en mamas.
    b. Ganglios palpables en axilas.
    c. Ganglios palpables en clavículas.
    d. Piel infiltrada en mamas, que se ve como "piel de naranja". Esto produce un pegoteo de la piel con la grasa que hay debajo, de modo que si levantamos los brazos veremos que se produce como un tironeo y deformación en esa zona.
    e. Salida de líquido por un pezón o ambos, sobre todo si es amarronado. A veces es blanco o amarillento y es leche retenida. Si es sanguinolento, es un signo de alerta y debes pedir ayuda a un/a especialista.

En Chile, el Servicio Nacional de la Mujer, SERNAM, recomienda que las mujeres, además de practicarse su autoexamen mamario mensual, acudan a realizarse su Examen Físico de Mama (EFM) con un profesional capacitado cada tres años desde la edad de 35, y anualmente si existen factores de riesgo. Si el EFM resulta alterado o positivo, se solicitará una mamografía, y si esta arroja resultados que puedan sugerir la presencia de alguna patología maligna, la mujer será derivada a un especialista. Estas políticas de salud son diferentes en cada país.

CAPÍTULO V

LAS PLANTAS MEDICINALES

SU PREPARACIÓN

Menjunjes y rituales mágicos que han sido transmitidos de generación en generación, han batallado contra el patriarcado, la caza de brujas, la censura religiosa y la soberbia científica.

Las plantas son una sagrada medicina que ha acompañado nuestras vidas desde el inicio de los tiempos[1]. Son el cimiento alimentario para gran parte de la población mundial. Un ejemplo importante es la hoja de coca, alimento base para la población en Bolivia, que se presenta en importantes estudios como una de las plantas más nutritivas a nivel mundial. Así también la yerba mate, consumida en varios países de Sudamérica en una singular infusión que posee vitaminas y minerales necesarios para nuestra salud.

Cotidianamente, podemos usar plantas en nuestra alimentación, ya sea en ensaladas crudas, como es el caso de las hojas de diente de león, albahaca o llantén, o para sazonar ciertos alimentos, como la salvia, la lavanda, el romero, el orégano y el tomillo, entre otras. Su uso frecuente en ensaladas, infusiones, tortillas, sopas, etcétera, nos ayudará a mantener una relación de bienestar y equilibrio en nuestra nutrición.

---

[1] Remitirse al herbolario, al final de este libro, para encontrar el nombre científico de cada una de las hierbas nombradas a fin de no generar confusión con los nombres con los que usualmente se las designa en distintos lugares.

En cuanto a su uso medicinal, no existe una sola manera de preparar y consumir las plantas medicinales. Al contrario, existen varias formas de emplearlas dependiendo de la necesidad: si se trata de un malestar interno, se necesitará ingerirlas por vía oral, ya sea preparando una infusión, cocimiento, tintura madre, jugo, etcétera. En casos de malestares externos como herpes, llagas, verrugas o heridas, la planta precisa ser aplicada en la piel, por lo que necesitaremos que sea preparada en forma de ungüento, cataplasma, aceite, pomada, baños de asiento, entre otras opciones. Cada planta cumple una función determinada y debe ser preparada y consumida de manera específica para cumplir el efecto deseado.

Las preparaciones

Cocimiento

Se usa para plantas firmes o partes duras de la planta, como tallos, hojas y cortezas.

Preparación

> En un recipiente, colocar la parte de la planta a usar. Agregar agua a temperatura ambiente y dejar hervir por cinco minutos. Luego, filtrar y retirar los restos de planta, dejando solo el líquido para su consumo o aplicación.

Decocción

Se usa para las partes aún más duras de la planta, como semillas, raíces y cortezas.

Preparación

En un recipiente, colocar la parte de la planta a usar. Agregar agua a temperatura ambiente, poner a calentar (a baño maría) durante quince a treinta minutos y revolver de vez en cuando. Luego, filtrar y retirar los restos de planta, dejando solo el líquido para su consumo o aplicación.

Aplicación

Se puede beber o usar externamente en gargarismos, inhalaciones, baños y compresas, entre otros.

1. *Gargarismos:* para infecciones e irritaciones de la boca, garganta y encías.

   Luego de hacer el cocimiento o decocción, retirar la planta del agua y colar. Dejar enfriar y mezclar con una pizca de sal. Introducir esta mezcla en la boca y enjuagar haciendo gárgaras (no tragar) al menos dos veces al día.

2. *Inhalaciones:* luego de hacer el cocimiento o decocción de la planta, retirarlo del fuego. Sobre el recipiente de agua recién hervida, poner la cara cercana al vapor y taparse toda la cabeza con una toalla. Quedarse allí a una distancia suficiente para evitar quemarse y respirar el vapor entre diez y quince minutos, sin destaparse la cabeza y el cuello.

3. *Baños de asiento:* para fisuras vaginales, heridas posparto, infecciones vaginales y urinarias.

Posteriormente al cocimiento de la planta, colocar el resultado en un bidet o lavatorio. Ponerse encima del vapor (con cuidado de no quemarse) y taparse con una toalla el cuerpo desde las caderas, glúteos y piernas para que no se pierda vapor. No permanecer más de quince minutos. La frecuencia para realizar los baños dependerá de la magnitud de la dolencia.

Infusión o tisana

Es la manera más común para el consumo de las plantas medicinales, por lo general en hojas y flores. Primero, poner las hierbas en un recipiente resistente al calor (no se recomienda el uso de material plástico) en una proporción de 500 centímetros cúbicos por cada 10 gramos de hierba deshidratada. Luego, verter agua recién hervida por encima (en este caso no se debe cocinar la planta) y luego tapar el recipiente, esperar diez minutos, colar y endulzar (opcional).

Maceración

Se debe poner la planta medicinal en remojo con agua pura (fría) o alcohol (puede ser aguardiente).

En un recipiente de vidrio color oscuro (como los frascos de jarabe o cerveza), dejar en descanso entre seis y nueve horas. Finalmente, filtrar y consumir oral o externamente, dependiendo de cada caso. No debe sobrepasar este tiempo de reposo, ya que puede convertirse en una mezcla tóxica para la salud.

Jarabe

Es una infusión muy concentrada a la que se agrega una gran cantidad de azúcar que permite que el preparado se mantenga conservado por períodos prolongados (hasta un año), ya que así se evita la fermentación.

Preparación

1. Colocar 50 gramos de la planta deshidratada o 100 gramos de la planta fresca en una jarra enlozada o de vidrio.
2. Agregar 400 centímetros cúbicos de agua hirviendo sobre la hierba (si se trata de una planta leñosa o de partes duras de la planta, hacer un cocimiento en lugar de una infusión). A veces, cuando usamos la planta seca, se puede necesitar un poco más de agua porque la planta debe rehidratarse.
3. Tapar y dejar reposar dos horas.
4. Colar, exprimiendo luego para obtener todo el líquido posible.
5. Agregar 850 gramos de azúcar, revolver y disolver al calor, sin llegar al punto de hervor.
6. Colar otra vez.
7. Medir el líquido obtenido y completar con agua previamente hervida para obtener un litro, si es necesario.

8. Envasar la preparación cuando ya esté fría en un frasco limpio de vidrio oscuro con tapa hermética, llenar hasta el tope y agregar sobre la superficie unas gotas de alcohol para evitar que se formen hongos, antes de tapar.
9. Rotular, anotando qué es (por ejemplo: *Jarabe de marrubio*), en qué fecha se realizó, y quién lo hizo[2].

Tintura madre

Es un preparado muy concentrado y suele tomarse en muy pequeñas cantidades (desde 20 gotas, es decir, 1 centímetro cúbico, hasta no más de 40 gotas en un vaso de agua). Cuando se diluye en un vaso de agua, se usa caliente para que el alcohol se evapore más rápidamente. Simplemente, se deja enfriar y se toma.

Preparación

1. Colocar 200 gramos de planta seca o 400 gramos de planta fresca en un frasco de vidrio oscuro con tapa hermética o vidrio transparente, que hay que envolver en papel oscuro para protegerlo de la luz solar.
2. Agregar la mezcla de 700 centímetros cúbicos de alcohol de 96 grados de buena calidad y 300 centímetros cúbicos de agua que hirvió (estéril), y tapar.
3. Agitar durante diez minutos hasta lograr que toda la preparación esté bien cubierta de líquido, rotular con la fecha de preparación y el nombre del contenido, y dejar luego en un lugar oscuro y fresco.

---

[2] Indicaciones de Adriana Marcus, médica general, especialista en plantas medicinales, parte de la Red Jarilla de Plantas Saludables de la Patagonia, Argentina.

4. Durante los siete a diez días de contacto, agitar diariamente un poco.
5. Al séptimo día (puede ser más) colar y luego filtrar con papel filtro de laboratorio o de café, o servilleta de papel o gasa en un embudo, presionando al final para extraer el líquido.
6. Guardar en frascos herméticos oscuros protegidos de la luz (envolver con papel de diario o bolsa de plástico negra).
7. Colocar una etiqueta en el envase, en la que figure el nombre del preparado y la fecha de elaboración[3].

CATAPLASMA

Se utiliza para curaciones de manera externa y directamente sobre la piel afectada, ya sea por inflamaciones, heridas, mordeduras, moretones, etcétera.

Preparación

Machacar la parte de la planta a utilizar y colocar directamente sobre la piel como una mascarilla. Cubrir con un paño o lana tibios para mantener el calor por unos minutos. Luego, retirar y lavar.

[3] Ídem, Adriana Marcus.

Cataplasma de barro

«La tierra es el misterioso laboratorio de la vida».
Manuel Lezaeta Acharán

Se utiliza de forma externa y es eficaz para curar múltiples dolencias. Según las enseñanzas de Manuel Lezaeta Acharán[4], tiene la capacidad de extraer todo lo malo del cuerpo a través de la fiebre interna, que sale por los poros con la aplicación de la cataplasma de barro, además de desinflamar, quitar el dolor, purificar y cicatrizar.

Preparación

Extraer tierra de un sitio que no esté contaminado ni tratado con pesticidas, que se encuentre fértil con plantas y brotes. Escarbar unos 30 centímetros de profundidad para sacar tierra y colar lo que se desee utilizar. Mezclar la tierra fina con agua (o infusión de una planta medicinal) hasta formar una consistencia de ungüento.

Poner sobre el vientre durante una hora cubierto por una tela de algodón o toalla. La persona deberá descansar mientras tenga la cataplasma aplicada. Luego, retirar con agua o paños mojados el barro que se encuentre seco.

Si la persona afectada se encuentra con fiebre, procurar calentar sus pies y manos antes de aplicar el barro.

4 Manuel Lezaeta Acharán fue un naturista, abogado, profesor y escritor chileno, creador de la "doctrina térmica" y pionero de la medicina natural. Fue juzgado, y luego absuelto, por ejercer de manera ilegal la medicina.

COMPRESA

Para infecciones en la piel, abscesos, lesiones musculares, golpes e inflamaciones, o procesos de cicatrización.

Preparación

Enseguida de cocer la planta, realizar una infusión o una tintura madre diluida en agua. Cualquiera de las opciones puede aplicarse en un trozo de tela (de algodón o lino). Embeber la tela en el agua, estrujar y colocar directamente en la piel. Cuando se necesita la compresa caliente, se debe volver a mojarla para que no se enfríe el paño.

ACEITE VEGETAL

Se prepara de la misma forma que la tintura, pero reemplazando el alcohol por cualquier aceite de origen vegetal, prensado 100% en frío. Comúnmente, se utiliza el aceite de oliva, de almendra o de maravilla.

POMADAS Y UNGÜENTOS

De uso externo, para aplicar directamente sobre la piel las veces necesarias.

Preparación

Utilizar una base neutra de vaselina sólida, cera de abejas, manteca de palma, de coco o karité (u otra, preferentemente de origen vegetal). La proporción es: 40 gramos de cera o manteca + 300 centímetros cúbicos de aceite. Derretir la base a baño maría (sin hervir). Una vez líquida, retirar del fuego y mezclar con aceite vegetal. Revolver y colocar en un envase oscuro y hermético.

Granos y semillas

Molerlos ligeramente. Poner en un recipiente al fuego tres cucharadas de semillas o granos y tres tazas de agua. Taparlos durante veinte minutos. No dejar que hierva, colar y beber tres tazas al día.

Aceites esenciales

Son sustancias extraídas de ciertas plantas aromáticas por destilación o incisión. Se disuelven en aceite y se venden en tiendas de salud o farmacias homeopáticas. ¡Ojo! Los aceites aromáticos de ferias artesanales son una copia barata que no posee los principios activos de los extractos esenciales. Busca productores locales y certificados orgánicos para asegurarte de su pureza.

Recolección de plantas medicinales

1. Verificar que sea la planta que corresponde y observar que no tenga hongos ni esté en mal estado.
2. No recolectar las plantas que se encuentren cerca de lugares contaminados, como carreteras, basurales y aguas sucias.
3. Recolectar preferentemente en días soleados y por las mañanas. Es ideal que las plantas no tengan rocío.
4. Lavar la planta con agua hervida fría, agregar unas gotas de limón y quitar las partes sucias.
5. Secado: es muy importante, para mantener y guardar las plantas durante todo el año.

a) Secado de semillas, raíces y tallos: se deben cortar en trozos y dejar expuestas al sol durante la mañana y la tarde. Luego, guardarlas durante la noche y volver a exponerlas hasta secarlas.

b) Secado de flores, hojas y tallos delgados: se deben secar en lugares frescos, a la sombra y alejadas del polvo y los insectos. Por ejemplo, colgándolas dentro de una bolsa de mercado en algún lugar dentro de la casa.

6. Conservación de las plantas: luego de limpiarlas y secarlas, debemos guardarlas en frascos herméticos de vidrio tapados con una tela, dejarlos en lugares frescos y oscuros, y anotar su nombre y fecha de almacenamiento, ya que después de un ciclo van perdiendo sus propiedades medicinales[5].

Además[6]

- Las flores se recogen en el momento de mayor esplendor.
- Las hojas, antes de la floración.
- Las cortezas, en otoño.
- Las raíces, luego del ciclo vital de la planta.

---

5 Referencias tomadas del trabajo "Manual de plantas medicinales", incluido por la Federación Única de Mujeres Campesinas del Altiplano Sur "Bartolina Sisa" en su publicación *Curso regional sobre plantas medicinales* (Uyuni, Bolivia, 1991). La edición consultada es la edición especial de la colección "Nuestra biblioteca", de la Secretaría Nacional de Educación (La Paz, 1996).

6 Según ITKIN, S. (2004). *Plantas de la Patagonia para la salud.* Buenos Aires, Editorial Caleuche, p. 7.

Consideraciones para preparar remedios naturales

• Evita hacer las preparaciones con utensilios de aluminio debido a que ese material, en contacto con altas temperaturas, libera sustancias dañinas para tu salud.

• Usa fuentes de cristal, esmaltados, acero inoxidable, greda, barro o madera.

• Idealmente, utiliza agua filtrada, de manantial o agua cocida (hervida y enfriada).

• Para endulzar alguna infusión o cocimiento, no uses azúcar refinada. Te recomendamos usar preferentemente miel, pero no la coloques en el agua hirviendo o matarás muchas de sus propiedades; es mejor esperar un poco para que el agua se entibie o enfríe.

• Las cantidades recomendadas han sido consideradas para hierbas deshidratadas; en el caso de que tengas la hierba fresca, deberás utilizar el doble, debido a que posee bastante agua.

CAPÍTULO VI

ALIMENTACIÓN

MUJERES QUE ALIMENTAN: FUENTE NUTRICIA, CREADORA Y VITAL

Dicen que las mujeres somos quienes alimentamos material y emocionalmente al mundo[1]. Si no es con pan[2], es con palabras y acciones contenedoras. Nosotras sabemos, por experiencia y costumbre, lo que somos: fuente nutritiva y creadora vital para el resto de los seres, no solo porque nos identifica el casi común potencial de gestar, parir, amamantar y criar, sino además porque, incluso siendo distintas nuestras experiencias de vida, formamos parte de un mismo tejido histórico, de mujeres luchadoras innatas contra el hambre en nuestros hogares y en el mundo. Dar y nutrir son, desde tiempos remotos, acciones cotidianas en la práctica de haber nacido mujeres.

La teta es, quizás, un comienzo en esta historia de mujeres cocineras, porque es con leche y apapachos como se inicia la construcción de experiencias vitales cargadas de afecto y cobijo. Somos artesanas de la leche vital y malabaristas de la cocina, siempre honrando las sabias manos abuelas que iniciaron el arte culinario.

---

1 Ver Trujillo, I. (2012). *Las mujeres alimentan al mundo.* La Habana, Caminos.

2 La palabra *pan* hunde sus raíces en la expresión indoeuropea *pa*, que quiere decir, entre otras cosas, "alimentar", "proteger" y "conservar". De allí, mutó al latín *panis*, que significaba lo mismo, y a su vez esta palabra dio nombre a lo que hoy conocemos como "pan", una masa de harina cocida.

Las mujeres somos, en nosotras mismas, un alimento para el mundo, pero no siempre hemos cumplido ese rol de cocineras por decisión propia y libre. Cocinar nos libera pero también nos oprime. Nos oprimen la invisibilización y la naturalización histórica de este arte, de este trabajo, como una obligación exclusiva de las mujeres, como un aspecto "natural", intrínseco de lo femenino.

El desequilibrio es evidente: sabemos nutrir y dar amor a través de los alimentos pero no siempre estamos en condiciones de hacerlo. Muchas veces dejamos de hacer para nosotras aquello que aporta a nuestra vitalidad por estar satisfaciendo las necesidades de otros/as. Sabemos dar incluso cuando las reservas de energías o el pan se agotan. Nos cuesta trabajo percatarnos de lo autodestructivo que es seguir en esta rueda de dar sin darnos o dar a pesar de todo. No somos infinitas y enfermamos cuando pretendemos alimentar con lo que no tenemos. Ante esto, ¿cómo hacemos para recuperarnos a nosotras mismas?

En cuestiones de salud, tenemos grandes obstáculos y bastantes distractores. No contentos con su éxito y al borde de la avaricia, los mercados capitalistas y patriarcales apostaron por el rubro de la cosmética y la alimentación y someten a diario a nuestra piel e intestinos. El capitalismo es un consumidor compulsivo de vidas, un parásito de mujeres, un ginéfago[3] por excelencia. Sus productos nos seducen y nosotras caemos en su juego: nos hacemos parte del ritual diario de la lucha contra el acné y las arrugas, el tránsito lento, las grasas trans y los azúcares. Hay todo un mercado en el que aparentemente se

3 Entendemos por "ginefagia" el acto de nutrirse afectiva y materialmente de la mujer, el cual adquiere su especificidad y distinción en las condiciones sociohistóricas y culturales que sustentan y reproducen la dominación de la mujer en todos los ámbitos de la vida humana. Es una forma de antropofagia y canibalismo, pero aceptado e incluso promovido socialmente.

alivia esta situación de des-nutrición. La gula consumista es terapia en tiempos de crisis, y antes de permitirnos el autoconocimiento, nos obnubila con su publicidad.

El acné, así como el metabolismo lento, son manifestaciones de un desequilibrio necesario para el autoconocimiento. Una erupción indica que algo está reprimido y trata de salir a la luz (quizás la propia sexualidad o la violencia del sistema social). La piel, como la frontera que es, está siempre expuesta a los flujos y consecuencias de la vida que llevamos y, por lo tanto, se registra en ella la cultura que nos sostiene. Rosácea, psoriasis, acné y otras enfermedades cutáneas son consecuencias del sistema alimentario, económico, social y emocional que nos sujeta. La misma piel, que somos nosotras, nos transforma en seres in-deseables. Nos cubrimos cuando más debemos desnudarnos. La solución más recomendable e inmediata es quitarnos todo lo que tenemos encima, tomar baños de sol, relajarnos, ir a la playa y rozar nuestra piel con las brisas saladas del mar.

Pero nunca estamos tan desocupadas y solas con nosotras mismas para darnos cuenta de lo que nos sucede y hacer algo al respecto. Los cuestionamientos a la propia sumisión y el bosquejo de nuevas posibilidades son escasos cuando en la cocina las mujeres se apremian entre fogones, cacerolas y el televisor. En este sentido, lo que ganamos con el mercado para mujeres es el tiempo que no tenemos porque nos lo consumen la cocina y otras labores domésticas. Pero el costo es más alto que los beneficios. Perdemos nuestro tiempo y autonomía creyendo que la cosmética y la agroindustria podrán revertir nuestros malestares, cuando en realidad, solo llenan un vacío temporalmente, con aditivos que terminarán por atraparnos en un círculo de compradoras enfocacadas en cumplir los estereotipos publicitados antes que pensar en nuestra propia y singular vitalidad, que se alimenta de amor propio y autocuidado.

La cocina es un espacio de poder y autonomía, como nuestra piel, vientres y vulvas. La alimentación moderna, artificial, ácida y transgénica, como la ginecología oficial, antes que hacernos felices y acompañar nuestro desenvolvimiento como cuerpos en constante cambio, nos arrebata las posibilidades de vivir conociéndonos. Ante la primera menstruación, nos invaden con toallas higiénicas desechables y tóxicas, truncando la posibilidad de conocer nuestra propia sangre. O, si la teta no da leche, de inmediato el sustituto[4] toma el lugar, y así, tenemos ejemplos invasivos hasta nuestra muerte[5]. La alimentación natural, así como hacernos cargo de nuestra sexualidad, son rutas de amor propio y colectivo que nos acercan a nosotras mismas, nos devuelven el límite perdido y nos nutren de caricias. Se trata de un espacio que es necesario construir para el fortalecimiento de las relaciones humanas genuinamente nutritivas.

El actual sistema de alimentación capitalista (SAC), más que alimentos produce diseños corporales, estereotipos y enfermedades. Como señala Jorge Veraza, "el rasgo distintivo [del capitalismo alimentario] es ser inadecuado esencialmente a las necesidades consuntivas de los seres humanos por ser adecuado para las necesidades productivas del capital"[6]. En la necesidad por autoconvocarnos a la recuperación de

---

4 Suplementos alimentarios que pretenden reemplazar a la leche materna y que actualmente se encuentran muy difundidos en los espacios de la maternidad comercial y asistida.

5 Si observamos el contenido y recorrido de las actuales políticas que regulan y administran nuestras vidas, nos encontraremos con legislaciones que no siempre velan por nuestra integridad, sino que tienen como consecuencia el deterioro de nuestra vitalidad. La producción de la muerte o "necropolítica" es también un asunto de los Estados capitalistas y los sistemas legales que sustentan su orden. Para mayores referencias sobre el concepto de "necropolítica", ver Mbembe, A. (2011). *Necropolítica.* Tenerife, Melusina. Traducción de Elisabeth Falomir.

6 Veraza, J. (2007). *Los peligros de comer en el capitalismo.* México, Ítaca, p. 31.

nuestra autonomía y soberanía alimentaria, observamos y reivindicamos una alimentación natural que intentamos construir desde lo que la experiencia naturista nos aporta. El conocimiento lo tenemos: sabemos valernos de la medicina natural casera cuando mantenemos en pie a familias completas día tras día.

La alimentación natural es un terreno en construcción y resistencia con el que intentamos generar las condiciones aptas para la conservación de nuestra vitalidad y así evitar que proliferen los desequilibrios microbianos propios de la agroindustria y la vida moderna. La economía de nuestros cuerpos depende, en gran medida, de nuestra relación con los alimentos. Solo una alimentación natural y alcalina nos hace guerreras sabias y nutridas. Lo artificial y ácido nos debilita y somete a constantes reparaciones de nuestro organismo.

Alimentación natural y nutrición para mujeres

Son alimentos naturales aquellos que sin mayores esfuerzos y grandes tecnologías podemos cultivar y digerir: alimentos crudos o vivos, alcalinos, que no generan putrefacción intestinal ni congestión de las mucosas internas, que son de fácil asimilación y eliminación. También son alimentos naturales el sol, el aire, el agua, el descanso, la actividad física, etcétera. Todo esto, sazonado con la mesura que nos propone el *Slow Food*[7] y la vida simple que pregona el naturismo[8], nos impulsa a constituirnos en fuerza vital. Los alimentos muertos o malsanos,

[7] Movimiento internacional que propone recobrar los tiempos en nuestra alimentación: ensalivar la comida, comer más lento y tomarnos el tiempo de llevar a cabo prácticas culinarias más nobles con la comida y nuestra digestión.

[8] Para mayores referencias sobre naturismo, ver Lezaeta Acharán, M. (1956). *La medicina natural al alcance de todos.* México, PAX.

que son mayoría en las actuales cadenas de supermercados, perturban y degradan nuestros organismos, pues se trata de productos desnaturalizados y muchas veces de "ladrones de vitaminas y minerales".

Nos interesa abordar el caso de los alimentos orientados exclusivamente a las mujeres. Sabemos que el mercado ginéfago nos ofrece una gran cantidad de productos *light*, bajos en calorías y grasas trans, por una parte –como correlato de lo que la publicidad estereotipa como "mujer esbelta"– y, por otra parte, productos "facilitadores" del libre tránsito intestinal. No nos quieren gordas, pero tampoco sanas. Nuestras digestiones son, entonces, un motivo más para lucrar, y para ello es preciso crear un problema: la gordura y el estreñimiento, como si fuesen genuinamente malestares de las mujeres, obviando que son consecuencia directa de cómo nos estamos alimentando y viviendo hoy hombres y mujeres, niñas y niños, ancianas y ancianos.

La importancia de la evacuación intestinal y el equilibrio de nuestra masa corporal debe ocuparnos antes que alarmarnos. En la Naturaleza, tenemos muchas opciones para evitar llegar a sentirnos mal y tener que repararnos. La principal es aproximarnos a lo que antes señalamos como "alimentación natural", pues la dieta, a diferencia de otras terapias, está siempre, todos los días, a cada momento. El alimento que es óptimo para nuestra salud es en sí mismo una medicina; el que no, por muy apetitoso que sea, puede fácilmente desajustar y deprimir nuestro organismo.

Si lo que buscamos es restablecer nuestra nutrición a manos de la Naturaleza y lo que nos aqueja es la gordura y el estreñimiento, observemos juntas con qué alimentos naturales podemos tratar estos desajustes. Los alimentos crudos y la fibra natural son beneficiosos para nuestra digestión. "Todo alimento crudo contiene su carga natural de electricidad, dinámica y estática, porque sin electricidad no puede haber digestión"[9]. Básicamente, el estreñimiento se trata de un momento de retención de los residuos por falta de pulso eléctrico o movimientos peristálticos. En tal situación, recomendamos iniciar las mañanas con un jugo de naranjas, que además de producir la perístasis, mejora la digestión y la flora intestinal. Si el estreñimiento se extiende y no es posible evacuar dentro de las siguientes veinticuatro horas, el caldo eupéptico del Dr. Rozzi es un sabroso y efectivo remedio.

> *Caldo eupéptico:* lavar y cortar dos manzanas rojas sin pelar. Ponerlas en una cacerola (mejor si es de acero inoxidable, greda o barro) y cubrirlas con abundante agua. Cocinarlas hasta que el agua quede reducida a la mitad. Moler la preparación, colarla y tomar el caldo después de las comidas. Se puede agregar anís en grano o apio si también hay acidez.

Pero el estreñimiento y la gordura, así como muchas otras manifestaciones del organismo, además de poder revertirse mediante la alimentación, pueden ser resueltas desde una perspectiva holística, rastreando sus causas emocionales y sociales. Como el acné, son reacciones al contexto en que se vive. El colon o intestino grueso, considerado el lugar de los desechos, es también una fuente de vitalidad, un río viviente, que como todo afluente, se estanca si esos desechos no drenan. Esto es el estreñimiento: la conservación de residuos secos y duros en el organismo más allá del tiempo necesario. También puede verse como el estancamiento de los procesos de liberación de la mujer por la sobrecarga de funciones y responsabilidades que hemos digerido durante años. En este sentido, la libertad de nuestro vientre y la recuperación de nuestra

---

9 Rozzi Sachetti, S. (1988). *Longevidad por el naturismo.* Santiago de Chile, Pía Sociedad de San Pablo.

vitalidad penden del hilo del movimiento de expulsión, de soltar lo que nos daña (pensamientos, sentimientos, relaciones, etcétera), como soltamos la orina o la materia fecal.

La gordura, por otro lado, más que exceso es respuesta de nuestro metabolismo social ante el SAC, que pretende colmarnos con alimentos desprovistos de fibras y sobrecargados de aditivos que transforman y saturan el apetito hasta hacernos dependientes. Mientras más se tecnifica el agro, más deficiente resulta nuestra dieta. David Reuben es enfático al señalar que lo que caracteriza a la dieta moderna es la falta de fibra, que es, según sus investigaciones, una de las principales causas de las llamadas "enfermedades modernas"[10]. Una vez más, encontramos en la alimentación natural una propuesta liberadora que nos acerca a nuestra vitalidad. Reponiendo la cantidad de fibra en nuestras comidas, no será necesario recurrir a productos como los yogurts con lactobacilos, tan promocionados en estos últimos años. Se trata, entonces, de prescindir de alimentos haraganes[11], que retardan las eliminaciones por su bajo contenido en fibra[12].

> Hay una forma casi infalible que le dirá cuándo está consumiendo la cantidad ideal de fibra. Cuando su materia fecal aumente de cantidad, casi no tenga olor y pueda expulsarla una o dos veces al día sin esfuerzo, la cantidad de fibra es la adecuada[13].

---

10 Reuben, D. (1976). *La dieta que salvará su vida.* Madrid, Cosmos.

11 Son alimentos haraganes aquellos que permanecen por más de veinticuatro horas en nuestro organismo, que retardan la digestión, tienen una lenta llegada al colon y dificultan la eliminación. Entre estos podemos mencionar a los alimentos refinados y desprovistos de fibra, tales como: azúcar, harina, arroz, o los de alto contenido de glucosa, como helados, tortas, golosinas, bebidas gaseosas, etcétera.

12 Los alimentos que contienen fibra son los vegetales, las frutas, las harinas de trigo integral, de centeno, de maíz o de arroz, los cereales, los granos, las semillas y las carnes magras, entre otros. Para profundizar sobre este asunto, ver el capítulo IX, titulado "Dieta reductora integral", en el citado libro de David Reuben.

13 Reuben (1976), obra citada, p. 93.

En síntesis, nuestra autonomía y autogestión de los alimentos, el autocuidado, el autoconocimiento de nuestros cuerpos, o dicho *grosso modo*, la autogestión de nuestra salud, es para nosotras, y para todos, una cuestión de vida o muerte. Pero es también la instancia para generar la construcción de relaciones que comprendan y respeten los diversos ciclos de la vida.

No estamos solas en este mundo: estamos en constante relación con otras especies, sean vegetales o animales, microscópicas o cósmicas. Hay infinidad de mundos en este mundo, tanto fuera como dentro de nuestros cuerpos, que se atraviesan unos con otros, en una constante relación. Darnos el tiempo y el espacio para escuchar, para ver, para sentir esos mundos, para entender esas relaciones, es un imperativo para nuestra salud. Pero sobre todo, poder decidir, con autonomía y autoconocimiento –sin la influencia de los mercados capitalistas y patriarcales, sus discursos, intereses, instituciones y lógicas de dominación– qué relaciones nos componen o descomponen es para nosotras una cuestión de vitalidad, una cuestión de salud. Pues, para nosotras, la salud se trata de eso, del grado de vitalidad que tienen nuestros cuerpos, cuerpos que constituyen todas nuestras existencias, todo nuestro ser, cuerpos que nos acompañarán en todo este viaje que es la vida.

Colaboración de Claudia Seguel Robles,
Licenciada en Filosofía.

Nota: para información específica sobre alimentación durante cada etapa del ciclo menstrual, ver el cuadro al final del capítulo VIII.

CAPÍTULO VII

Útera

ESPACIO SAGRADO

«La recuperación del útero servirá
para recuperar la conciencia,
y viceversa».

CASILDA RODRIGÁÑEZ

Origen de la vida, segundo corazón para las mujeres y fuente desde la que emana nuestra principal energía sexual, se ubica internamente entre el pubis y el ombligo, donde al mismo tiempo se encuentra el segundo chakra, *Swadisthana*, que significa "la morada de la fuerza vital".

Su tamaño varía en cada mujer, pero siempre se le relaciona con el tamaño de nuestro puño cerrado. Cambia de posición, tamaño y textura durante toda nuestra vida. Tiene dos partes principales: el cuerpo y el cuello, y también sus capas, las trompas y ovarios.

Además de ser la vasija de una nueva vida, nuestra útera es un espacio de creación, no necesariamente humana; también de energía vital y un potencial espacio para el placer.

Desde niñas nos hablan de ella como un espacio de dolor; duele para menstruar y duelen las contracciones al momento de parir. Ese mundo lleno de imágenes de sufrimiento crea una realidad en nuestro inconsciente que relaciona nuestra útera con un órgano "enfermo", que precisa ser anestesiado.

Rígida y asustada, nuestra útera incorpora aquella realidad. A las niñas, desde pequeñas, nos obligan a sentarnos con las piernas cruzadas (lo que ocasiona que la energía y la circulación de la sangre no fluyan), a quedarnos quietas, a no realizar movimientos "de varones" sino "de señoritas". Nadie nos enseña el valor real de poseer una útera, nadie nos enseña a cuidarla, a no maltratarla y a honrarla. Su energía vive apagada y su musculatura, atrofiada. Al momento de menstruar por primera vez, estamos asustadas y dolemos junto con la sangre que por nosotras desciende.

¿Sabías que los orgasmos sexuales también emanan de nuestra útera? Así es: solo tienes que conectarte, limpiarte y entregarte al placer, activar su musculatura a través de los movimientos circulares, para volver a hacerla danzar y palpitar. Puedes menstruar con placer y también puedes, si así lo deseas, parir con placer, a partir de sus ondulantes movimientos. Las mal llamadas "contracciones uterinas" durante el trabajo de parto no son más que oleadas de placer. Según Wilhelm Reich, "la mayoría de los úteros han sido espásticos durante siglos y por eso los nacimientos han sido dolorosos"[1].

Muchas culturas resaltan la Matriz como un espacio sagrado "sin necesidad de ecografías. En la matrística, conocían el útero y sentían su función, su forma, su latido"[2].

Así lo demuestran las miles de representaciones artísticas del período Neolítico, en el que la matriz fue representada como un órgano serpenteante en constante vibración y movimiento erótico[3].

---

1 Reich, W. (1956). "Carta a A. S. Neil", en *Correspondencia con A. S. Neil*, traducido y editado por la Es.Te.R.

2 Rodrigáñez, C. (2010). *El asalto al Hades. La rebelión de Edipo*. Edición de la autora, p. 177.

3 Les recomiendo profundizar en los trabajos de Casilda Rodrigáñez, quien nos presenta sus estudios para la recuperación del útero espástico y de nuestra energía sexual femenina.

Es fundamental reconectarnos con nuestra útera como espacio sagrado, visualizarla como una fuente de poder central en nuestra vida; sentirla, acariciarla y amarla; comenzar por honrarla, representándola en nuestra vida con elementos de fertilidad en la tierra, para encontrar un equilibrio en su cuidado y no olvidar que todo ser humano atravesó el cuerpo de una mujer, una útera, para venir al mundo.

PADECIMIENTOS EN TORNO A NUESTRA MATRIZ

A lo largo de todo el *Manual* iremos contando las diversas posibilidades que arrastra a la salud de las mujeres el desequilibrio con su matriz… Sin embargo, la invitación siempre es a expandir este conocimiento y ahondar más profundamente en cada experiencia personal. Nuestra útera está directamente ligada a nuestra capacidad creadora y a nuestra autoestima.

> Se producen problemas uterinos cuando las inseguridades personales y emocionales de la mujer le impiden expresar plenamente su creatividad. En esos casos, ella cree que carece de los recursos interiores necesarios para hacerlo; es decir, es "ella" quien se lo provoca[4].

Mencionaremos ahora algunos padecimientos frecuentes en torno a nuestra útera. Recuerda indagar siempre en lo que origina este padecimiento.

---

[4] NORTHRUP, C. (1999). *Cuerpo de mujer, sabiduría de mujer*. Barcelona, Urano, p. 148.

Dolor de útera

Se produce generalmente durante la menstruación y se trata de contracciones uterinas, debido a que nuestra musculatura se contrae para expulsar sangre. Cuando la útera está rígida, tensa y contraída, duele, sobre todo cuando hay coágulos, que obligan a mayores contracciones para superar el escollo del orificio del cérvix. Comentaremos algunas recomendaciones para aliviar este malestar en el capítulo VIII. Existen diferentes niveles de dolor e intensidad que pueden ser producto de una dismenorrea de tercer grado, miomas, endometriosis, inflamación pélvica, etcétera. Por eso es tan importante el autoconocimiento, para diferenciar bien cuando la intensidad es algo común en tu salud o cuando escapa de lo habitual y si necesita de una mirada experta, exámenes, otras medicinas, etcétera.

Dolor de ovarios

La ciencia anatómica afirma que los ovarios en sí son órganos que no poseen sensibilidad, por lo que el conocido "dolor de ovarios" no existiría. Se trataría de otras molestias que comúnmente rodean a los procesos de ovulación o a los quistes de ovarios.

En la liberación de cada ovocito (ovulación) se pueden producir pequeños quistes en la zona ovárica como parte natural del proceso. El quiste no es más que líquido nutritivo que envuelve al ovocito. Al ser este liberado, el líquido es reabsorbido por el ovario. Por la maduración de un nuevo ovocito o durante su liberación, es común encontrar pequeños quistes en los ovarios. Asimismo, es común sangrar un poco, sentir leves punzadas en cada lado de la pelvis o incluso dolor intenso. La incomodidad durante la ovulación suele denominarse "dolor pélvico intermenstrual" y puede deberse, entre otras causas, al líquido del folículo que se ha roto, lo que podría irritar las paredes abdominales. Esto puede durar un par de horas, generalmente hasta veinticuatro. Si el dolor es más agudo o si existe un sangrado excesivo, habría que alertarse. Lo demás es la fertilidad en plena acción de trabajo. La medicina te recomendará anticonceptivos hormonales para prevenir la ovulación cuando esta te sea un real problema.

¡Siente tu poder ovárico!

Los ovarios son los órganos del vigor, pues son un nido de semillas concentradas de energía vital. Para los taoístas, el chi más potente de la mujer se encuentra en los óvulos y ovarios. "Este *chi* tiene tanto fuego *yang* que puede generar vida.[5]"

El taoísmo recomienda la práctica de la respiración ovárica para reactivar la energía de nuestros óvulos antes de que se pierda con la siguiente menstruación. Por eso, mediante la respiración de nuestros órganos vitales, podemos mantener un equilibrio con nuestra principal fuente de energía, sin desgastarnos en cada ciclo, evitando así llegar a tener ciclos pesados o dolorosos. No obstante, si buscamos una gestación, debemos evitar estos ejercicios.

Si tus ovulaciones te generan algún tipo de incomodidad, sigue las siguientes recomendaciones:

- Mejora tu alimentación.
- Haz ejercicio, sal a caminar, ten orgasmos.
- Coloca una bolsa de agua caliente en la parte baja del abdomen.
- Bebe infusiones de jengibre, hojas de frambueso, apio o valeriana para disminuir la tensión.

5 CHIA, M. y CARLTON, R. (2003). *La mujer multiorgásmica.* Madrid, Neo Person, p. 233.

Síndrome de ovario poliquístico (SOP)

Es el padecimiento endócrino con mayor frecuencia en las mujeres de edad fértil. Los ciclos alterados, la anovulación y la subfertilidad, entre otras, son las consecuencias de este padecimiento, que es acompañado por síntomas desagradables, como dolor intenso en el bajo vientre, retención de orina, relaciones sexuales dolorosas, molestias en torno al ano, estreñimiento, etcétera. Y otras relacionadas al exceso de testosterona (hormona masculina), que ocasiona aumentos de peso, resistencia a la insulina, crecimiento de vello y acné. Los síntomas varían según el grado del padecimiento y su diagnóstico se confirmará a partir de exámenes de sangre.

Recomendaciones alimentarias

Un cambio en la dieta es importante para eliminar los quistes. Tienes que consumir más vegetales crudos, fibras, aceite de oliva, nueces y pescado, y eliminar todo lo que contenga grasas trans y soya transgénica, sobre todo debido a la alta cantidad de fitoestrógenos que tiene esta última.

Ejercicios

Realizar algún deporte a diario mejorará tu salud en general. Practica respiración ovárica, meditación uterina y danza del vientre, haciendo el llamado a tu conciencia para eliminar de tus ovarios todo lo que debe salir de ahí y que ocasiona un desequilibrio. Serán ejercicios fundamentales para ayudar a disolver los quistes, así como para conectarte con tu femenino, debido a que los ovarios poliquísticos suelen presentarse en mujeres con alta cantidad de hormonas masculinas. Indaga y trabaja en lo que te desequilibra con el femenino del cosmos y de tu interior.

Plantas medicinales

• *Diente de león*: infusión de una cucharada de hojas secas por una taza de agua. Beber tres tazas al día.

• *Hoja de frambueso*: infusión de una cucharada de hojas secas por una taza de agua. Bebe tres tazas al día durante tres a seis meses.

• *Sauzgatillo*: tintura madre. Su uso regular propicia la ovulación. Tres veces al día durante uno a tres años*.

• Mezcla de raíces: tintura madre de tres partes (12 gotas) de *dong quai*, dos partes (8 gotas) de *peonia china*, una parte (4 gotas) de *unicornio falso*, una parte (4 gotas) de *cohosh negro* y una parte (4 gotas) de *ñame silvestre*. Tomar 32 gotas de dos a cuatro veces al día*.

• *Serenoa*: tintura madre. En dosis altas, puede reducir el crecimiento del pelo, revertir el aumento de peso, eliminar el acné e incluso estimular la ovulación. David Winston combina *sauzgatillo* con *serenoa* y *diente de león* para obtener resultados óptimos. Cuatro o seis goteros al día*.

Para el dolor

• *Valeriana*: en infusión o tintura madre. 15 gotas tres veces al día.

• Los aceites esenciales de *salvia* (10 gotas), *hinojo* (10 gotas), *geranio* (7 gotas) y *rosa damascena* (3 gotas), diluidos en dos cucharadas de aceite de oliva frotados en el vientre también ayudan a aliviar el dolor*.

• *Albahaca*: aceite esencial, levemente diluido con un aceite puente no mineral, para realizar masajes en la zona abdominal.

* Recomendaciones extraídas de un artículo de Susun Weed, "Syndrome of Ovaries", disponible en <www.susunweed.com>.

Brebaje para quistes o fibromas

- Una taza de pulpa de *aloe vera*
- Una taza de miel de abejas
- Una taza de tequila
- Una taza de jugo de limón.

Se ponen todos los ingredientes en la licuadora y se mezclan hasta que quede una crema, que se mete en un frasco de vidrio hermético y se guarda en el refrigerador. Debes tomar, en ayunas, una tacita diaria durante un mes. Después del tratamiento deberás realizarte exámenes para analizar el estado de los fibromas o quistes. Podrás volver a realizar este tratamiento pasados cuatro meses.

Miomas o fibromas uterinos

Es el tercer padecimiento ginecológico más frecuente y suele pasar desapercibido al ser asintomático. Es el tipo de tumor (benigno) más común que puede aparecer en el útero. No es canceroso y generalmente se manifiesta desde los 30 años hasta después de la menopausia. Puede comenzar varios años antes, pero al no presentar síntomas, solo se manifiesta luego de un tiempo.

Según la medicina, solo un 10% de las mujeres que lo tienen precisan de un tratamiento médico o quirúrgico no invasivo. Es fácil detectarlo con el examen bimanual, ya que el útero aumenta de tamaño si los fibromas son grandes (ver instrucciones para el examen bimanual en el capítulo IV).

Pueden clasificarse según su ubicación y su tamaño. Hay miomas "submucosos, intramurales o subserosos. Los primeros tienen su base en el miometrio y crecen hacia la cavidad uterina (endometrio); los intramurales se localizan totalmente en el espesor de la pared uterina (miometrio); y los subserosos crecen hacia fuera del útero, hacia la cavidad abdominal”[6].

Síntomas

- Menstruaciones fuera de lo normal (muy abundantes), en algunos casos hemorrágicas.
- Anemia, debido a las grandes pérdidas de sangre.
- Dolores menstruales intensos.
- Dolor durante las relaciones sexuales con penetración (si es debido a sequedad, mejora con aceite de *salvia* aplicado localmente).
- Presión en la vejiga, con aumento en la frecuencia para orinar, incluso con infección urinaria por compresión de la vía urinaria.
- Constipación.

Recomendaciones alimentarias

- Consume alimentos ricos en hierro: frutos secos y frutas deshidratadas (almendras, nueces, avellanas, pasas, pistachos, etcétera).
- Aumenta tu consumo diario de vegetales crudos: espinaca, coliflor, coles de Bruselas, alcachofas, brócoli, acelga
- Consume mandarinas en ayunas. Está comprobado que ayudan a reducir quistes y miomas.
- Come dos dientes de ajo crudos en ayunas.

---

6 Ver más sobre este tema en <mipecho.mejorforo.net/t438-los-miomas-o-fibroma>.

• Consume granos: garbanzos, frijoles, lentejas, habas, soya orgánica.

• Come cereales integrales: avena, arroz y trigo.

• Baja el consumo de grasas saturadas.

• Aumenta el consumo de fibra, magnesio y vitamina B para ayudarte ante el exceso de estrógenos.

• Come germen de trigo: dos cucharadas en las comidas o dos comprimidos a diario.

• Toma levadura de cerveza: dos cucharadas en las comidas o dos comprimidos a diario.

Plantas medicinales

• *Ortiga* y *diente de león*: bébelas en infusión o come sus hojas crudas en ensaladas.

• *Bolsa de pastor*: tintura madre. Para disminuir el sangrado, toma 20 gotas tres veces al día.

• *Zarzaparrilla*: en infusión. Bebe una taza antes del almuerzo y otra antes de la cena.

• *Valeriana*: en infusión o tintura madre para el dolor.

• Baños de asiento fríos por las mañanas para estimular la circulación.

• Cataplasmas de barro, antes de dormir. Colocar 1 centímetro de arcilla a temperatura ambiente en la zona del abdomen. Deberás quitarlo una hora después con agua fría.

Endometriosis

Este padecimiento, denominado "crónico", actualmente es muy frecuente en las mujeres de Occidente. Arrastra con muchos vacíos desde la medicina: no se sabe bien por qué ocurre ni cómo se cura del todo. Aparece en mujeres de edad fértil y ocurre cuando el endometrio (la capa más interna del útero) se implanta fuera del útero, llegando a abarcar las trompas, los ovarios, la vejiga, el recto, los intestinos y otros órganos.

El endometrio prolifera todos los meses a partir de la acción de los estrógenos, iniciándose durante la fase preovulatoria y llegando a crecer 6 centímetros durante la ovulación. La función de esto es anidar al cigoto, ocurrida la fecundación. Cuando se padece endometriosis, el tejido que crece por fuera del útero llega a

> generar nuevo tejido, lo que se llama "angiogénesis" (que consiste en la formación de vasos sanguíneos nuevos a partir de los vasos que ya existen). ¿Y qué la hace proliferar tanto? Los estrógenos, que son una hormona muy importante de proliferación interna. Además de este tipo de hormona, tenemos unas quince mil sustancias en el medio ambiente, que vienen a través del agua, el aire, los alimentos, los hidrocarburos, los insecticidas, las dioxinas, etcétera[7].

No solo podemos pensar que es una enfermedad genética; está realmente muy ligada al medio ambiente.

La endometriosis es una enfermedad inmunodependiente: depende del estrógeno. Por eso, el principal tratamiento es

---

[7] Carme Valls Llobet es médica endocrinóloga y directora del programa Mujer y Salud (CAPS) en Barcelona. Este material fue extraído de una entrevista que diera como parte del documental *Endometriosis, la punta del iceberg*, de Elena Goatelli.

disminuir la producción de aquella hormona en el cuerpo hasta su inhibición. Ese es un tratamiento que solo ataca los síntomas desagradables (incluso el dolor) que ocasiona la subida de estrógenos en el ciclo.

Síntomas

Aquella acumulación de sangre y tejidos en los órganos provoca dolor, llegando a formar quistes duros, difíciles de remover, lo que ocasiona una serie de síntomas incómodos. Existen distintos niveles: hay mujeres que la viven con pocos síntomas, un poco molestos, hasta otras con molestias más profundas, que requieren cirugía.

Los síntomas son variables y dependen del ciclo menstrual, es decir, se manifiestan días antes de la menstruación y terminan con ella (debido al movimiento hormonal). Los síntomas puedes ser: dismenorrea, dispareunia (coito doloroso), fatiga, dolencias intestinales cíclicas, hinchazón periódica, diarrea o estreñimiento, dolor o dificultad al defecar, dolor al orinar, presencia de sangre en la orina y sangrado rectal cíclico, entre otras.

La doctora Christiane Northrup dice que este padecimiento "aparece cuando las necesidades emocionales de la mujer compiten con su funcionamiento en el mundo exterior" y agrega que la endometriosis se llamó históricamente "la enfermedad de la mujer profesional"[8].

La endometriosis es un enigma en cuanto a su cura definitiva. Hay mujeres que lo resuelven con una gestación, lo cual altera todo el sistema hormonal y hace desaparecer la enfermedad materialmente. Sin embargo, existen niveles de la enfermedad que alteran la fertilidad de la mujer, por lo que la gestación no es una vía posible para todas, o puede no ser una elección en sus vidas.

---

[8] Northrup (1999), obra citada, p. 128.

Al presentarse en distintos niveles, hay quienes solo necesitarán resolver el dolor. Para esto, puedes utilizar analgésicos naturales, como baños calientes, bolsas de agua, sales de mar, tintura de valeriana, etcétera. Otras mujeres necesitarán un tratamiento hormonal para resolver el aumento de estrógenos y paliar los síntomas que estos ocasionan. Y, finalmente, en casos graves, habrá quienes precisen de una cirugía, que va desde laparoscopía o laparotomía hasta histerectomía. En estos casos, hay que asesorarse muy bien, debido a que muchas de estas cirugías no son realizadas de la mejor manera (debido a la falta de estudios y avances), por lo que resultan poco efectivas y se precisa, posteriormente, realizar otras intervenciones quirúrgicas para solucionar nuevamente el problema.

Consejos

- Evita por completo el uso de protectores diarios, tampones y toallas higiénicas desechables, pues poseen químicos, tales como las dioxinas, relacionadas al *shock* tóxico y a la endometriosis. Utiliza toallas de algodón o copa menstrual.
- Acude a sesiones de acupuntura. Tanto la inyectopuntura y la auriculoterapia como la moxibustión han demostrado ser muy efectivas en tratamientos para la endometriosis.
- Deberás tener mucha paciencia. Para esto, es recomendable la meditación como ejercicio cotidiano.

Recomendaciones alimentarias

- Inicia una depuración a base de ayuno y frutas y verduras crudas. Incluye esta práctica en tu dieta semanal y verás los resultados en poco tiempo.

• Incorpora apio, perejil, semillas de lino, brócoli, repollo, alcachofas y coles de Bruselas, ya que estos alimentos equilibran los niveles hormonales.

• Evita todo tipo de grasa animal, lácteos, azúcar refinada, café, sal y tabaco.

• Incorpora pescado en tu dieta o consume suplementos de Omega 3, ácido eicosapentaenoico (EPA) y ácido docosahexaenoico (DHA).

Ejercicios

• Camina descalza por la tierra todos los días. Esto ayudará a descargarte energéticamente.

• Respira aire puro. Como comentamos anteriormente, muchas enfermedades están ligadas a la contaminación y quizás tu cuerpo solo está reclamando aquella limpieza medioambiental que necesitas para sanarte.

• Practica algún deporte, meditación o Yoga al menos tres veces a la semana.

• Evita situaciones de estrés.

Plantas medicinales

• *Jengibre*: mastica la raíz o bebe en infusión para calambres, mareos y náuseas.

• *Valeriana*: en tintura, para apaciguar el dolor, 15 gotas tres veces al día. Puedes aumentar la dosis si es necesario.

• *Diente de león*: come sus hojas en ensalada cruda o bebe en infusión.

• *Bardana* y *hamamelis*: en infusión o cápsulas.

- *Grosello negro, hierba del platero, hojas de frambueso*: en tintura, una mezcla de todas. Bebe 15 gotas tres veces al día.

VIRUS DEL PAPILOMA HUMANO (VPH O HPV)

Incluí este padecimiento dentro de esta sección porque, a pesar de que es una infección de transmisión sexual, es un virus que afecta la salud de nuestro cérvix, por lo que se hace necesario trabajar desde esta perspectiva el padecimiento.

El VPH se trata de diferentes grupos de virus ADN. Existen alrededor de cien tipos, clasificados en dos grupos: de bajo y alto riesgo. Existen muchos tipos que solo llegan a afectar la piel y las mucosas, que pueden sanarse dentro de un corto período de tiempo. Sin embargo, existen otros virus de alto riesgo que implican células precancerosas. En esos casos, el tratamiento puede durar desde un par de meses hasta años. No todas las lesiones precancerosas podrían transformarse en un cáncer de cérvix. De todas maneras, resulta efectivo tratar las lesiones a tiempo y comprometerse a un seguimiento continuo. Las células anormales y cancerosas son tratadas por la medicina convencional a través de un simple procedimiento cauterizante o por congelación (crioterapia).

Al no causar síntomas evidentes, el VPH suele no ser detectado ni tratado de manera oportuna. Sin embargo, existen exámenes específicos, como el PAP, que las mujeres debemos realizarnos de manera frecuente para detectar alguna anomalía. Asimismo, la práctica de auto-revisión periódica con un espéculo nos ayuda a estar atentas a síntomas extraños, como lesiones, manchas o verrugas. De igual manera, existe un método casero de examen preventivo muy eficaz que podemos realizarnos en nuestro hogar. Consiste en la realización de una prueba casera con vinagre aplicada al cérvix (ver las instrucciones en el capítulo IV).

El VPH es la infección de transmisión sexual más común actualmente. El método más accesible y popular de prevención es el uso del condón, así como los exámenes y revisiones periódicas antes mencionados. La vacuna que está siendo aplicada de manera deliberada a las niñas vírgenes desde los 9 años es una nueva demostración de la falta de ética de los sistemas de salud, debido a que aún no está demostrada su efectividad. Se necesitan largos años de experiencia para ver los resultados. Asimismo, han ocasionado muchos cuestionamientos los variados casos de efectos secundarios producidos en la salud de diferentes niñas, mayoritariamente en los países del tercer mundo, donde se experimenta con vacunas y medicamentos.

¿Cómo se transmite el VPH?

- Se contagia por medio del contacto sexual penetrativo, oral, manual, etcétera.
- Se puede contagiar a un bebé en gestación a través del canal de parto o aún más si la mujer rompe o le rompen las membranas de manera prematura durante el trabajo de parto, aunque el riesgo suele ser bajo.

¿Cuáles son sus factores de riesgo?

- Edad temprana del primer coito
- Múltiples parejas sexuales
- Multiparidad (cinco o más partos)
- Antecedentes de infecciones de transmisión sexual
- Tabaquismo
- Inmunosupresión
- Nutrición deficiente
- Uso de anticonceptivos orales por más de cinco años.

Medidas de protección

- Educación sexual temprana.
- Uso de condón.
- Autoexamen: método casero de vinagre para determinar células anormales.
- Seguimiento y chequeo a través del examen PAP.
- Dieta balanceada que incluya consumo de frutas y verduras ricas en betacaroteno, vitamina C y ácido fólico. También se pueden ingerir suplementos que los contengan.
- Eliminación del alcohol y el tabaco.
- Eliminación de carnes rojas, embutidos y alimentos refinados.

Tratamiento

Algunas lesiones desaparecen solas con el paso del tiempo, pero debes realizar chequeos continuos para hacer un seguimiento. Si las lesiones persisten o se agravan y dependiendo del grado del virus (alto o bajo), si existen células alteradas, verrugas y/o lesiones, se pueden eliminar quirúrgicamente. Todas las lesiones deben ser controladas para que no vayan a más. Cuando son eliminadas, se usan diferentes métodos: láser, cirugía o destrucción del tejido por frío. El objetivo es eliminar la zona en la que aparece la lesión. Te recomiendo seguir todos los tratamientos médicos, sin perder de vista que las lesiones son extirpadas solo de manera superficial (solo se ataca el síntoma). Por eso, te recomiendo conectar con el padecimiento de manera integral para solucionarlo de raíz, debido a que puede volver a aparecer.

Complemento para sanar

- Evitar el estrés en el ritmo cotidiano.
- Realizar ejercicio físico tres veces por semana.
- Descansar entre seis y ocho horas diariamente.
- Depurarse a partir de una dieta rica en frutas y verduras crudas, y a través de la ingesta de plantas medicinales.
- Aplicarse baños de asiento.
- Mover tu útera: danza del vientre y danza circular.
- Conectarse con la matriz: respiración ovárica y meditación del útero.

Limpieza del útero

Es una medicina recomendada por la tradición mapuche. No se debe estar tomando anticonceptivos hormonales y se deben reconocer las plantas que se van a utilizar:

> Picar por igual cantidad las siguientes hierbas: boldo, zarzaparrilla, salvia, hinojo, radal, molle, muérdago y quincha mali. Mezclarlas y envasarlas. Poner una cucharada de la mezcla de hierbas en una taza de agua hirviendo, dejar reposar quince minutos tapada, colar y tomar. Beber dos veces al día, cada doce horas, al amanecer y al esconderse el sol. No debe tomarse cuando haya sol. Beber durante nueve días después de que termina la menstruación. Realizarlo tres lunaciones seguidas.

Esta receta, además, aumenta la fertilidad. Se sugiere no tener relaciones sexuales con penetración durante esos nueve días, como parte del proceso de limpieza.

Sanar las lesiones del cuello del útero

Esta receta es recomendada por Rina Nissim, médica suiza experta en tratamientos naturales, que realiza tampones naturales con algodón envueltos con gasa estéril. Úntalos con la siguiente mezcla de aceites: 60 gotas de aceite de almendras dulces, 20 gotas de aceite de germen de trigo, 4 gotas de aceite esencial de thuja y 4 gotas de aceite esencial de ciprés.

Coloca un tampón hasta que tope con tu cérvix y deja que salga una parte hacia afuera para retirarlo. Déjalo durante toda la noche y retíralo por la mañana. Este tratamiento debe durar varias semanas o meses, con interrupciones durante la menstruación.

Limpieza del útero y cuello

Marina Lorenz, médica chilena, curó muchos casos de VPH con lesiones a partir de la siguiente receta: se colocan por partes iguales matico, llantén y manzanilla en una olla, se le vierte un litro de agua hirviendo y se deja reposar hasta que enfríe. Se filtra y el líquido se vacía a un irrigador. Con este instrumento se procede a una lavativa vaginal profunda de una sola vez, para lo cual se coloca a la mujer boca arriba sobre una chata para recibir el líquido. No se debe usar pera sino irrigador para que el resultado sea satisfactorio. El tratamiento debe repetirse todos los días. De esta forma, cumplido un mes, se puede observar la mejoría con la cicatrización de las úlceras. "Como al mes empieza recién a 'granular', es decir, a juntarse las heridas"[9].

---

[9] "Con mezcla de yerbas criollas, médica penquista cura cáncer. Utiliza manzanilla, matico y llantén", en *La Tercera*, 21 de febrero de 1986.

CAPÍTULO VIII

Ciclo menstrual

En mi cultura, comúnmente nombramos al período de menstruar como "la regla", algo que suena estricto y lineal, como si fuera un régimen dictatorial, que nos gobierna cada mes pasando por encima de nuestra propia voluntad. Esto puede parecer una exageración, pero no lo es. Así lo han perpetuado los patrones sociales a través de los siglos. Y así lo hacen cuerpo/emoción muchas mujeres, sintiéndose realmente enfermas en cada ciclo lunar.

La menstruación se ha transformado en un hecho "doloroso", "molesto", "sucio", incluso catalogado de "salvaje", digno de ser controlado y patologizado bajo el ritmo explotador de la vida en las civilizaciones modernas. Así fue como la ciencia precisó de una solución restringida a sedantes y hormonas sintéticas para controlar de manera médica nuestro ciclo, efecto que repercute aún más en la distancia que tenemos con nuestra propia sangre y con aquel momento cósmico de conexión y renovación que poseemos.

Esta sociedad, en su ceguera, debe enterarse de que menstruar es un acto sagrado, un momento de mucha apertura espiritual y de evidente sensibilidad, que se aborda socialmente de manera vaga como "histeria" o irritabilidad, no comprendiendo que aquella sensación es intuición pura. Las mujeres entramos en un conflicto entre las exigencias externas y nuestra necesidad y espacio para la introspección, la calma y un ritmo pausado de funcionamiento, por ser una ocasión de diálogo y conexión con nuestra propia naturaleza.

Las mujeres poseemos un segundo corazón sagrado, que es nuestra útera. Es por esto que necesitamos recuperar la sabiduría que nos brinda nuestra sangre, aprender a escuchar los llamados, las sensaciones que nos ofrenda la vida en cada ciclo lunar, para alcanzar una limpieza y una renovación. Si vivimos en función de alcanzar los ritmos de afuera, los ritmos lineales que nos impone el sistema, no conseguiremos renovarnos para emprender un nuevo ciclo. Necesitamos de aquel intervalo de tiempo para fluir a nuestro propio compás.

La sangre llega para limpiar nuestras energías. Es necesario cuidarla porque no es basura, ni "castigo", como promulgaron y siguen profesando ciertos humanos en nombre de Dios... No podemos arrojarnos a la basura a nosotras mismas, ni perder aquel precioso momento de purificación.

Es necesario vaciar de nuestra útera/corazón el dolor que ha atormentado nuestro equilibrio, limpiarnos de las oscuras palabras, imágenes y tabúes que no nos permiten valorar nuestra propia naturaleza. Las mujeres necesitamos emprender un recorrido hacia nuestras profundidades con nuestros sentidos expandidos. Necesitamos apropiarnos de los espacios que han sido usurpados y recuperar mucha de la sabiduría que aún permanece silenciada dentro de nosotras mismas.

RITUALIZAR NUESTRA SANGRE

ULLCHATUM: UN RITO DE PASO

La Historia nos enseña que en diversas culturas las mujeres se tomaban espacios de retiro al momento de menstruar. Así lo indican los *hospedajes lunares* de las indígenas nativas de América del Norte, que se reunían de manera circular a menstruar dentro de una carpa exclusiva para mujeres, donde se compartía y aprendía de las mujeres sabias cómo juntas somos capaces de sincronizar nuestra menstruación. Estas mujeres menstruaban en las mismas lunas nuevas... Simplemente, dejaban de hacer todo y aprovechaban aquella pausa para reencontrarse con el mundo y re-encantarse, abriendo un espacio propio a la reflexión, compartiendo saberes entre mujeres y fortaleciéndose para mirar con ojos limpios un nuevo ciclo.

Aquellas prácticas hoy están siendo retomadas por muchas comunidades de mujeres en diversas regiones del mundo, que se reúnen en *círculos de mujeres* y también a menstruar en las *carpas rojas*, donde se limpian de patrones dañinos que afectan tanto la sexualidad como la sagrada menstruación. Allí veneran sus ciclos, y se brindan cariño y contención en sus procesos emocionales y sexuales.

Actualmente, nuestra cultura occidental carece de la riqueza que posee el ritualizar la iniciación de la vida a un nuevo período. La llegada de la *menarquía* no es venerada y tampoco lo es la *menopausia*.

Las diversas culturas y tribus con enfoques matriarcales tienen mucho que enseñarnos: a través de un bello ritual celebran la bendición de la llegada de la fertilidad en las niñas.

Así lo sigue haciendo en China la población matriarcal de Mosuo, donde la niña recibe su nueva vestimenta de mujer realizada por su madre y las mujeres de la comunidad: camisa, falda y, lo más importante y final, el "tocado confeccionado con lana de yak –el buey de pelo largo y oscuro de los Himalayas– [...], un gorro que termina por detrás con una cola que le llega a la cintura"[1]. Además, a los 13 años, la niña recibe las llaves de la casa donde podrá desde entonces recibir a sus futuros enamorados por las noches, aunque es sabido que su inicio sexual sucede años más tarde. La casa se denomina *Babahuago*, que significa "cuarto de las flores".

En nuestra cultura mapuche, la llegada de la menstruación en las niñas, según diferentes relatos antiguos, era celebrada de diversas maneras. Según Ziley Mora, en la primavera, antes de la llegada de su menarquía, se realizaba el *Ullchatum*, un rito donde la *malen* [doncella] recibía de su madre y de las mujeres cercanas a ella un baño de flores a orillas de un río. La madre otorgaba el último baño a su hija y era también la última vez que la vestía. En ese entonces, se le entregaba su nueva vestimenta de mujer mapuche, traje que incluía todos elementos confeccionados en telar y joyas de plata típicas de este pueblo. Otros relatos indican que

> se conducía a la niña a una *ruka* realizada con cuatro palos de árboles nativos de *kila* (*chusquea culeou*) y recubierta por mantas y cueros multicolores [...]. Este toldo o *ruka* recibía el nombre de *rukamalen* [casa de la doncella, casa bonita] o bien se la designaba *wenteruka* [casa del agujero superior o casa de la abertura que está arriba], dado el carácter de altar iniciático que posee[2].

---

1 Coler, R. (2005). *El reino de las mujeres, el último matriarcado.* Buenos Aires, Planeta, p. 56.

2 Mora Penroz, Z. (2009). *Magia y secretos de la mujer mapuche. Sexualidad y sabiduría ancestral.* Santiago de Chile, Uqbar Editores, p. 32.

La niña permanecía en aquella *casa de doncella* para purificar su cuerpo a través del ayuno y para recibir las enseñanzas de las mujeres sabias de su linaje.

Consagrar estos ritos de paso es un hecho fundamental para integrar y abrazar la mudanza que nos regala la vida. Así lo relata este romántico fragmento en el que se detalla la ceremonia de la primera luna:

> ...frotaron henna en las uñas de los dedos de Raquel y en las plantas de sus pies. Le pintaron los párpados de amarillo y le pusieron todas las pulseras, gemas y joyas que pudieron encontrar en los dedos de las manos y los pies, en los tobillos y en las muñecas. Le cubrieron la cabeza con el mejor pañuelo bordado y la condujeron a la tienda roja. Cantaron canciones para las diosas. [...] comían miel de dátiles y pastel de trigo hecho en forma triangular representando la vulva. [...] Entonces, la sacaron al campo, donde se unió a la tierra. Raquel estaba aturdida por los placeres. Estaba llena de alegría y expectación, y permaneció en la tienda durante tres días, guardando el precioso fluido en un recipiente de bronce, porque la sangre de la primera luna de una virgen era una poderosa libación para el campo[3].

Cabe destacar que en diversas partes del mundo, las niñas son sometidas, en su transición de niña a mujer, a diferentes iniciaciones que son violentas, como permanecer encerradas y sometidas a diferentes disciplinas, llegando incluso al rito de la "mutilación genital". Es preciso aclarar que este acto fue y sigue siendo practicado por poblaciones con enfoque "patriarcal"; nunca fue practicado en una sociedad "matriarcal".

---

3 DIAMANT, A. (2009). *La tienda roja.* Barcelona, VíaMagna, pp. 39-40.

Faja lunar

En nuestro continente, en diferentes culturas originarias, las mujeres utilizan un cinto tejido de lana alrededor de la cintura como parte de su vestimenta tradicional. También usan una faja de color rojo (en momentos especiales), que rodea toda la zona de la pelvis. Se utiliza en ocasiones ceremoniales y durante los días de menstruación. La intención es proteger el canal de nuestra matriz, que se expande para la bajada de la sangre. Este color, además, representa fuerza, pasión y salud. También se utiliza este cinto durante la gestación como método de protección ante algún mal de ojo[4] o ante un eclipse que pudiera afectar la salud del bebé. La faja sostiene, protege nuestro útero y espalda, zonas que precisan de calor y cuidado.

Un ejemplo es el *trariwe*, cinturón característico que sujeta el vestido de las mujeres mapuches, que posee diversos símbolos que representan el mito de la serpiente y la creación de la vida y la fertilidad. Además, posee "funciones mágicas: expresa el anhelo de que los espíritus dadores y protectores de la vida amparen el receptáculo femenino donde ella se gesta"[5].

Venerar la sangre

Volver a las tradiciones que nos conectan con nuestros procesos naturales suele relacionarse con el arquetipo de la *mujer salvaje*, lo que puede parecer una locura en esta vorágine de cemento.

---

4 Creencia popular reproducida en diversas culturas y pueblos, según la cual un ser humano tiene la capacidad de provocar "un mal" a otra persona solo con la mirada (esto puede ser un acto inconsciente). Así, la persona queda "ojeada", es decir, cargada con malas energías, lo que puede llevar comúnmente a enfermarla. Es muy frecuente que esto suceda con bebés y niños/as pequeños/as. Existen diferentes amuletos de protección según cada cultura.

5 Montecino, S. (1995). *Sol viejo, sol vieja. Lo femenino en las representaciones mapuches.* Santiago de Chile, SERNAM: Colección "Mujeres en la cultura chilena", p. 35.

Sin embargo, mientras más se llene de felicidad nuestro ser, más libres seremos de todas aquellas ataduras impuestas.

Los siguientes ejercicios son una delicia, para enaltecer y reconectarnos con nuestra sagrada menstruación:

- Busca un lugar tranquilo, en la Naturaleza. Puede ser tu patio o un bosque. Regálate en tus primeros días de sangre un pequeño retiro, lleva mantas, cojines, agua y comida. Acude con una falda, haz un hueco en la tierra y sangra junto a ella (no es necesario que te sumerjas en la tierra, solo deja que el fluido baje directamente hacia la gran Matriz). Déjate fluir. Puedes quedarte en posición de cuclillas o apoyar tu espalda estirada (vertical) junto a un árbol. Vibra con el pulso de la Madre Tierra.

- Realiza un altar con elementos de poder para honrar la fuerza de la renovación y de la creación de un nuevo ciclo. Prende velas rojas, pon imágenes de las mujeres de tu linaje que te representen fuerza. También coloca elementos de la Madre Tierra: flores, plumas, piedras, etcétera, que te conecten a tu propia naturaleza.

- Organiza un círculo de mujeres o inicia una *carpa roja* para compartir tus experiencias, abre tus emociones al círculo, déjate querer por ellas. Cepillen y trencen su cabello, dancen, canten y acaricien sus úteras/corazones.

- Crea un saquito de semillas y hierbas medicinales con propiedades relajantes y antiinflamatorias para cobijar tu sagrada útera. Necesitarás un trozo de tela de algodón (puedes reciclar una calceta o manga de ropa). Colocarás dentro de ella semillas (de arroz, lino y avena) y flores deshidratadas (de lavanda, pétalos de rosa, hojas de boldo y cáscaras de naranja) y la cerrarás con una costura. Las cantidades dependerán del tamaño del saco que desees realizar. Para usarla, caliéntala al microondas o con una plancha de ropa durante dos minutos y ponla sobre tu útero o espalda el tiempo que consideres necesario.

• Interrumpe tu conexión con la tecnología al menos un par de horas. ¡Apaga la máquina que te conecta al ciber mundo laboral y descansa o duerme una siesta!

• ¡Haz arte con tu sangre! Crea un diseño pintado con tu sangre o imprime en hojas de papel, tela o elementos de la Naturaleza.

• Regálate espacios de paz, brindándote amor y placer a través de orgasmos, que puedes regalarte con masturbación, con lo que puedes relajar tu útero. Esta práctica ha demostrado resolver problemas de cólicos y tensiones al momento de menstruar.

• Activa tu potencial de creación lunar: escribe, pinta, ilustra, canta, haz música.

• Recarga tus energías con la luna. Si es que no menstrúas en luna nueva (luna negra) camina y acuéstate desnuda bajo los rayos plateados de la luna y deja que la luz penetre a través de tu piel.

• Si no tienes faja menstrual, teje la tuya. La llegada de tu menstruación es un buen momento para realizarla. Esto, además, te ayudará a tomarte un rato de descanso.

RECICLA TU SANGRE, ¡QUE NO ES BASURA!

En la actualidad, el método de higiene más popular usado en todo el mundo por las mujeres para recibir su sangre menstrual es el uso de toallas higiénicas y tampones desechables realizados con químicos altamente dañinos para nuestra salud. Así lo demuestran sus componentes: rayón, dioxinas, asbesto y poliacrilato, entre otras sustancias tóxicas que quedan en nuestra vagina y que, en el caso de los tampones, absorben no solo la sangre sino también otros fluidos necesarios para el equilibrio de nuestra flora vaginal.

Los restos químicos que se alojan en nuestra vagina y cérvix durante la menstruación incitan la aparición de ciertas bacterias que son ocasionadas por las toxinas que alberga nuestro cuerpo, causando así una infección o incluso hasta Síndrome de Choque Tóxico (TSS). Este síndrome es una infección vaginal que puede provocar fiebre, dolores musculares, fatiga y, en algunos casos, hasta la muerte, y se debe al uso prolongado de tampones.

Se ha demostrado que la sangre posee células madres (células regenerativas endometriales, ERC) capaces de regenerar heridas y sanar enfermedades. Las células madres también se encuentran en la médula ósea y en el cordón umbilical. En el mundo de las parteras tradicionales, es común el uso de la placenta como una potencial medicina. De ella se extrae el cordón umbilical, que se guarda para ser un futuro medicamento para el niño o la niña en relación a enfermedades respiratorias.

La sangre menstrual se ha utilizado como medicina desde inmemoriales tiempos para sanar heridas. Así lo retrata un pasaje en el libro *Las voces del desierto*, de Marlo Morgan, en el que se relata cómo un grupo de indígenas australianos, que cruzaban el desierto durante tres meses, utilizaban la sangre menstrual para regenerar huesos quebrados y heridas. La *mujer que cura* del grupo era la encargada de recolectarla en unos singulares tubos hechos de plantas con la función de almacenarla y protegerla para tenerla disponible ante la necesidad de alguna curación[6].

La sangre que desechamos es una fuente rica de nutrientes para la tierra. Podemos mezclarla con abundante agua para diluir su potencia y regar las plantas y árboles.

Ya varias generaciones de mujeres usamos este tipo de productos, con los cuales no solo contaminamos nuestra salud, sino también el planeta que habitamos. Nuestra sangre no puede ser una fuente de contaminación. Nuestras abuelas pueden compartirnos sus experiencias con los paños de algodón, que son el método que más tiempo se ha usado y que muchas mujeres siguen utilizando o algunas han retomado. Esto viene a quebrar el paradigma imperante y nos encamina a conocer nuestra sangre y a conectarnos aún más con nuestra sagrada menstruación. También existen alternativas como la *copa menstrual*, un pequeño recipiente de silicona que se introduce en la vagina para recibir la sangre (no la absorbe) y se retira para vaciarla al cabo de algunas horas. Cualesquiera sean las alternativas, las invito a conocerlas.

6 Morgan, M. (1991). *Las voces del desierto. La transformación de una mujer en contacto con los aborígenes australianos.* Barcelona, Zeta Bolsillo.

KÜYENTÚN: ACCIÓN DE LA LUNA

En lengua *mapudungun* (para el pueblo mapuche), la menstruación y el movimiento constante de la luna significan lo mismo: *Küyentún* [acción de la luna: el proceso cíclico y persistente –*tun*– de la luna –*küyen*–][7].

El de sangrar es uno de los momentos en que se hace más evidente que estamos transitando un ciclo que marca la pauta de un constante *fincipio*. Como cualquier otro ser que habita en la tierra, nosotras experimentamos una naturaleza cíclica segundo a segundo.

Coexisten en nosotras juegos y movimientos de energía y hormonas sexuales: estrógeno, progesterona, hormona foliculoestimulante (FSH), hormona luteinizante (LH). "Las hormonas sexuales afectan a todo el cuerpo, pero los órganos sexuales son los protagonistas de la acción"[8].

Vamos fluctuando como las mareas, las estaciones del año, las plantas y los movimientos de la luna. Durante nuestra edad fértil, transitamos circularmente por cuatro grandes etapas, que se resumen en: premenstrual, menstrual, preovulatoria, ovulatoria, de nuevo premenstrual y así sucesivamente, hasta la llegada de la menopausia.

En cada una de estas etapas, acontecen en nosotras diversas transformaciones a las cuales debemos estar atentas para comprendernos más profundamente e ir respondiendo ante las energías de cada fase.

---

7 MORA PENROZ (2009), obra citada, p. 59.

8 SALVIA RIBERA, A. (2013). *Viaje al ciclo menstrual*. Barcelona, edición de la autora, p. 21.

Revisaremos estas cuatro grandes etapas en sus variados aspectos, desde lo biológico hasta el mundo de las imágenes y de las energías que nos habitan. Recomiendo el uso de plantas medicinales para cada momento del ciclo, que la mujer esté atenta a la fase de la luna, a la energía estacional y arquetípica que representa cada etapa, y que se incorporen ejercicios y una alimentación saludable como hábitos fundamentales.

Cada ser que habita este planeta es único. Por eso, cada mujer vive su ciclo menstrual de manera peculiar de acuerdo a su determinado contexto. Esta información es solo una referencia. Ninguna mujer debe dudar de sus sensaciones ni de su propio ritmo. Si, por ejemplo, no sangras en luna nueva o en luna llena, no estás necesariamente "desequilibrada". Cada una percibe y habita el mundo de manera diferente, además de que cada ciclo vivirá influenciado por las emociones, el ritmo laboral, la alimentación, la vida sexual, las hormonas, los medicamentos y el medio ambiente de cada una, entre otros factores. Es así como hay mujeres que pueden tener la menstruación cada veinticuatro días o hasta cada treinta y cinco.

Utilizaremos un ciclo de veintiocho días *solo a modo de ejemplo*, comenzando en luna nueva, solo para ilustrar las etapas que se transitan. Cada mujer debe registrar su ciclo y su duración para identificar las distintas etapas y conectarse con ellas.

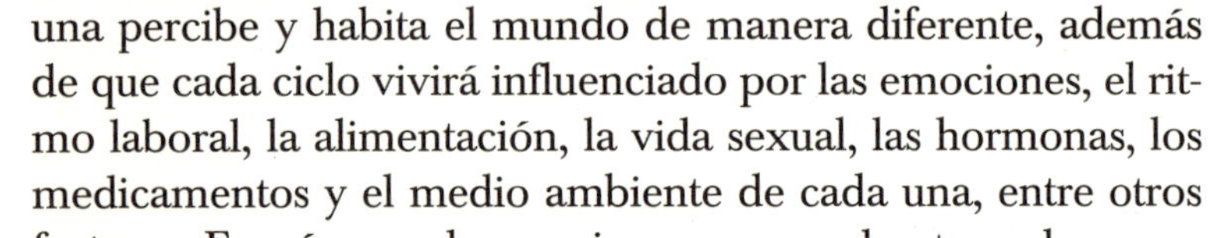

Complementos para acompañar tu ciclo

Arquetipos

La identificación con las imágenes es parte importante en la construcción de nuestra realidad. El reconocimiento con la mitología nos otorga un origen y una guía en nuestro camino.

Usamos los arquetipos por los cuales transitan las mujeres en su vida (niña, madre, mujer sabia y hechicera) para que estas imágenes nos ayuden a representar las energías de cada fase de nuestro ciclo[9].

Estaciones

Nosotras cambiamos como las estaciones del año. La Madre Tierra, con todos sus esquemas naturales, se transforma y renueva de manera constante. Las estaciones del año son una demostración más de este sistema circular. Transitamos por diversos climas y temperaturas, posiciones y niveles de luminosidad. Naturalmente, los alimentos y las plantas siguen este compás de manera espontánea floreciendo, madurando, semillando y menguando reposo para un nuevo ciclo. Así, vemos que el ciclo natural de los alimentos es alterado en la agricultura moderna para dar mayor productividad al mercado, perturbando la genética y erosionando la tierra a través del monocultivo.

9 Estos arquetipos y fases están desarrolladas profundamente en el libro *Luna roja: los dones del ciclo menstrual*, de Miranda Gray (Buenos Aires, Gaia, 2003), a través de mitología y cuentos tradicionales. Con base en ese trabajo, hemos tomado los cuatro arquetipos, pero los nombramos según la sabiduría mapuche.

Dicen que alterar o resistir a los cambios provoca desequilibrios. Heráclito, en el siglo IV a.C., decía: "No hay nada permanente salvo el cambio". No debemos actuar como pasajeras, sino como las conductoras de este gran viaje. Seguir el ejemplo de las estaciones e incorporar sus energías nos puede ayudar a conectarnos aún más con cada fase que vamos experimentando. Incorpora las energías estacionales a tu ciclo menstrual y fluye con ellas.

Luna

La luna, en su constante danza cósmica, transita diferentes posturas de luminosidad y oscuridad, creciendo y menguando. Como parte de la Naturaleza, vivimos influenciadas por sus movimientos: actúa sobre las mareas, las cosechas, las siembras, el ciclo menstrual y sobre todo lo que palpita en la tierra. En comunidades en las que no existe la luz eléctrica, las mujeres suelen menstruar en luna nueva y ovular en luna llena. Debido al efecto de la luz sobre nuestro sistema hormonal, Louise Lacey utilizó el término *lunacepción* en el año 1971, a partir de un estudio que realizó sobre la influencia de la luz en nuestro ciclo. Ella podía controlar su ciclo y fertilidad descansando por las noches en completa oscuridad sin ninguna luz eléctrica encendida, ni siquiera la pequeña de un teléfono o reloj. Y los tres días de luna llena dormía con una tenue luz encendida (simulando luz de la luna llena), lo que la hacía ovular durante esos días y regulaba su ciclo al menstruar en luna nueva. Este es tan solo un ejemplo de cómo los movimientos de la luna están ligados a nuestros ciclos.

Para representar cada fase, ejemplificaremos un ciclo donde la menstruación comienza en luna nueva y se ovula en luna llena. Pero tu ciclo puede ser de menstruar en luna llena y ovular en luna nueva. Todo es muy relativo. Vivirás diferente una menstruación en luna llena que en luna nueva debido a sus distintas energías. Por eso, debes estar atenta a los movimientos de la luna, que influencian cada fase que transites.

DIOSAS

Como ayuda para que te conectes con las etapas de tu ciclo, también usaré el mítico mundo de las diosas, identificando sus diferentes arquetipos y equiparándolas a las diversas energías de nuestro ciclo. Investiga la energía de cada diosa para cada una de tus fases. Eleva rezos y cantos a su nombre. No necesitas pedirle nada a ella; pídeselo a tu propia fuerza interior[10].

PLANTAS MEDICINALES

El espíritu de la planta medicinal es lo que cura. Así lo enseñan nuestro pueblos originarios. Úsalas con respeto y como un alimento que nutre, limpia y sana. Son buenas aliadas para acompañarnos a transitar nuestro ciclo. En algunos momentos las necesitaremos más en que otros. Sin embargo, no olvides pedirles y agradecerles cada vez que las usas.

Para saber sobre las formas de preparación, revisa el capítulo V, sobre plantas medicinales.

---

10 La clasificación que propondré más adelante está basada en los diferentes trabajos de Jean Shinoda Bolen, Miranda Gray y Silvia Selowsky, quienes han desarrollado investigaciones sobre las diosas y sus arquetipos.

Alimentación[11]

Nos nutrimos de aire, agua, luz y alimentos. Lo que ingerimos es fundamental para nuestra vitalidad. Así lo demuestra nuestra salud cuando decae por vivir en un aire contaminado, sin luz del sol o con alimentos dañinos. Muchas enfermedades y malestares se deben a una alimentación deficiente y desequilibrada. Esto influye bastante en nuestra energía y estado anímico, por lo que revisaremos algunas recomendaciones alimentarias para cada fase de tu ciclo.

Ejercicios

La vida sedentaria es otro mal que atañe a la sociedad moderna. El estilo de vida enfocado a la productividad nos hace vivir altos niveles de estrés. La falta de actividad física provoca un estancamiento de nuestras energías, así como el atrofiamiento de nuestros órganos vitales. Resulta imposible aplicar una rutina de ejercicios a modo general para cada fase, debido a que se debe estudiar para cada caso en particular. Por eso, crea tu propia rutina con base en tus necesidades sin perder la constancia ni el equilibrio de lo que pide tu propia energía.

Las cuatro fases de nuestra energía cíclica

Ejemplificaremos el tiempo que dura cada fase del ciclo con uno de veintiocho días, para así ordenar las etapas. Ordena tus fases según la duración de tu propio ciclo.

---

11 Revisa el cuadro al final de este capítulo, donde encontrarás una guía sobre la alimentación para todo el ciclo realizada por una experta en nutrición.

ETAPA MENSTRUAL

Desde el día 1 al 5 (o hasta que se termine la sangre). El primer día de la menstruación se conoce como el primer día de todo el ciclo. El sangrado ocurre debido a la no fertilización del ovocito, que ha sido liberado por el ovario para ser fecundado y ha provocado que la capa más interna del útero se disponga a recibir a la placenta y al bebé. Cuando esto no sucede, esa capa interna se desprende.

Dos días antes de que veamos la primera gota de sangre, nuestra energía ya viene sintiendo lo que se aproxima. Podemos notar que el *Os* (agujero del cuello del útero) ha abierto sus puertas, ha ablandado su textura y se alinea con la vagina para la bajada de la sangre. Si te observas internamente, podrás notar unas gotas de sangre color marrón que ya han comenzado a descender y permanecen alrededor de tu cérvix.

En estos días se generan movimientos energéticos intensos desde nuestro útero para desprenderse de su capa anterior. La energía se concentra en la glándula pituitaria y nuestra matriz enfoca toda su energía para bajarla a la tierra. Esto se siente en nuestro estado anímico y emocional de manera aguda. Si logras conectarte con ese momento, te permitirás caminar sabiamente con tu menstruación.

Arquetipo

Etapa de la Bruja [*kalku*] o más bien de la Mujer Sabia [*kimche domo*], que se relaciona con un momento de introspección, de visión y de renovación. De acuerdo a esta energía un tanto pasiva, es una ocasión óptima para tomar un descanso y conectarnos con nuestra *kimche domo* para el recogimiento y la reflexión, para bajar la velocidad y vivir introspectivamente hacia lo profundo de nuestro propio ser.

Estación

Invierno. Etapa de resguardo, de abundante líquido que debe emanar del cuerpo de la Madre Tierra. Las mareas descienden como nuestra sangre. Es una temporada en la que necesitamos calor y en la que existen más horas de oscuridad, por lo cual solemos descansar un poco más.

Luna

Nueva. Es la luna negra. No la podemos ver a simple vista; solo cuando acontece un eclipse total de sol. Representa una etapa de introspección. Se dice que es un momento de germinación y planificación. Es también una buena época para hacer limpieza y renovación de energías.

Diosas

Hécate, *Inana* y *Perséfone*, diosas de la sabiduría, de la intuición, del mundo subterráneo y de la luna negra.

Plantas medicinales

Estas plantas te acompañarán en este período con propiedades antiinflamatorias, calmantes y digestivas, al actuar sobre el sistema digestivo, el sistema nervioso central y sobre la matriz.

- *Milenrama*: infusión de una cucharadita de hojas por taza de agua. Bebe hasta dos tazas diarias durante tu ciclo.

- *Valeriana*: toma cocimiento de su raíz, hasta tres tazas al día. Tiene un efecto relajante. Si no posees la raíz, tómala en forma de tintura madre en dosis de 15 gotas tres veces al día.

• *Ortiga*: bebe infusión de ortiga con diente de león para depurar y compensar la pérdida de sangre.

• *Jengibre*: bébela en infusión o mastica el rizoma. Esto ayuda a reducir la tensión y los calambres.

Alimentación

• Bebe mucha agua.

• Baja tu consumo de sal, azúcar y harinas refinadas.

• Evita el consumo de carnes rojas, embutidos y lácteos.

• Prioriza alimentos ricos en potasio, como legumbres, germen de trigo, maní, palta, sésamo, nueces, etcétera. El potasio ayuda a regular los líquidos en el organismo, además de determinar la contracción o relajación de los músculos, evitando así calambres.

• Consume alimentos ricos en hierro, como legumbres, cereales integrales, frutos secos, etcétera. Cuando el hierro sea de origen no animal, deberá ser mezclado con alimentos ricos en vitamina C para provocar su absorción en el organismo.

• Come alimentos diuréticos, como piñas, sandías, pepinos, etcétera, pues ayudan a tu producción de orina.

• Come regularmente vegetales verdes, productos de soya y levaduras nutricionales como la de cerveza.

Ejercicios

Durante esta fase es bueno descansar, por lo menos los tres primeros días. La meditación es ideal para este momento. Si acostumbras realizar ejercicio físico o algún deporte, hazlo con poca exigencia, respetando tus propios ritmos. Si también sueles practicar Yoga, hazlo con la excepción de las posturas invertidas o aquellas que te provoquen mucho esfuerzo y desequilibrio. Se recomiendan algunas posturas para los dolores menstruales (realizarlas con respiraciones conscientes completas, largas y profundas, relajando el vientre con la exhalación, es decir, *Pranayama*)[12].

- *Pavanamuktasana*: postura del "feto", tendida de espaldas con las rodillas recogidas. Tonifica la región sacro-lumbar aliviando el dolor.
- *Marjarasana*: postura del "gato". Mezclar con la postura gato-vaca para relajar el sacro y limpiar la recarga emocional.
- *Balasana*: postura del "niño". Relajante, mejora los órganos internos. Hacerla con espacio para la barriga.

Etapa preovulatoria

Es la que transcurre desde que se termina la menstruación hasta la ovulación. Siguiendo el ciclo anterior (de veintiocho días), la consideraremos desde el día 6 hasta el día 12. Este período también es conocido como *etapa estrogénica* o *no fértil*. El sistema comienza a segregar mucho estrógeno debido a la maduración del folículo dentro del ovario, que se prepara para salir. Es un período variable, tanto que puede extenderse o acortarse dependiendo de tus procesos. Ante eso, debes estar atenta a tu ciclo: si es corto –por ejemplo, dura menos de veinticinco días–, tu etapa fértil (ovulatoria) se presentará antes.

[12] Se recomienda realizar estos ejercicios por no más de dos minutos cada uno. De todas maneras, pide orientación a tu maestra/o de Yoga para que te corrija las posturas y sean las adecuadas.

Arquetipo

Etapa de la Niña, Virgen o Doncella [*malen*]. Es un período de crecimiento de la energía luminosa y radiante. De mucha inspiración, actividad física e intelectual. Es una etapa activa para emerger debido a que contamos con energías potentes para lograr proyectos actuales y nuevos. La palabra "doncella" deriva de "dueña": es el momento de la independencia, ideal para revitalizar la *salvaje niña* interior.

Estación

Primavera. Momento de luz, de abundante florecimiento y de la energía que sube hasta la copa de los árboles. Como ellos, tenemos mucha energía corporal y luz para la creatividad.

Diosas

Kalfumalen, *Artemisa*, *Medeina* y *Diana*, que representan a las niñas que habitan en los bosques y cuidan a los animales de los cazadores; a la doncella salvaje y libre, guardiana de la Naturaleza.

Luna

Creciente. Es la aparición de la luna en su mitad. Es una etapa de crecimiento, en la que contamos con mucha energía y creatividad, ideal para emprender nuevos proyectos, desde trabajar en la huerta hasta cortarse el cabello. Todo lo que se inicie en esta fase lunar tendrá éxito asegurado en la fase de la luna llena del mismo mes.

Plantas medicinales

Este es el momento en que nos preparamos para ovular. Las siguientes hierbas te puede acompañar durante este proceso:

- *Hojas de frambueso*: infusión de una cucharada de hojas secas por cada taza. Bebe tres tazas diarias.

Para equilibramos ante la pérdida de sangre que se vivió durante la menstruación:

- Hojas crudas de *diente de león* en ensaladas o en jugo de hojas frescas.

En caso de haber tenido menstruación abundante, utiliza alguna de las siguientes mezclas de hierbas para restablecer la gran pérdida de sangre:

- *Artemisa*, *ortiga* y *milenrama*: infusión de partes iguales. Bebe hasta tres tazas al día, durante cinco días apenas termines el sangrado.

- *Llantén*: cocimiento de unas hojas mezcladas con hojas de higuera durante cinco minutos en un litro de agua. Bebe hasta tres tazas al día durante tres días apenas termines el sangrado.

- *Matico*: infusión de una cucharada de hojas secas por cada taza. Beber hasta tres tazas diarias durante tres días apenas termines el sangrado.

Como apoyo a un método anticonceptivo natural, este es el momento de utilizar las siguientes hierbas:

- *Ruda*, *arrayán* y *ortiga*: infusión de partes iguales. Bebe hasta tres tazas al día desde que termina la menstruación hasta terminada la ovulación (durante los tres días de ovulación debes aumentar las dosis).

Nota: para más sobre anticoncepción y fertilidad, te aconsejo profundizar en el capítulo x.

Alimentación

- Bebe mucha agua.
- Baja tu consumo de sal, azúcar y harinas refinadas.
- Consume semillas de sésamo en ensaladas, patés vegetales, salsas o leche, pues son ricas en proteínas y calcio.
- Come frutas cítricas con cáscara incluida, uvas y cerezas.
- Incorpora dos puñados de semillas frescas de alfalfa cada día durante esta etapa.

Ejercicios

En este período contamos con abundante energía, por lo que podemos realizar cualquier actividad física (Yoga, danza, deporte, etcétera). Sin embargo, no debes sobrepasar tus límites. Trata de no sacar toda tu fuerza solo en este período; sé constante durante todo tu ciclo.

Es un momento ideal para utilizar tus energías e iniciarte en una nueva actividad deportiva que antes no hayas realizado, aprovechando que tendrás más resistencia y seguridad.

Etapa ovulatoria

Desde el día 13 al 16. La ovulación en sí ocurre en un período de veinticuatro a cuarenta y ocho horas. En ese momento, se libera el óvulo del ovario. Luego, si no es fecundado, muere en la trompa uterina.

Suele considerarse el día 14 como "el día cúspide de fertilidad" en un ciclo de veintiocho días. Sin embargo, los espermatozoides pueden llegar a vivir entre tres a cinco días —con la ayuda del moco cervical– en los órganos femeninos. Esto quiere decir que una mujer podría entrar en gestación hasta cinco días antes de su ovulación, o incluso dos días después, pues aún el óvulo está preparado para captar al espermatozoide.

Nuestro nivel de estrógenos ha llegado a su punto máximo y es entonces que se ha activado la hormona luteinizante, que hace que estalle el ovocito maduro hacia afuera del ovario para abrirse camino a través de la trompa uterina. Nuestro cuello del útero ya se ha preparado para recibir a los espermatozoides, por lo cual se abre y humecta, secretando moco cervical para ayudar y proteger a los espermatozoides a sobrevivir y dirigirse hacia la trompa.

Es imposible conocer el momento exacto de tu ovulación, pero después de llevar un control sobre tu ciclo por un par de meses, puedes acercarte bastante. Una serie de factores nos indican que la ovulación está cerca: por ejemplo, el cambio en la apertura y la posición del cérvix: cuanto más alto, blando y abierto, más cerca estamos de la ovulación. También, el cambio en el moco cervical: cuanto más se parezca a clara de huevo cruda, mayor será la probabilidad de que estemos fértiles. Y el cambio de la temperatura basal: su aumento significa que acabas de ovular o que estás a punto de hacerlo. La segunda parte de tu ciclo puede durar de 12 a 16 días.

Durante esta etapa, nuestra temperatura sube, tenemos mayor deseo sexual, nuestra piel y cabello suelen estar más radiantes y nuestras energías tienden a expresar lo que sentimos y lo que nos sucede.

Arquetipo

Etapa de la Madre [*ñuke*]. Es el período de mayor fertilidad. Por nuestra capacidad fecunda, se lo simboliza con la imagen de la madre, no solo procreadora sino también símbolo de abundancia, contención y nutrición. Como la Madre Tierra, somos abundantes y acogedoras. En esta etapa nos recargamos de energías expresivas, nos sentirnos bellas y llenas de ideas creativas para parir. Es un momento óptimo para equilibrar la expresión y la contención con quienes te rodean.

Estación

Verano. Período de mucha luz, calor y abundancia. Así como las frutas hacen rebalsar los árboles, somos fértiles como la tierra, metáfora de parir ideas e hijos/as. Nos sentimos con la capacidad de expresarnos y relacionarnos más con el exterior.

○

Luna

Llena. Viene a marcar justo la mitad del mes lunar. En esta fase, el sol y la luna se encuentran en posiciones opuestas, y la luna funciona como un espejo que refleja toda la luz del astro solar. Es una etapa de florecimiento, maduración y recolección de nuestros frutos. Es buena para cosechar lo que en la luna nueva se sembró. Al mismo tiempo, es una etapa de mucha sensibilidad.

Diosas

Pachamama, *Tonatzin*, *Gaia* y *Démeter*, diosas que representan la fertilidad y a la gran Madre universal.

Plantas medicinales

En este período puedes descansar y solo tomar infusiones que se acomoden a tus energías o necesidades.

Si necesitas ayuda para controlar tu fertilidad en caso de no desear una gestación, puedes apoyarte en las siguientes hierbas:

- *Ajenjo*, *ruda*, *borraja* y *milenrama*: infusión de partes iguales. Bebe tres tazas diarias durante cinco días.

Nota: Para profundizar, revisa el capítulo x, sobre fertilidad.

Si deseas potenciar tu libido, puedes consumir las siguientes plantas:

- *Canela*: sumerge un puñado en un litro de vino dulce durante diez días (macerado) y bebe dos pequeños vasos a diario antes y durante la ovulación.

- *Clavo de olor*: haz infusiones de dos o tres clavos de olor en una taza de agua hirviendo. Déjalo en remojo veinte minutos. Bebe una o dos tazas al día.

- *Jengibre*: ralla una buena cantidad de la raíz fresca, añade agua y pon al fuego cubierto durante veinte minutos. Toma una pequeña taza de infusión tras las comidas.

- *Romero*: en infusión. Bebe dos o tres tazas por día.

Alimentación[13]

- Baja tu consumo de sal, azúcar y harinas refinadas.
- Evita el consumo de bebidas gaseosas y grasas trans.
- Aumenta el consumo de grasas no saturadas.
- Consume almendras, pistachos y piñones.

---

[13] Estas recomendaciones alimentarias son para ayudar en el proceso de la ovulación y forman parte del libro *La dieta de la fertilidad*, del Dr. Jorge Chavarro (Universidad de Harvard, 2008).

- Consume proteínas de origen vegetal.
- Consume solo cereales integrales.
- Incorpora altas dosis de hierro.

Ejercicios

Durante este período puedes aumentar la intensidad de las actividades que realizaste durante la fase anterior. Realizar Yoga, Tai chi o Chi kung te será muy agradable. Mueve el cuerpo de manera suave pero intensa, expresando toda la abundancia y fertilidad de este período. También es muy positivo bailar, realizar danza espiral, danza del vientre o salsa para movilizar nuestra útera.

ETAPA PREMENSTRUAL

Desde el día 17 al primero de la menstruación. "Si no hay fecundación, el folículo que ha quedado dentro del ovario pasa a llamarse 'cuerpo lúteo' y empieza a segregar progesterona"[14].

La pared interna del útero, el endometrio, se había desarrollado para recibir al óvulo fecundado y durante este período se espesa y llena de nutrientes. Cuando no es producida la fecundación, el organismo deja de producir hormonas LH y FSH, por lo que el cuerpo lúteo deja de producir estrógenos y progesterona. Al no recibir estímulo hormonal, el endometrio se desprende, ocurriendo posteriormente la menstruación.

Esta es una etapa de mucha creatividad, aunque nuestras energías poco a poco comienzan a decrecer y nuestras emociones se intensifican.

---

14 SALVIA RIBERA (2013), obra citada, p. 21.

Arquetipo

Etapa de la Hechicera [*lawentuchefe*]. Es un período de cambios, de intensidad y descarga de energías, que remite a la sabiduría de la *mujer-medicina*, sabia conocedora de las propiedades curativas de las hierbas medicinales [*lawen*]. También se le conoce como la *etapa de la transformación* o *de la alquimista*. Es un momento de renovación, ideal para realizar limpieza de las malas energías que nos puedan rodear.

Estación

Otoño. Como los árboles, que van cambiando sus hojas, este es un momento ideal para renovarnos, para menguar tranquilamente hacia nuestro interior e ir de a poco bajando las energías para la quietud de la siguiente fase.

◐

Luna

Menguante. Es la luna que va decreciendo para llegar a la luna negra. Esta fase lunar sirve para terminar lo que se inició en la luna nueva; es una etapa de finalización, desintegración, reorganización, descenso, limpieza, reflexión y descanso.

Diosas

Kali, *Iansa*, *Lilith* y *Afrodita*, diosas de la creación y la destrucción (Kali), del rayo (Iansa), poderosas y libres (Lilith) y de la transformación (Afrodita).

Plantas medicinales

La fase de la *lawentuchefe*, de la *mujer-medicina*, nos invita a iniciarnos en la transformación. Es una ocasión ideal para hacernos una depuración, aprovechando la energía y creatividad que abunda.

- *Rosa mosqueta*, *canelo* y *matico*: infusión de partes iguales. Bebe hasta tres tazas diarias el tiempo que consideres necesario.

Durante este período, hay mujeres que suelen verse afectadas por varios síntomas desagradables que suelen agruparse por la medicina moderna como el *síndrome premenstrual* (SPM). Es un malestar que funciona en distintos niveles y que afecta de diferentes maneras a cada mujer. Nos remitiremos a los síntomas desagradables más comunes: cambios de humor, irritabilidad, ansiedad, adicción al azúcar, temblores, hinchazón, sensibilidad en los pechos y aumento de peso.

Las siguientes hierbas son recomendadas por la Dra. Susan M. Lark, especialista en este síndrome, quien aconseja utilizar una mezcla de infusión de bardana, raíz de jengibre y zarzaparrilla. Y en caso de afecciones tales como acné y piel grasa, preparar una infusión de partes iguales de diente de león, alfalfa y raíz de bardana, que se debe consumir hasta llegada la menstruación[15].

Alimentación

- Baja tu consumo de sal, azúcar y harinas refinadas.
- Elimina de tu dieta carnes rojas, frituras, gaseosas y lácteos, para desintoxicar tu organismo.

---

15 En su libro de 1990, *El síndrome premenstrual. Un programa natural para aliviar sus síntomas* (Tikal, Barcelona, p. 83), la Dra. Lark recomienda no consumirlas si se está siguiendo un tratamiento hormonal.

• Incorpora más frutas y verduras frescas a tu dieta.

• Haz una depuración tomando en ayunas un jugo de zanahoria, por lo menos por una semana antes de la menstruación, debido a que hace más fluida la sangre, evita los cólicos y limpia el organismo.

• Incorpora a tu dieta alimentos ricos en vitamina A, como zanahoria, calabaza, salmón, hojas de diente de león, hojas de mostaza, hojas de betarraga, melocotón, espárrago y pimiento rojo. Esta vitamina ayuda para la piel, así como para evitar la aparición de acné, común en esta etapa.

• Incorpora alimentos ricos en vitaminas del grupo B, que ayudan a reforzar y equilibrar todo nuestro metabolismo. Comúnmente se encuentran en cereales integrales, la levadura de cerveza, el hígado y las legumbres. El estrés hace que esta vitamina se pierda[16].

• Incorpora alimentos que contengan minerales tales como calcio, magnesio, yodo, hierro, zinc, potasio y selenio.

Ejercicios

Esta es una fase de energías intensas. Es posible que tengas muchas ganas de hacerlo todo, pero que el cuerpo no te responda de lo mejor. Es ideal seguir siendo constante con la actividad física en todo el ciclo, pero al mismo tiempo no te sobre-exijas para no ocasionar desajustes. Este es un buen período para realizar actividades físicas tales como Yoga o artes marciales, para descargarse de las energías intensas y encontrar el equilibrio.

16 Ídem, p. 76.

Recomendaciones para los desequilibrios durante el ciclo

Las siguientes recomendaciones son para desequilibrios frecuentes que pueden acontecer en tu ciclo. A pesar de que son comunes, estos síntomas pueden ser la alarma de un padecimiento más grave. Debes acudir a un especialista si, por ejemplo, tu período se vuelve insoportablemente doloroso, si tu menstruación se convierte en una hemorragia o si desaparece durante más de un mes. El primer paso es conocer tu ciclo en profundidad para reconocer a tiempo alguna destemplanza.

Desequilibrios hormonales

Nuestras hormonas son sensibles. Son como un mar sobre el que navegamos: mantienen a flote el equilibrio de nuestra salud. Si el mar se contamina, si se produce una tormenta o una marejada, esto nos afectará, indudablemente. En los capítulos IX y X, profundizaremos más sobre las hormonas.

Nuestra menstruación puede ser inestable porque se ve afectada por nuestro movimiento hormonal. Es por esto que debes considerar, como apoyo a cualquier tratamiento durante todo tu ciclo, la utilización en infusión o cápsulas de las siguientes plantas medicinales que se han usado tradicionalmente para mejorar los desajustes hormonales en las mujeres: regaliz, abrojo, damiana, zarzaparrilla, hojas de frambueso, y ñame silvestre[17].

[17] Ídem, p. 83.

Amenorrea o ausencia de período

Puede ser producida por varios motivos, por lo que no es simple encontrar la causa. Descartando que sea producto de una gestación o del período de lactancia, pueden ser muchos los factores que intervienen para que ocurra: estrés, alimentación insuficiente, excesivo ejercicio, gran pérdida de peso, alteración hormonal, abandono de algún anticonceptivo hormonal, etcétera, como también la menopausia y diversas enfermedades, lo que necesita de un seguimiento de especialistas en caso de que la ausencia de menstruación se prolongue durante mucho tiempo.

El estrés y la alimentación deficiente son causas importantes que debes considerar, así que es importantísimo que, más allá de tomar alguna planta medicinal que te ayude a restablecer tu ciclo, indagues qué provoca su desregulación para solucionarlo de raíz.

Plantas medicinales que ayudan a restablecer la menstruación

- *Hojas de frambueso*: en tintura madre entre 30 y 100 gotas diarias, desde la ausencia de la menstruación hasta que comienza. (Esto es para restablecer, no para inducir.)
- *Caléndula*: en tintura madre, 4 gotas por día. O en infusión de sus flores, una taza diaria.
- *Agripalma*: decocción. Beber tres tazas diarias durante cuatro o cinco días como máximo.
- *Tanaceto*: infusión de una cucharada de semillas y flores por taza, tres tazas al día.
- *Salvia*: en infusión, tres tazas al día.
- *Triqui Triqui*: en infusión, tres tazas al día.
- *Lavanda*: infusión de una cucharada de flores secas por taza, tres tazas al día.

Recomendaciones alimentarias

- Incorpora las recomendaciones alimentarias que brindamos para todo el ciclo.

- Aumenta el hierro: principalmente se absorbe de alimentos de origen animal, como carnes, pescados, huevos y mariscos debido a la categoría *hierro hemo*, de fácil absorción para el organismo. Sin embargo, puedes encontrarlos también en semillas, frutas y verduras. Estas poseen *hierro no hemo*, que es de difícil asimilación y debe transformarse para crear glóbulos rojos. Para esto, deberás consumirlo junto con alimentos ricos en vitaminas A, C, y betacarotenos, tales como acelga, espinaca, pasas, naranjas, etcétera. Por esto, las abuelas recomiendan comer las lentejas mezcladas con jugo de naranja.

Sangrado excesivo

El sangrado se considera excesivo cuando dura más de siete días o también cuando durante todos esos días es muy abundante, con la aparición de coágulos muy grandes. Debes indagar en la causa que lo provoca. Esto puede ser el aviso de un desequilibrio más profundo, que no has detectado. Existen algunas mujeres a las que el uso del dispositivo intrauterino (DIU) de cobre les provoca mayor sangrado. También se puede deber a la aparición de pólipos cervicales, infecciones pélvicas, fibromas uterinos, quistes ováricos o problemas en la glándula tiroides, entre otros. Si no es abordado a tiempo, este sangrado excesivo puede provocar anemia, debido a la gran pérdida de sangre.

Plantas medicinales

• *Hojas de frambueso*: infusión de una cucharada de hojas secas por taza. Bebe tres tazas diarias durante largos períodos.

• *Canela*, *clavo de olor*, *limón* y *miel*: mezcla de partes iguales en un litro de agua, en cocimiento durante cinco minutos. Bebe tres tazas diarias durante la menstruación.

• *Ortiga*: haz jugo con las hojas frescas para beberlo. Es vasoconstrictora y evita la anemia. Tómalo en ayunas. También tómala en infusión.

• *Llantén*: cocimiento (durante cinco minutos) de unas hojas, mezcladas con hojas de higuera, en un litro de agua. Bebe hasta tres tazas diarias.

• *Matico*: infusión de una cucharada de hojas secas por taza. Bebe tres tazas al día.

• *Hierba del platero*: infusión de una cucharada de hierba deshidratada por taza. Bebe hasta dos tazas diarias durante la menstruación.

• *Geranio*: infusión de una cucharada de hierba deshidratada por taza. Bebe tres tazas diarias durante la menstruación.

Recomendaciones alimentarias

• Incorpora las recomendaciones alimentarias que brindamos para todo el ciclo.

• Consume, además, alimentos ricos en vitamina C, semillas de sésamo (ricas en calcio), consume la cáscara de los cítricos: uvas, cerezas, naranjas, etcétera. Come dos puñados de semillas frescas de alfalfa cada día durante todo el ciclo (posee efecto antihemorrágico, además de vitaminas A, C, E y K, y betacarotenos, tiamina, rioflavina, complejo B y ácido fólico).

Período doloroso

El conocimiento y reconexión con nuestro ciclo menstrual es una herramienta efectiva de autosanación. El dolor que atormenta la menstruación posee diversos orígenes, sobre todo sociales y culturales. Es por esto que cada mujer deberá indagar en su propia historia y limpiarse de todos esos dolores impuestos. Honrar y amar tu cuerpo, sangre y útera, es un paso importante para ir sanando el origen que ocasiona el dolor.

Hay mujeres que pueden tener el útero invertido hacia el ano (*útero retrovertido*), lo que les puede ocasionar gran dolor al menstruar. También, los fuertes dolores se pueden originar por infecciones pélvicas o por padecer endometriosis.

El equilibrio emocional y la actividad física permanente, así como una alimentación saludable, serán claves para ayudarte a resolver este padecimiento.

Plantas medicinales

- *Anís*: infusión de media cucharada de semillas por taza. Bebe dos tazas al día.
- *Romero*: infusión de una cucharada de hojas frescas o media de hojas secas por taza. Bebe dos tazas al día.
- *Manzanilla*: infusión de una cucharada de cabezas de la flor por taza. Bebe tres tazas al día. O en tintura madre, hasta 10 gotas, dos veces al día.
- *Milenrama*: infusión de dos cucharadas de hierba deshidratada en un litro de agua. Comenzar a beber una semana antes de la menstruación y seguir durante el sangrado. Beber dos tazas al día.
- *Hojas de frambueso*: infusión de una cucharada de hojas por taza. Bebe tres tazas al día.

Recomendaciones alimentarias

• Incorpora las recomendaciones alimentarias que brindamos para todo el ciclo.

• Trata de no consumir proteína animal y lácteos.

• Evita la sal, el azúcar y los productos refinados (harina blanca y pan blanco).

• Consume alimentos ricos en potasio durante toda tu menstruación: frutas de jugo, melón, naranjas, vegetales verdes y papas, además de hojas de diente de león, por su función diurética y de descompresión de la pelvis.

• Incorpora alimentos ricos en magnesio: este mineral posee múltiples propiedades imprescindibles para el correcto funcionamiento de nuestra salud, y mejora el dolor menstrual, entre otros beneficios. Los alimentos que lo contiene son el cacao puro, los cereales integrales (no refinados), la avena, el maíz, la espinaca, el polen, el germen de trigo, etcétera.

• Come vegetales verde oscuros y naranjas de manera frecuente, antes y durante tu período menstrual.

• Mastica rizoma de jengibre: dilata los vasos sanguíneos y ayuda a la relajación de los músculos uterinos.

• Consume alimentos ricos en vitamina A: lechuga, espinaca, zanahoria, zapallo, ajo, cebolla, durazno, etcétera. Te ayudarán a reducir la tensión.

• Incorpora alimentos ricos en calcio: semillas de sésamo, algas, almendras, trigo, avena, avellanas, diente de león, etcétera. Te ayudarán a reducir la tensión y los calambres.

Ejercicios

- Baños calientes: pon una bolsa de agua caliente o un saco de semillas desinflamatorias y relajantes sobre el vientre.
- Mueve la pelvis de manera circular y gatea sobre el suelo para distender la zona del sacro.
- Regálate orgasmos: te ayudarán a disminuir el dolor y reducir la tensión.
- Anida y descansa el tiempo que sientas necesario.

Alimentación en el ciclo de la mujer

Todas las mujeres tenemos un reloj biológico, responsable de la ritmicidad de los ciclos. Como vimos, este ciclo está compuesto por cuatro etapas (preovulatoria, ovulatoria, premenstrual y menstrual), de las que son partícipes dos importantes hormonas: la hormona FSH y la LH. A continuación, podemos ver un cuadro explicativo de estas etapas y cómo podemos ayudar a la regulación de nuestro ciclo por medio de los alimentos.

<table>
<tr><th colspan="2">ETAPA PREOVULATORIA (O FOLICULAR)</th></tr>
<tr><td colspan="2">Comienza con la formación del folículo, elemento en forma de bolsa en el que el ovocito es almacenado hasta su maduración.</td></tr>
<tr><td rowspan="2">HORMONA LIBERADA</td><td>FSH. Su función es el crecimiento del folículo, que más adelante contendrá al ovocito, y este al óvulo.</td></tr>
<tr><td>Estrógeno-estradiol: hormona que favorece el crecimiento folicular y la maduración de los ovocitos, que pronto serán liberados.</td></tr>
<tr><td>ALIMENTOS</td><td>Incluir fitoestrógenos como soya, aceite de oliva, aceitunas, apio, cebada, brócoli, cerezas y ciruelas, pues contienen estrógenos naturales.</td></tr>
<tr><td>OTROS</td><td>Incluir alimentos con triptófano, aminoácido precursor de serotonina, pues esta regula los niveles de estrógenos: pasta, arroz, cereales y legumbres.</td></tr>
</table>

<table>
<tr><th colspan="3">ETAPA OVULATORIA</th></tr>
<tr><td colspan="3">Liberación del óvulo hacia el útero.</td></tr>
<tr><td rowspan="2">HORMONA LIBERADA</td><td rowspan="2">Estrógenos: siguen aumentando.
Comienza un aumento de la progesterona.</td><td>LH: da inicio al proceso de ovulación.</td></tr>
<tr><td>Progesterona: comienza a aumentar; prepara al endometrio para la recepción e implantación del embrión. También se da una disminución de los estrógenos.</td></tr>
<tr><td>ALIMENTOS</td><td colspan="2">Incluir alimentos que regulan y aumentan naturalmente la progesterona: carnes; alimentos ricos en zinc, como las legumbres y las carnes; papas y alimentos ricos en vitamina B6, como nueces, granos enteros y cereales integrales.</td></tr>
<tr><td>OTROS</td><td colspan="2">Incluir palta, aceite de maíz, legumbres y frutos secos, pues contienen un alto nivel de esteroles, compuestos con estructura similar a la del colesterol, que ayudan a reducir su absorción. También tienen como función bloquear la absorción de estrógenos y promover la de progesterona, ayudando a la regulación del ciclo en esta fase.</td></tr>
</table>

ETAPA PREMENSTRUAL (O LÚTEA)	
Liberación del óvulo maduro, que puede o no ser fecundado. Comienza lo que se conoce como "síndrome premenstrual" o manifestaciones premenstruales.	
HORMONA LIBERADA	LH
	Punto máximo en el aumento de la progesterona. Esto produce retención de agua y sodio en los riñones, lo cual se refleja en la acumulación de líquidos en los pechos y un pequeño incremento en el peso.
ALIMENTOS	Evitar carnes rojas, embutidos y ácidos grasos saturados (mantequilla, queso, frituras) porque afectan el sistema inflamatorio. Evitar también la cafeína y la teína porque aumentan el nerviosismo y la ansiedad. Incluir en la dieta alimentos con Omega 3 por su efecto desinflamatorio (pescado, nueces y almendras), además de alimentos ricos en fibra para evitar el estreñimiento (verduras de hojas verdes, betarraga, choclo y cereales integrales).
OTROS	Entre el 40 y el 90% de las mujeres presentan edema en diversos grados en esta fase. Alimentos como la sal se tienen que evitar pues ayudan a la retención de líquido, aumentando el porcentaje de edema.

ETAPA MENSTRUAL	
Desprendimiento del endometrio, lo cual provoca el sangrado. Día 1 del ciclo.	
HORMONA LIBERADA	Aumento de la FSH
ALIMENTOS	En esta fase, por el sangrado, disminuye la hemoglobina (proteína transportadora de oxígeno). Se debe aumentar el consumo de alimentos que contienen *hierro hemo*, al que podemos encontrar en alimentos de origen animal (carnes y huevos) y *no hemo*, presente en alimentos de origen vegetal (verduras de hojas verdes). Estos deben ser acompañados de alimentos altos en vitamina C para aumentar la biodisponibilidad en la absorción. También se deben consumir alimentos que contienen potasio para disminuir las contracciones, como naranja, alcachofa y perejil, y otros con Omega 3 por su efecto desinflamatorio, como pescado, nueces y almendras.
OTROS	No se recomienda el consumo de plátano, a pesar de su alto contenido en potasio, ya que es un alimento astringente, que puede llegar a producir constipación. Evitar, además, los lácteos porque, en general, producen hinchazón. El queso también es un alimento astringente.

Colaboración de Daniela Córdova, egresada en Nutrición.

CAPÍTULO IX

Las hormonas

NUESTRAS MENSAJERAS DE ENERGÍA

Las mujeres solemos oír hablar de las hormonas desde pequeñas. Todo el mundo comenta sobre ellas, sin explicar bien de qué se trata, y habitualmente se las presenta como algo preocupante; se nos hace creer que a través de nuestros ciclos vitales ellas necesitarán constantemente "ser controladas". Pero ¿qué son las hormonas? ¿Cómo funcionan? ¿Viven separadas de nosotras? ¿Son descontroladas? ¿Solo afectan y regulan nuestro órganos sexuales? ¿Invaden y desequilibran nuestras vidas? ¿Son naturales o sintéticas?...

La palabra "hormona" proviene del griego y significa "excitar o poner en movimiento". Se trata de sustancias químicas secretadas por las células de diferentes glándulas, denominadas "endocrinas". En las mujeres, las más eminentes son la glándula pineal, el timo, el páncreas y el ovario. Las hormonas se movilizan a través del torrente sanguíneo para ejecutar su acción, que implica generar un sistema de comunicación: son mensajeras entre todo nuestro organismo. De esta manera, movilizan información entre las células. Todo fluye a partir de la acción y el estado de nuestras hormonas. "Son mensajeras que orquestan la actividad de tus órganos, tus tejidos y tus células. Gobiernan todos los aspectos del funcionamiento humano, desde la digestión hasta la reproducción, desde el pensamiento hasta la acción"[1].

---

1 EDEN, D. y FEINSTEIN, D. (2012). *Medicina energética para mujeres. Alinea las energías de tu cuerpo para mejorar tu salud y vitalidad.* Barcelona, Obelisco, p. 108.

Comúnmente, los trastornos de salud denominados "hormonales" o "endocrinos" están relacionados a la existencia de un exceso (hiper-) o una baja (hipo-) hormonal. De ahí que varias enfermedades se denominan "hipertiroidismo", "hipotiroidismo", "hipopituitarismo", etcétera. Existe la creencia popular de que las hormonas solo afectan el sistema sexual y reproductivo. Sin embargo, esto es solo una parte de lo que regulan. Las mujeres no solo producimos hormonas en los ovarios y los hombres en los testículos. El sistema endocrino es uno de los mecanismos de control más importantes de nuestro organismo, junto con el sistema nervioso.

> Nuestras asombrosas glándulas endocrinas participan de alguna manera en prácticamente todo lo que hacemos. Levanta un párpado: fueron las hormonas que se aseguraron de que hubiera azúcar en la sangre para darle impulso al músculo. Córtate un dedo y las hormonas estarán ahí para ayudar a controlar la inflamación e impedir el paso de las infecciones[2].

Son muchas las funciones de las hormonas, pero podríamos resumir las principales acciones que ejercen en estos tres puntos:

1. *Homeostasis:* mantienen el equilibrio de todo el organismo a partir de la autorregulación, inhibiendo o estimulando procesos celulares.
2. *Reproducción:* preparan y estimulan las células sexuales femeninas para su posible reproducción y animan a las glándulas mamarias para la producción de leche materna.
3. *Desarrollo corporal:* inician y controlan el crecimiento.

---

[2] Ratcliff, J. D. (1962). "The Endocrine Glands: Centers of Control", en *Our Human Body*, Nueva York, The Reader's Digest Association, pp. 271-276.

Como vemos, las hormonas juegan un rol fundamental para el funcionamiento equilibrado de nuestra salud. Son altamente sensibles y tan solo una mínima falta o aumento puede generar desequilibrios que se manifestarán de diversas maneras, alterando nuestra salud.

Hormonas sintéticas

La ciencia se ha empeñado en la ambiciosa idea de controlar nuestras hormonas. El ejemplo más potente es la invasión de hormonas que reciben las mujeres en su menopausia. Fue demostrado que generan más daños que ayuda a su salud, al engañarlas y hacerles creer que el cese de la menstruación inicia un período que precisa de medicación (ver el capítulo XII, sobre la plenopausia).

El gran error de la ciencia es querer controlar la Naturaleza y hacernos creer que esta siempre necesitará ser domesticada o regulada. La medicina suele estandarizar a todos los seres al creer que la cura empleada para una persona resultará efectiva en el resto, dejando de lado miles de aspectos importantes (raciales, culturales, emocionales, psicológicos, alimenticios, etcétera) que definen la salud de cada persona en un momento determinado. Con la terapia hormonal sucede lo mismo: lo que puede ser aplicado en una mujer y dar excelentes resultados (escondiendo, quizás, efectos secundarios), en otra persona puede ser fatal. Los efectos colaterales de las hormonas sintéticas pueden ser muy graves, dado que nuestros trillones de hormonas son únicas y dependen de nosotras mismas, de nuestra alimentación, de nuestra información genética, de nuestro estado de ánimo, etcétera. Es un desafío complejo para la medicina querer estandarizar nuestras hormonas para que se regulen como un reloj, además de una locura, sobre todo porque trata de ordenar nuestras "alborotadas" hormonas, cuando en el fondo ellas no son más que una muestra medible de la forma en que nosotras mismas somos o estamos "alborotadas": nuestra energía estancada y no expresada, nuestra casa maltratada que está intentando expresar una dolencia. En palabras de Néstor Palmetti, "dicho contexto lo generamos únicamente nosotros y nuestro estilo de vida"[3].

La tiroides

Las mujeres, hoy en día, sufrimos una larga lista de padecimientos relacionados al "desequilibrio hormonal". Por ejemplo, los desajustes en la glándula tiroides aumentan cada día. Según estadísticas médicas, las mujeres sufrimos siete veces más este tipo de padecimiento que los hombres.

La tiroides se localiza en el quinto chacra, ubicado en la garganta (*Vishuddha*), el centro de la comunicación y de la expresión: un lugar que nos invita a decir verdades y querer escucharlas, el lugar de la autoexpresión y un pasaje para los mundos externos e internos. Cuando este centro energético se ve afectado, *Vishuddha* nos invita a restablecer la armonía con claridad y expresión para encontrar la paz y el equilibrio.

Las muchas represiones que vivimos las mujeres y nuestra tendencia a complacer al resto nos llevan a no expresar nuestras necesidades y deseos. Es curioso que "tiroides" deriva de la palabra griega *thyreoeides*, que significa "con forma de escudo". ¿Será que el escudo explota de tanto recibir...?

Lo mismo ocurre con diferentes padecimientos relacionados a nuestras glándulas endocrinas, como nuestros ovarios, los

3 Palmetti, N. (2008). *Cuerpo saludable*. Córdoba, edición del autor, p. 20.

que hoy en día vemos muy afectados por el conocido "síndrome de ovario poliquístico" (ver el capítulo VII, sobre nuestro útero).

Donna Eden, coautora del libro *Medicina energética para mujeres*, resalta la importancia de comprender el valor de las hormonas en nuestras vidas. Si desde niñas a las mujeres nos enseñaran sobre su tránsito energético y sus capacidades, muchas de las enfermedades endocrinas femeninas serían evitadas. Para esto, ella promueve comprender cómo tu energía le dice a tus hormonas qué hacer: "Los campos energéticos son fundamentales para emitir las señales que hacen que esta enorme comunidad de tomadoras de decisiones trabaje en armonía"[4]. Es así como en su trabajo podemos reconocer una larga lista de ejercicios prácticos para danzar en equilibrio con nuestras hormonas.

Pubertad precoz

Otra problemática relacionada a las hormonas es el desarrollo precoz en la infancia. Son comunes los casos de niñas cuya primera menstruación se adelanta por causas naturales, ante lo cual algunas/os médicas/os recomiendan a padres y madres detener este proceso para evitar que el crecimiento de las niñas se vea alterado. ¿Qué solución nos entrega la medicina? Hormonas inyectables para detener drásticamente aquel crecimiento que por diversos motivos ya ha empezado, aun desconociendo esas causas y sus efectos. Esto provoca que se detenga también el crecimiento en altura y, a largo plazo, que la menopausia de estas niñas se adelante, lo cual podría afectarlas si deciden ser madres a una edad madura. Todos estos son asuntos debatibles y que hasta el momento siguen en estudio.

4 Eden y Feinstein (2012), obra citada, p. 112.

Para mí, es muy cuestionable querer detener un proceso que ya se ha desencadenado, sea por los motivos que fuera, descartando que este crecimiento precoz sea ocasionado por un tumor. No veo la necesidad de hacerlo. Para el doctor Ruediger Dahlke, la pubertad precoz, a nivel psicológico, se explica así:

> Nos enfrentamos al problema de que situaciones como el crecimiento emocional no son vividas a nivel de la conciencia y, por lo tanto, el cuerpo se ve obligado a vivirlo y expresarlo. Todo lo que nos negamos a vivir emocional o mentalmente, el cuerpo acaba experimentándolo de una manera u otra[5].

También agrega otra variable preocupante, que es la contaminación lumínica a la que nos vemos sometidos/as en las sociedades modernas, que afectaría la creación natural de melatonina en el organismo. Esta "normalmente bloquea las hormonas sexuales. Sin suficiente melatonina, las hormonas sexuales alcanzan sus más altos niveles demasiado pronto"[6]. Por eso, es importante seguir los ritmos de la Naturaleza: despertar con la luz del sol y descansar sin iluminación por la noche. Es ideal evitar hacer dormir a los niños y niñas con luz artificial encendida.

Me preocupa el agitado ritmo de vida que hace que niños y niñas crezcan rápidamente, sin vivir cada proceso y etapa a su debido tiempo. La sociedad, en su obsesiva competencia, sobrevalora la "inteligencia" e incita a los niños y niñas de poca edad a desarrollar capacidades correspondientes a edades mayores para que sean "adelantados/as". Es un orgullo si nuestro/a hijo/a utiliza ropa dos tallas más grande, si habla antes de tiempo, si aprende a leer tempranamente, etcétera.

---

5 Morales, M. (2012). "La salud también es contagiosa", entrevista a Ruediger Dahlke, 4 de marzo, disponible en <www.pensamientoconsciente.com>.

6 Ídem.

En la dinámica de la competencia y el orgullo, hacemos crecer a nuestros hijos e hijas a un tiempo apresurado. La televisión, la publicidad, las empresas de suplementos alimentarios, etcétera, ayudan en esto. Todas promueven el crecimiento y aumento de la "inteligencia" y de sus capacidades…

Ahora, ¿qué nos está diciendo el crecimiento precoz de un niño o niña? Leamos lo que su cuerpo está manifestando, escuchemos sus necesidades... esto justamente ocurrirá en una etapa de transición importante de niño/a a adolescente. Pero a las niñas nos ocurre que de pequeñas nos mandan a convertirnos en mujeres (disponibles para ser madres) de un golpe. Escuchemos y abracemos los procesos de nuestras hijas, que no serán nada fáciles. Ya hemos visto que las hormonas son una energía que nosotras mismas tenemos la capacidad de movilizar.

Mejorar la alimentación jugará un rol fundamental en este caso, así como eliminar de nuestro hogar productos químicos y de cosmética que contengan alteradores hormonales.

Una terapia interesante es el Yoga, técnica que ayuda a equilibrar el sistema hormonal trabajando con la glándula pituitaria, responsable de nuestra homeostasis. Dinah Rodrigues ha publicado muchos libros que enseñan a desarrollar Yoga Terapia Hormonal (YTH) para diferentes desajustes a lo largo de los ciclos femeninos.

Alteradores hormonales o disruptores endocrinos

Ya sabemos que las hormonas son las responsables de muchas modificaciones en nuestra salud, pero poco se habla de los agentes externos que las modifican, que nos invaden a través del aire, la comida, el agua, etcétera, ocasionando daños a nuestra salud y a todo el ecosistema que nos rodea. ¡Pero calma! Como solución existen comprimidos sintéticos para regularizar todo el caos provocado. Las mujeres los tomamos a destajo, y una gran parte se va en la orina hacia los ríos y mares, afectando todo el ecosistema marino…

Toda la Naturaleza está siendo modificada a partir de las hormonas que contaminan el medio ambiente,

> conocidas como "alteradores hormonales" o "disruptores endocrinos" (EDC, por sus siglas en inglés). Son sustancias que se pueden encontrar en alimentos, productos y artículos de consumo de uso habitual [...], que poseen una gran incidencia en enfermedades del sistema reproductor (infertilidad, malformaciones, pubertad precoz, etcétera), en el cáncer (de ovarios, mama, testículos, tiroides) y en las enfermedades neurológicas y metabólicas (síndrome metabólico, obesidad, diabetes)[7].

Además, ocasionan graves daños a la fauna silvestre.

Entre los alteradores hormonales se encuentran[8]:

- Compuestos Orgánicos Persistentes (COP): sustancias organocloradas (PCB, dioxinas, HCB), perfluoradas (PFOS, PFOA), bromadas (PBB, PBDE), etcétera.

---

7 Romano Mozo, D. (2014). "Sustancias que alteran el sistema hormonal", en *Ecologistas en Acción*, cuaderno nº 23, junio, p. 5.

8 La lista de alteradores hormonales fue extraída de la obra citada de Mozo.

- Componentes plásticos: ftalatos (BBP, DBP, DEHP, etcétera) y Bisfenol-A.
- Componentes de detergentes: alquilfenoles (nonilfenoles, octilfenoles, etcétera).
- Ingredientes de cosméticos, productos de higiene y fragancias sintéticas: parabenos, triclosan, filtros UV (BP2, BP3, 4MBC, OMC), almizcles (MX, MK, HHCB, AHTN).
- Plaguicidas, biocidas y herbicidas: organoclorados (DDT, hexaclorobenceno, clordano, clordecona, mirex, toxafeno, lindano, linurón, acetoclor y alaclor), organofosforados (paration, malation, clorpirifos, diazinon, diclorvos), carbamatos, piretrinas y piretroides, herbicidas (glifosato, atrazina), fungicidas (vinclocin y otros), etcétera.
- Disolventes: estireno, percloroetileno, triclorobenceno, resorcinol, parafinas cloradas, etcétera.
- Metales y metaloides: plomo, cadmio, níquel, mercurio, compuestos organoestánicos, arsénico.

Como vemos, estamos rodeados de alteradores hormonales que nos modifican. No es fácil escapar de ellos pero tampoco es imposible. Con pequeños cambios podemos ir eliminándolos de nuestras vidas. Modificar nuestra alimentación es un paso básico, empezando por eliminar las grasas saturadas, el azúcar refinada y la carne de ganado, pollo y cerdo que es intervenida con hormonas de crecimiento. Por ende, los derivados lácteos también están afectados. Se deben evitar, asimismo, las verduras enlatadas y la soya transgénica. También todos los productos de cosmética que contengan alguno de los ingredientes arriba nombrados. Puedes leer las etiquetas de los alimentos y los productos de aseo e higiene personal para saber de qué están compuestos. Por otro lado, el ejercicio físico y energético será fundamental para el equilibrio de tus hormonas: implementar Yoga o Tai chi en la rutina diaria nos ayudará a la armonía de nuestras mensajeras de energía para todos nuestros ciclos vitales.

Equilibrar nuestras hormonas

Como hemos visto, los desórdenes hormonales puede ser producto de muchos factores. Por eso, siempre será bueno indagar en qué es lo que los está originando. ¿Una alimentación deficiente? ¿La menopausia? ¿Las píldoras anticonceptivas? ¿Cambios abruptos de peso? ¿Estrés? ¿Depresión? ¿La contaminación?

Síntomas

- Ausencia de la menstruación.
- Cambios de flujo menstrual: o muy abundante o insuficiente.
- Ciclos menstruales más largos o más cortos (tener la menstruación cada diez a doce días, o cada treinta y cinco a cuarenta y cinco días).
- Menstruaciones dolorosas, con pinchazos y calambres.
- Cambios de humor, irritabilidad y sensibilidad.
- Dejar de tomar las pastillas anticonceptivas o inyecciones hormonales produce grandes alteraciones al organismo de la mujer, que pueden durar meses, hasta que el sistema se regularice por sí solo y se desintoxique de las hormonas artificiales.

Plantas medicinales para equilibrar nuestras hormonas

- *Artemisa:* cocimiento de las hojas y flores secas en agua durante cinco minutos. Beber una taza al día.
- *Regaliz* (raíz), *hoja de frambueso y rosa:* cocimiento de las hojas y flores secas en agua durante cinco minutos. Bebe una taza tres veces al día. Haz este tratamiento durante seis semanas, descansa tres semanas y comienza de nuevo las veces que sea necesario.

CAPÍTULO X

Fertilidad

SEMILLAS CREADORAS EN EXPANSIÓN

«Y la luna se mueve al ritmo de nuestras candentes úteras».

No cabe duda de que desde siempre las mujeres tuvimos el conocimiento relacionado a nuestra fertilidad y fuimos conscientes de nuestra directa relación con los ciclos lunares. Es tan extraño creer que no sabemos nada de nuestra fertilidad... es como pensar que una semilla no tiene memoria de su ciclo vital. Quizás pasó con nosotras lo mismo que sucede con una semilla transgénica al borrarle su memoria ancestral: aquella pulsión instintiva y natural, de saberes, de ciclos y de fluidos corporales, fue cortada por diversos factores sociales durante el largo patriarcado. Sin embargo, hoy existe una tendencia de mujeres que sienten un llamado para volcarse al rescate de aquellos conocimientos despojados, que siguen latentes, tan solo a la espera de un llamado para su erupción.

El proceso conocido como "caza de brujas", acontecido en Europa Central a inicios de la Edad Moderna, fue un hecho social y político muy simbólico que nos marcaría hasta hoy en día. Miles de mujeres fueron aniquiladas por verse un paso más adelante en su autonomía social y, particularmente, sexual. La "quema de brujas" fue solo una excusa para acabar con la potencial sabiduría que tenían algunas *mujeres-medicina* sobre la vasta sexualidad de la mujer.

> Durante siglos, las mujeres fueron médicas sin título; excluidas de los libros y la ciencia oficial, aprendían unas de otras y se transmitían sus experiencias entre vecinas o de madre a hija. La gente del pueblo las llamaba "mujeres sabias", aunque para las autoridades eran brujas o charlatanas[1].

Ellas asustaban al poderío religioso y fueron injustamente demonizadas para ser despojadas de su sabiduría. No tenían derecho de manejar esos saberes y mucho menos podían ser "líderes femeninos" quienes difundían esos conocimientos. Eran un potencial peligro para la sociedad de la época.

Aquella práctica se expandió por el mundo como un ejemplo de lo que sucedería con quienes no acataran las reglas morales y religiosas. Llegó hasta nuestra tierras con el proceso de colonización en América, y en nombre de la Santa Iglesia Católica se satanizó todo lo que no perteneciera a sus creencias. Así fue como nuestra sabiduría ancestral indígena fue exterminándose y volcándose al cristianismo y a la adoración ya no de la Pachamama, Madre Tierra, sino de la imagen de una mujer (virgen) fría y triste, María, la madre de Jesús.

Y aunque suene penoso, hoy en día todo lo relacionado a nuestra sabiduría indígena aún sigue siendo catalogado como "brujería" en un mal sentido, y es desvalorizado por la sociedad.

En la androcéntrica medicina existe un desprecio por el conocimiento empírico que poseen las mujeres sobre su propia sexualidad. Se los consideran saberes de poca efectividad o ciertamente inútiles, "cosas que las mujeres más bien se imaginan". Permanecen estigmatizados y catalogados de subjetivos y poco válidos, lo que hace que en el imaginario sociocultural

---

1 Ehrenreich, B. y English, D. (1981). *Brujas, parteras y enfermeras. Una historia de sanadoras*. Barcelona, La Sal, p. 4.

se aleje aún más a las mujeres de la conexión con su sexualidad y fertilidad.

La imposición del hombre como único ser sabio en la medicina (actualmente, los varones siguen siendo mayoría en las aulas de medicina en Occidente) hizo que nuestra sabiduría femenina fuera relegada a manos de estudios y experimentos del patriarcal ojo científico.

Hoy vemos que pocas mujeres comprenden el funcionamiento natural de sus propios cuerpos y de sus evoluciones cíclicas cada mes. Pareciera que aprender sobre fertilidad está limitado a la anticoncepción. Con los variados métodos que exclusivamente entrega el mercado farmacéutico, es claro que no es conveniente educar a la población, sino más bien hacerla consumir y depender de sus fármacos.

Reconocer nuestra fertilidad es una práctica mucho más amplia que exclusivamente aprender sobre anticoncepción. Sabernos fértiles, o menos fértiles en nuestro ciclo vital, es una herramienta que nos puede llenar de salud, libertad y autonomía de por vida.

ANTICONCEPCIÓN

La píldora anticonceptiva se inventó apenas hace cincuenta años, cuando generó una revolución en el ámbito de la "liberación" sexual de la mujer. Si bien abrió nuevos horizontes para la planificación de la natalidad y, por ende, para la independencia familiar y económica de las mujeres, al mismo tiempo se dio un paso atrás sobre el autoconocimiento de la fertilidad, como dice la experta en ciclo menstrual Alexandra Pop, coautora del libro *The Pill: Are you sure it's for you?*:

> Hoy en día, la píldora todavía se promociona como una forma de "controlar nuestra vida". Lo irónico es que no solo "no controlas", sino que estás controlada por un medicamento. El verdadero sentido de "llevar el control" procede de conocer cómo funciona nuestro cuerpo valorando los cambios mensuales rítmicos como oportunidades de autodescubrimiento y cuidado propio, así como de acceso a las profundas fuentes de poder que el ciclo nos revela. ¡Eso es la verdadera libertad![2]

La píldora es un compuesto químico que posee sustancias hormonales sintéticas que actúan como si fueran estrógenos y progestágenos en nuestro organismo para impedir que se produzca la ovulación, alterando la mucosidad del cérvix (que lubrica, ayuda y protege a los espermatozoides a subir por el útero hasta las trompas). Al modificarlo, provoca una especie de tampón espeso que hace que el acceso de los espermatozoides sea más dificultoso. También actúa sobre las paredes del útero (endometrio) evitando que este anide un posible óvulo fecundado. Cabe destacar que actualmente es el método más utilizado por las mujeres a nivel mundial, aunque no protege contra las infecciones de transmisión sexual (ITS), por lo que no debiera despreocuparse ese aspecto. Este medicamento, como cualquier otro, puede perder su efectividad si es administrado al mismo tiempo con otro medicamento, sobre todo con antibióticos. También, si sufres de vómitos o diarrea al cabo de un par de horas de haberla ingerido, la píldora puede haber sido eliminada... Si estás pasando por algún padecimiento o tomas una medicación de manera crónica, deberás averiguar sus posibles interacciones y/o utilizar un método de barrera para protegerte durante el tratamiento.

---

2 Entrevista por María Sánchez en *Revista BioCultura*, *39*(6).

Las diferentes alternativas de métodos anticonceptivos que existen son:

- *De barrera*: preservativo masculino, diafragma, esponjas vaginales, condón femenino.
- *Dispositivo intrauterino* (DIU): en forma de "T", de cobre.
- *Químicos / hormonales*: píldoras anticonceptivas, método subdérmico, anillo vaginal, espermicidas, inyección hormonal, parche transdérmico y píldora del día después.
- *Quirúrgicos*: vasectomía y ligadura de trompas.
- *De planificación familiar (naturales)*: coito interrumpido (eyaculación del semen fuera de la vagina), método del ritmo, método de temperatura basal, método Billings, método sintotérmico, amenorrea de la lactancia y fertilidad consciente, entre otros.

La variedad es significativa. Sin embargo, las gestaciones no deseadas siguen representando una gran problemática social en el mundo. Los diversos métodos anticonceptivos de barrera y hormonales, que suelen ser los más utilizados, no son 100% efectivos, además de que no son accesibles económicamente para toda la población en distintos rincones del planeta y de que pueden generar ciertas reacciones alérgicas, incomodidad o efectos secundarios, adicionales a su falta de protección contra las ITS.

Frecuentemente recibo consultas de mujeres en busca de información para poder abandonar diferentes métodos hormonales, con la intención de encontrar una alternativa natural para la regulación de su fertilidad. Ellas desean un cambio debido a la disconformidad que les provocan estos métodos, pues presentan consecuencias negativas a corto plazo (depresión, cambios de humor, sequedad vaginal y disminución de la libido, entre otras), así como tantas otras a largo plazo silenciadas por la industria farmacéutica.

Podemos ver que las hormonas sintéticas transforman muchos de los procesos que acontecen de manera natural, convirtiendo todo el ciclo menstrual en un ciclo "artificial", ya que inducen a una "menstruación falsa". Como un "placebo" a nivel psicológico, la medicina intenta que la mujer vea sangre en algún momento del ciclo. Se suele decir que estos químicos "regulan" la menstruación, pero realmente el ciclo menstrual no está ocurriendo, es solo una fantasía.

Quiero aclarar que, a pesar de que pienso que los anticonceptivos hormonales tiene efectos adversos en la salud de las mujeres y en el planeta, comprendo y respeto que se utilicen porque es una opción y suele ser la más cómoda y segura para la mayoría. Mi cuestionamiento va dirigido hacia la importancia que tiene el informarse y conocer conscientemente qué es lo que nos estamos echando al cuerpo y al gran cuerpo de nuestra Madre Tierra, y lo maravilloso que es, al mismo tiempo, conocer y conectarnos con nuestra propia fertilidad.

Conoce tu fertilidad

Ante el enorme vacío en cuanto al conocimiento de nuestra propia fertilidad humana, las personas suelen no tener confianza en la efectividad de los métodos naturales, principalmente porque estos nos invitan a hacernos cargo de nosotras mismas y nos ponen ante el desafío de tener que conectarnos con nuestra fisiología de manera natural. A muchas mujeres esto puede resultarles trabajoso, mientras que otras ni siquiera saben que existe esta posibilidad.

Culturalmente, deberíamos empezar a escuchar y entender nuestra naturaleza cíclica. La medicina nos acostumbra a atestarnos de medicamentos sin enseñarnos cuáles son sus contraindicaciones. ¿Le has preguntado alguna vez a una mujer mayor (a tu abuela, por ejemplo) cómo controlaba su fertilidad? Pues es una pregunta muy interesante.

Es real que al conectarnos con nuestros cuerpos cíclicos podemos conseguir una fertilidad consciente, es decir, entendernos y sentirnos desde adentro, reconociendo nuestros deseos y ritmos, asimilando que somos ovarios que ovulan, semillas fértiles, útera que nutre y anida, sangre, humedad, fluidos guardianes, etcétera… que somos capaces de dialogar con nuestra naturaleza, que podemos fluir conscientemente con ella en equilibrio, sin necesidad de dañar nuestra salud sexual ni alterar nuestras sutiles hormonas.

Con práctica y paciencia puedes reconocer cada cambio en tu ciclo hormonal y llegar a entender qué es lo que te está sucediendo y qué parte del ciclo estás transitando. Con el paso del tiempo, tú sola comprenderás las manifestaciones de tu fertilidad, ya que tu cuerpo, mente y espíritu dialogarán instintivamente y tu conciencia corporal advertirá qué te sucede y qué es lo que necesitas.

¿CUÁLES SON LAS VENTAJAS DE UN MÉTODO NATURAL DE CONTROL DE LA FERTILIDAD?

- Promueve el autoconocimiento.
- No genera efectos secundarios.
- Estimula la comunicación, exploración y creatividad sexual con la pareja.
- No causa daños en un futuro reproductivo y será más fácil planificar una gestación deseada.

• No requiere una inversión económica.

• No daña tu cuerpo ni la ecología del planeta.

CONSEJOS PARA CONOCER TU FERTILIDAD

• Es importante que conozcas tu ciclo menstrual, ya que todas las mujeres vivimos ciclos distintos. Para esto, te recomiendo estudiar el capítulo VIII, sobre el ciclo menstrual.

• Anota y registra todo lo que te sucede sexual y afectivamente en cada ciclo, para luego analizar las variaciones cada mes e ir reconociendo tus fases.

• Aprende de los ciclos lunares. Este ejercicio te servirá para conectarte con la luna y con tus propias energías cíclicas. Para más información sobre este punto, también revisa el capítulo VIII.

• Experimenta y presta atención a tu flujo vaginal y al moco cervical, ya que cambia durante todo el ciclo, permitiéndote así reconocer tu ovulación o no, según sus características. Puedes examinarlo y ver si su consistencia denota un estado fértil (ver más adelante).

• Pon atención a tus sueños y fantasías. Estos suelen ser indicadores potentes de fertilidad.

• No dudes de tu fertilidad porque estés utilizando métodos anticonceptivos naturales y no quedes en gestación. ¡Esto simplemente funciona!

ABANDONAR LAS HORMONAS SINTÉTICAS

Consejos para la transición

1. Tener paciencia para la desintoxicación:

   Después de abandonar la píldora anticonceptiva, así como cualquier otro método hormonal, es muy posible que experimentes un período de desequilibrios hormonales. Estarás alborotada y con las emociones en el limbo de la intensidad, por lo que es común que el ciclo menstrual se altere: que la sangre desaparezca o que comience a durar muchos días, abundante o escasa, que te sientas irritable o sensible, o que te aparezcan granos, entre muchas otras cosas incómodas. Este es el período de desintoxicación, durante el que tendrás que buscar un método alternativo de contracepción, como el uso del condón, para no arriesgarte a una gestación no deseada. Durante este período, muchas mujeres creen estar volviéndose locas y es ahí donde muchas retroceden en búsqueda de la regulación a través de su antiguo método, porque creen que este período será eterno... pero no, con trabajo y consciencia todo se irá equilibrando de a poco. Debemos tener paciencia con las transformaciones que nuestro cuerpo y emociones necesitarán.

2. Zambullirse en el conocimiento de nuestra sexualidad cíclica:

   La sabiduría de conocer tu ciclo menstrual es maravillosa. Si no sabes nada, comenzarás a recordar de a poco... Tu cuerpo es sabio, y mientras te vayas reconociendo, te irás conectando de a poco con las etapas de tu ciclo. Conocerlo paso a paso es un punto básico para poder entender y fluir con nuestra fertilidad de manera consciente. Al comprender esto, será mucho más fácil optar por un método de planificación natural.

A modo de resumen

Las mujeres transitamos cuatro etapas cada mes. Se dice que somos cuatro mujeres distintas que necesitan entenderse y ser entendidas. Pero al fin y al cabo, somos UNA, que debe fluir conscientemente con sus deseos y necesidades. Ante esto, ¡autoconocimiento, amor propio, escucharse y sentirse!

El ciclo se inicia con la menstruación. Luego vienen los períodos preovulatorio, ovulatorio y premenstrual. Y vuelta a empezar. Estos cuatro períodos, que vivimos en los niveles físico, emocional y espiritual, son alterados por las hormonas sintéticas y el ciclo se regulariza a períodos establecidos. Al inhibir la ovulación, se suprime parte importante de nuestra libido sexual, por lo que nos perdemos de disfrutarla, como también de todo lo que transitamos con nuestras hormonas cíclicas al ritmo de la luna, de las mareas, de las estaciones, etcétera. De esta manera, nuestro ciclo se convierte en un reloj recto, preciso y establecido. Creemos ser fértiles veintiocho días al mes, sin saber que solo somos fértiles veinticuatro horas UNA vez al mes[3].

Bucea en tu fertilidad

Si ya superaste los puntos mencionados para la transición, puedes dar el siguiente paso para ir reconstruyendo el *puzzle* de tu fertilidad y nadar en esto de los ciclos, los fluidos, las hormonas, de ser una con tu naturaleza.

El período de ovulación es la fase en la que te encuentras más fértil. Presta especial atención a todas las transformaciones,

---

[3] Seguro que estás deseando comprender en profundidad las cuatro fases. Para eso, recomiendo que te sumerjas en la lectura de *Luna roja: los dones del ciclo menstrual*, de Miranda Gray (Buenos Aires, Gaia, 2003), una experta en el tema. Asimismo, revisa el capítulo VIII, sobre el ciclo menstrual.

tanto físicas como emocionales, que irás atravesando durante esta etapa. ¡Sacude tu naturaleza adormecida! Necesitarás escucharte, observarte y, sobre todo, sentirte para conectarte con las manifestaciones de tu fertilidad.

Las sensaciones físicas que puedes sentir durante la fase de ovulación son las siguientes: en cuanto a los genitales externos, los labios mayores y menores de la vulva pueden encontrarse más abiertos y exuberantes. El moco cervical será más abundante, acuoso, líquido y, sobre todo, elástico. Se asemejará a la clara de huevo. Será de color blanquecino o transparente y de sabor dulce o alcalino. También podrás encontrar un poco de sangre o restos de tejidos en el moco cervical.

Reconoce tu moco fértil[4]

Flujo	Fértil	No fértil
Apariencia	Acuoso, líquido, elástico	Seco, pegajoso, cremoso
Sabor	Dulce, alcalino	Salado, ácido
Color	Blanquecino o transparente	Blanco
Cantidad	Abundante	Escaso

Nota: ver más adelante la ilustración del método del moco cervical o "método Billings".

4 García Paniagua, J. y Vargas Casarola, N. (2007). *Ciclos femeninos y fertilidad consciente*. México, edición de las autoras, p. 41.

¿Cómo revisarlo?

Deberás introducirte un dedo apenas en la entrada de la vagina y tomar una muestra. Luego, compara y recuerda cómo ha sido tu flujo vaginal los días y semanas anteriores. Si notas que es más abundante y elástico ahora, entonces estíralo con tu pulgar y dedo índice. Si se estira y no se corta, como una clara de huevo, puedes estar en presencia de moco cervical fértil. Otra prueba es poner tus dedos con el moco en el agua. Este no se disuelve en el agua, a diferencia del flujo vaginal común que existe durante el resto de nuestro ciclo, que se disuelve rápidamente.

También puedes revisar tu cérvix como complemento. Chequea más adelante el "método de palpación cervical". Además, revisa el proyecto <www.beautifulcervix.com>, donde podrás encontrar diversas imágenes de diferentes cérvix y de su flujo vaginal en cada etapa del ciclo, en mujeres de diversas edades y atravesando distintos estados de salud.

Energías de la ovulación

Durante la ovulación, puedes experimentar leves punzadas en el área pélvica, siempre a un lado (derecho o izquierdo). Esto se debe a la ruptura del folículo para la salida del óvulo. También puedes percibir sensibilidad en el busto, estreñimiento, sudoración, y sentir la piel y el cabello más grasosos.

Emocionalmente, te sientes segura y confiada, con mucho cariño para entregar y ganas de proteger a quienes amas. Energéticamente, puedes experimentar una alta autoestima: te sientes más bonita y radiante, así como también más cariñosa y sociable. Aumenta tu deseo sexual, abundan los sueños vívidos y eróticos... Dale rienda suelta a tu imaginación y ¡disfrútalo!

La mucosidad se altera

Hay varios factores por los cuales la mucosidad natural se puede alterar: una alimentación deficiente, estrés, el uso de píldoras hormonales y, en especial, el abuso de medicamentos. También el semen, los desodorantes vaginales, las toallas y tampones desechables y los aromatizantes, entre otros, pueden provocar la aparición de hongos vaginales, padecimiento muy común que altera por completo la mucosidad, haciendo difícil reconocer cuándo es fértil. Es importante considerar varias herramientas, así como métodos de control de la natalidad (que veremos más adelante), para no perder el norte de nuestra fertilidad y tener siempre dónde apoyarnos para llevar un registro permanente.

Un calendario que nos acompañe

Lleva un registro constante de todo lo que percibes durante tu ciclo. Es fundamental conocerlo con todas sus respectivas fases para que te sea más familiar reconocer tu fertilidad. Una vez registradas todas tus fases, concéntrate en reconocer ciertas características que identifican el período de ovulación, que suele manifestarse por los siguientes signos.

Sensaciones físicas

- Dolor (leves punzadas) en el área pélvica al lado izquierdo o derecho
- Aumento de la temperatura basal (ver más adelante, "método de temperatura basal")
- El cuello del útero se pone alto, blando, húmedo y el *Os* sutilmente más abierto (ver más adelante, "método de palpación cervical")
- Sensibilidad en las mamas

- Retención de líquido
- Estreñimiento
- Aumento de la sudoración
- Piel y cabello más grasosos
- Vulva un poco más hinchada
- Aumento del moco cervical
- Aumento del deseo sexual, y de fantasías y sueños eróticos.

Estos suelen ser los síntomas más comunes advertidos por las mujeres, aunque hay quienes suelen sentir síntomas de incomodidad, desde náuseas, cefaleas y sangrado hasta dolor abdominal intenso en su ovulación. Habrá que revisar aquellos casos para saber bien de qué se trata.

A pesar de estas cuestiones generales, no me gusta estandarizar la naturaleza de nadie. Por esto, idealmente debes "conectar" y luego sabrás qué es lo que te ocurre específicamente cuando ovulas. Quizás sientas la necesidad de comer ciertos alimentos, de practicar algún deporte, de ver películas eróticas, de tocarte y masturbarte más, etcétera. ¡Tú eres única! ¡Descúbrete!

¿Cómo registrar el ciclo?

Anota con palabras, símbolos y colores todo lo que creas necesario: cómo te sientes física, emocional y espiritualmente. Toma nota desde el primer día de tu menstruación (día 1) en adelante, para que te sea más fácil ordenarte. Registra tu energía sexual, tus flujos, tus sensaciones de ovulación, etcétera. Observa tus cambios y compáralos con las fases de la luna. Después de un par meses, podrás ver una secuencia de conductas que serán de mucha utilidad para tomar ciertas decisiones y fluir sabiamente con tu ciclo.

• *Ciclo sexual*: anota el primer día de tu menstruación, que será el primer día de todo tu ciclo, y marca la finalización del sangrado.

• *Fluidos*: todo lo que sale de la vagina durante el ciclo es llamado "flujo vaginal". Sin embargo, cerca del momento de la ovulación aparece el "flujo cervical fértil". Marca los días en los que percibas mayor cantidad de flujo. Registra la cantidad, elasticidad, textura, acidez, color y espesor.

• *Ovulación*: marca con algún símbolo los días que percibas una posible ovulación. La puedes sentir de diversas maneras. Con la ayuda de la evaluación de tu flujo cervical, la aparición de leves punzadas en el área pélvica, una extra sensibilidad en el busto, el aumento del deseo sexual y las otras manifestaciones antes mencionadas, y con la práctica y experiencia del tiempo, podrás ir reconociendo esta fase.

• *Estado sexual*: anota los días en que te sientes con mayor deseo sexual, así como con más sueños y fantasías. Este registro te ayudará a percibir una posible ovulación e identificar las fases del ciclo que estás navegando.

• *Encuentros amorosos*: marca los días en que tengas relaciones sexuales, si fue con penetración, eyaculación por parte del hombre, coito interrumpido, condón, etcétera. La anotación de estos encuentros te ayudará a mantener un registro y control de la natalidad[5].

[5] Estas son solo referencias de cómo registrar fases y transformaciones relevantes en tu ciclo. Te recomiendo que, además, escribas cualquier idea o pensamiento que puedas considerar importante: sueños, estado de salud, si tuviste que tomar medicamentos, etcétera.

Prácticas sexuales no reproductivas

Muchos métodos de planificación familiar promueven la abstinencia sexual durante los días fértiles como un ejercicio que otorga mayor seguridad. Esta es una opción bastante segura. Sin embargo, me hace preguntar qué sentido tiene abstenerse cuando mantienes una vida sexual activa… qué sentido tiene cuando tu libido está actuando de manera increíble… Mi respuesta es que debemos desarticular este sistema de educación sexual patriarcal que nos enseña a vivir nuestra sexualidad de una manera falocéntrica y agresivamente pornográfica[6].

Podemos disfrutar de nuestras fantasías y deseos si nos permitimos vivir de nuestra sexualidad más allá de lo normativamente establecido. Una vez que logras identificar de manera periódica tu fase de ovulación, deberás sumergirte en toda tu creatividad orgásmica aún no descubierta.

El uso del condón (femenino o masculino) es una buena opción complementaria para los días fértiles (cuando ya tengas experiencia para identificarlos). Este método tiene más de un 97% de efectividad contraceptiva y un 95% de efectividad ante las ITS.

Además puedes integrar a tu sexualidad prácticas que no se concentren exclusivamente en la penetración: incorporar juegos, juguetes, masturbación, sexo oral, anal, etcétera, así como también posiciones sexuales alternativas.

Existen posiciones más reproductivas que otras. Se dice que la llamada “posición del misionero” (hombre arriba, mujer abajo)

---

6 Existen mujeres increíbles que han desatado nuevas oleadas de pornografía muy interesantes. Las invito a indagar sobre “pornografía feminista” o “post-porno”.

fue la postura sexual que usaban los colonizadores para sus abusos, con el objetivo de embarazar a las mujeres de nuestro continente. El mismo efecto para la concepción tiene la posición de la plegaria (la mujer se apoya sobre sus rodillas y antebrazos), la posición lateral o que la mujer permanezca abajo levantando la pelvis. Todas estas posiciones colaboran para que el semen llegue de manera directa al cérvix.

Un hábito muy antiguo es el de la eyaculación fuera (coito interrumpido), aunque no puede considerarse un método 100% seguro para la prevención de una gestación, pues es posible que el líquido preseminal (secretado por el pene antes de la eyaculación) contenga una cierta cantidad de espermatozoides. Aunque en el caso de una eyaculación, esta ayuda al avance pues otorga al esperma una cierta "propulsión", sin eyaculación también puede hacer un viaje exitoso hasta el óvulo a través del medio fértil que es una mujer ovulando y/o teniendo un orgasmo (lo que produce espasmos musculares que lo ayudan a subir). Una variante es el orgasmo sin eyaculación. Esta sabiduría es difundida en el sexo tántrico y taoísta, y promovida con base en valores que se orientan a lograr mayor longevidad en el hombre. Equivale al ejercicio de respiración ovárica de la mujer. Esta práctica genera un menor agotamiento al hombre después del orgasmo. Según los seguidores del Tao, este ejercicio mantiene la esencia del Yang, lo que aumentaría su fuerza vital. No es tan rigurosa como se cree (se recomienda eyacular de vez en cuando, pero evitarlo la mayoría de las veces) y podría practicarse en los días fértiles, cuando ya se tenga disciplina en el ejercicio. "Cuanto más se haga el amor, más cabe beneficiarse de la armonía del Ying y del Yang; y cuanto menos se eyacule, menos se perderán los beneficios de dicha armonía"[7].

---

[7] CHANG, J. (1992). *El Tao del sexo y del amor. La antigua vía china hacia el éxtasis.* Barcelona, Plaza & Janes, p. 73.

La sabiduría indica que este ejercicio mejora el estado de salud del hombre, así como el equilibrio de sus órganos vitales, lo que le permite llegar a una vejez plena.

> En primavera, un hombre puede permitirse eyacular una vez cada tres días. En verano y en otoño, dos veces al mes. Durante el frío invierno, hay que ahorrar semen y no eyacular en absoluto. El camino del cielo consiste en acumular esencia del Yang durante el invierno. Un hombre conseguirá la longevidad si se rige por estas normas. Una eyaculación en el frío invierno es cien veces más peligrosa que en tiempo primaveral[8].

En resumen, debes incluir en tu vida todas las habilidades y destrezas que no se centren en el falocentrismo para enriquecer sin límites tu sexualidad.

Métodos de planificación familiar

Todos los signos y sensaciones anteriormente nombrados son estudiados por diferentes métodos de planificación familiar para el conocimiento de la fertilidad. Todos requieren de disciplina y constancia para detectar tu momento más fértil. Cada método se basa en el estudio de los diferentes signos y síntomas que indican si la mujer se encuentra en los momentos de mayor o menor fertilidad en su ciclo. A continuación describiremos cada método, pero a modo de resumen, los principales serían:

---

8 Ídem.

- *Método de palpación cervical*: se centra en palpar la apertura del cérvix para determinar la ovulación.
- *Método Billings*: se basa en la observación del moco cervical.
- *Método de temperatura basal*: consiste en el registro de la temperatura basal durante todo un ciclo menstrual para determinar la fase infértil postovulatoria.
- *Método de calendario*: se concentra en hacer un registro y promedio de nuestro ciclo menstrual para determinar el período de la ovulación y la fase infértil.
- *Método sintotérmico*: es muy completo, ya que integra varias técnicas de autoconocimiento de tu fertilidad, como el calendario, la observación del moco cervical y la toma de temperatura basal.
- *MELA*: método de la amenorrea de la lactancia.

También conocidos erradamente como "métodos de anticoncepción natural", no pretenden el evitamiento de la capacidad de concebir, es decir, no interrumpen ni alteran la fertilidad ni el ciclo menstrual de la mujer; solo buscan trabajar con base en el reconocimiento de la fertilidad femenina. Como bien sabemos, los hombres naturalmente poseen una fertilidad constante, a diferencia de las mujeres, que somos cíclicas: nuestra fertilidad se moviliza y no es permanente durante todo el mes. Por ejemplo, nuestro óvulo solo dura hasta veinticuatro horas después de la ovulación, excepto que sea fecundado.

Estos métodos no son invasivos y se aplican a partir del estudio de la fertilidad con base en distintos signos que deben interpretarse. Cada método necesitará básicamente: observación, registro y deducción. Para esto, deberás utilizar un calendario de anotación constante, así como el estudio exhaustivo del método o la combinación de ellos que decidas usar, debido a que una aplicación equívoca o incompleta implica un riesgo, como con cualquier otro método, incluso anticonceptivo hormonal.

La eficacia en los resultados dependerá del estudio de cada método, así como la guía o conducción de una educadora en métodos de planificación familiar (si es necesario) para acompañarte a resolver tus dudas. También, se debe tener en cuenta que la buena aplicación del método contempla la participación y aprendizaje activo de la pareja sexual.

Cabe destacar que estos métodos no protegen ante las ITS, por lo que no se debe descuidar ese aspecto, acompañándose con preservativos como complemento, sobre todo cuando no se posee una pareja sexual estable. La efectividad de estos recursos es aún mayor cuando se posee una pareja sexual estable, consciente y participativa del proceso.

Te presentamos un tabla comparativa de la eficacia de los distintos métodos anticonceptivos y métodos de planificación familiar con base en gestaciones no planificadas de cien mujeres durante un año.

MÉTODOS	ÍNDICE DE PEARL Gestaciones no planificadas de cien mujeres durante un año
Pastilla combinada	0,3 a 8
Pastilla progestativa	0,3 a 8
Anillo estroprogestativo	0,3 a 8
Patch estroprogestativo	0,3 a 8
Dispositivo intrauterino (DIU)	0,1 a 0,8
Preservativo masculino	2 a 15
Diafragma	6 a 16
Espermicida	18 a 29
Esterilización femenina	0,5
Esterilización masculina	0,1 a 0,15
Coito interrumpido	4 a 27
Ningún método anticonceptivo	85
Método Ogino (cálculo)	15 a 19
Método de la temperatura basal	0,3 a 2
Método Billings (moco cervical)	2,7 a 21
MÉTODOS SINTOTÉRMICOS	
Moco-térmico (control simple)	1,1 a 22
Métodos combinados (doble chequeo)	0,4 a 2,3

Información en gris: Serfaty, D. (2007). *Contraception.* París, Masson.

Métodos naturales: Bibliografía de 1 a 24 en el sitio <www.pfn.be>.

Como podemos apreciar en la tabla comparativa, los métodos de planificación familiar tienen muy buenos resultados y, combinados, son mucho más eficaces que un método solo. Por eso, te invito a indagar sobre ellos. Ahora haré solo un repaso de los más utilizados[9].

[9] Si quieres interiorizarte más sobre alguno de estos métodos, siempre será bueno realizar un estudio profundo de cada uno y, mucho mejor, decidirte por la aplicación de una mezcla de varios.

Método del ritmo o calendario

Este es un método simple para comprender solo los días en los cuales la mujer puede ser fértil. Es solo una forma de realizar un cálculo, aunque siempre dependerá de la duración de tu ciclo. La ovulación siempre precede a la menstruación en casi dos semanas en un ciclo regular de veintiocho días. Es decir, la menstruación se producirá, aproximadamente, catorce días después de la ovulación.

Deberemos considerar que la vida de un óvulo es de doce hasta veinticuatro horas después de la ovulación y que los espermatozoides pueden llegar a vivir entre tres y cinco días con la ayuda del moco cervical fértil. Por eso, es tan importante cuidarse durante los días fértiles. Mucho más conveniente será considerar los tres a cinco días anteriores y los dos días posteriores al día cúspide de la ovulación como un período de "cuidado", durante el que deberás tomar medidas para la prevención de una gestación.

Método de palpación cervical

Esta técnica se basa en reconocer la fertilidad a partir de la palpación del cuello del útero durante todo el ciclo menstrual. En esta zona del cuerpo, los estrógenos actúan modificando la consistencia del cérvix.

A través del cérvix, el *Os* es la puerta de entrada de los espermatozoides. Cuando estamos cerca de la ovulación, este secreta un particular moco cervical, creado para ayudar a los espermatozoides a subir por su agujero y protegerlos durante su viaje.

¿Cómo realizar la auto-observación?

Se recomienda realizar este autoexamen todas las noches, sin haber tenido relaciones sexuales previamente, habiendo orinado y teniendo las uñas cortas y las manos limpias.

En posición de pie, levantando y apoyando una pierna sobre una silla, deberás introducir tus dedos medio e índice en tu vagina, hasta lo más profundo, donde podrás palpar el cérvix.

Es después de la menstruación que deberás comenzar a realizar el examen. Durante el primer período, notarás que el cérvix se encuentra duro, bajo y cerrado y el *Os* puede estar orientado a cualquier dirección. En cambio, durante el período ovulatorio, se pondrá más blando, alto, abierto y el *Os* más centrado, alineado con la vagina.

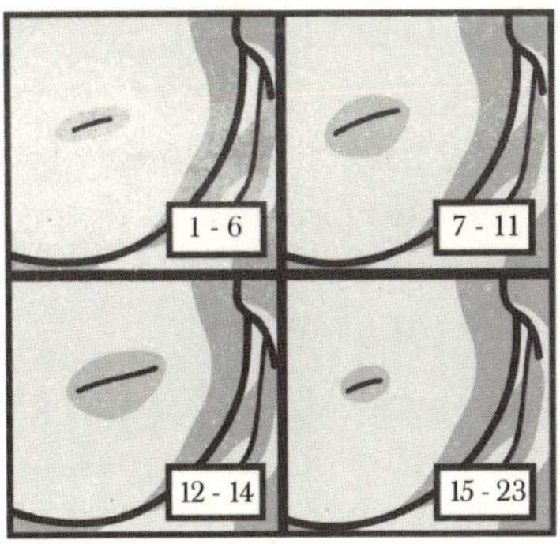

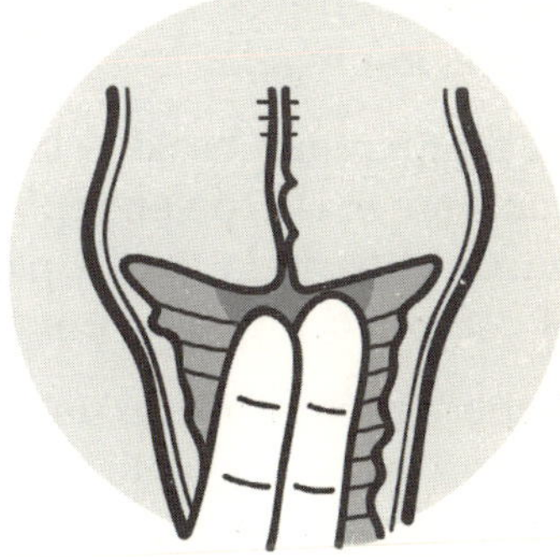

Deberás realizar este examen de manera constante durante todo el ciclo y registrar lo que percibas. Principalmente, deberás fijarte en estas tres características:

1. *Altura y posición*: al introducir tus dedos, percibe si está ALTO y difícil de palpar (más fértil), si está medio o si está bajo y fácil de encontrar (menos fértil).

2. *Consistencia*: al palpar el cérvix puedes sentirlo duro o BLANDO. Si está blando, denota un período de fertilidad.

3. *Abertura del* Os: el orificio externo del cuello suele abrirse o cerrarse de manera muy sutil. Cuando está más ABIERTO, denota un estado fértil.

En mi recomendación, este método debiera practicarse como complemento a otro. Y con la práctica de meses, podrás realizarlo no todos los días del mes, sino cada equis intervalos de tiempo, que tú estimes relevantes para detectar tu estado.

Método de temperatura basal

Este es realmente un método muy efectivo si se realiza de manera correcta. Su falla es de entre el 0,3 y el 3,1% en la aplicación regular[10].

La temperatura basal es la temperatura interna más baja que consigue el cuerpo en reposo. Este método consiste en determinar el período fértil a partir del alza de la temperatura en el cuerpo, ocasionada por la hormona progesterona.

Deberá realizarse con un termómetro galio, todos los días al mismo horario a partir del quinto día del ciclo menstrual, es decir, cuando la menstruación ya está acabando. Pasados al menos tres meses y una vez identificados los días aproximadamente fértiles, la temperatura solo deberá tomarse en días que nosotras ya consideremos cercanos a la subida de temperatura. Pero esto solo deberá realizarse pasado un primer período de prueba.

---

[10] Döring, G. K. (1967). "The Reliability of Temperature Records as a Method of Contraception", en *Deutsche medizinische Wochenschrift*, 92(23): 1055-1061, 9 de junio.

La toma deberá realizarse a través del recto o de la vagina durante tres minutos. El termómetro deberá estar a un lado de la cama, ya que la mujer no debe haberse levantado antes del examen y debe haber dormido por lo menos tres horas previamente. Asimismo, deberá estar al alcance de la mano la gráfica donde se irán registrando las temperaturas a diario.

El cuerpo posee una temperatura estable mientras descansa. Y a medida que vamos anotando nuestras temperaturas diarias, notaremos que un día esta se elevará (de a poco, en escala o sostenida) alcanzando entre 0,2 y 0,5 grados de alza. Si esto ocurre durante tres a cuatro días seguidos, sabremos que la ovulación ha ocurrido. Entonces este método nos permitirá reconocer nuestro período infértil postovulatorio. Esto deberá registrarse en un tabla de anotaciones donde podrá apreciarse la variación.

Pasados esos días de alza, podemos determinar que estaremos en un período en el cual tendremos mínimas posibilidades de gestar hasta el próximo ciclo menstrual.

Nuestra temperatura es regulada desde el hipotálamo, sistema que responde a estímulos físicos y químicos de nuestro medio, por lo que debemos considerar, por ejemplo, que una comida pesada la noche anterior, no dormir bien, una fiebre o gripe, o medicación podrían alterar la temperatura. Para que este método sea efectivo, deberán tenerse en cuenta estos importantes factores, siendo fundamental la disciplina y constancia.

Este método nos enseña que cuando la temperatura se ha elevado y mantenido, es porque hemos ovulado. Por lo tanto, esta técnica nos diagnostica de manera retrospectiva y de ahí en adelante podemos disfrutar del período de menor fertilidad.

Método del moco cervical o "método Billings"

Este método se conoce por el nombre de sus difusores, Drs. John y Evelyn Billings. El moco cervical es parte de lo que conocemos como "flujo vaginal", segregado por el cérvix para protegernos de patógenos y ayudarnos en nuestra fertilidad.

Durante el período de nuestro ciclo conocido como "patrón básico infértil", o "seco", el moco cervical funciona como un tampón espeso que no permite la entrada de los espermatozoides por el orificio *Os.* Sin embargo, durante el período fértil, este moco aumenta en cantidad con una consistencia elástica, ayuda y protege a los espermatozoides a que puedan entrar por la vagina. Sin la existencia de este característico moco fértil, los espermatozoides solo vivirían un par de minutos en el medio ácido de nuestra vagina.

Como veremos, nuestro moco irá variando durante todo nuestro ciclo. Por eso, será necesario realizar una auto-revisión para reconocer el estado de nuestro moco y comprender qué fase estamos transitando, para prepararnos para un posible período fértil.

A modo de resumen, nuestros fluidos se manifiestan de esta manera a lo largo de nuestro ciclo:

- *Período menstrual*: durante esta fase, es imposible medir el moco, por lo que se recomienda descansar.
- *Período preovulatorio*: después de la menstruación, comienza un período "seco", en el que no se ve ni se siente mucosidad. Este período se denomina "patrón básico infértil de sequedad". Puede haber casos en los que sí aparece moco, aunque este tendrá una consistencia densa y pegajosa.
- *Período ovulatorio*: pasada una semana después de la menstruación, el moco comienza a cambiar cada

vez más. De a poco, aumenta en cantidad, se afina y se pone más elástico, preparándose para su estado de mayor fertilidad. Podrás notar su consistencia de clara de huevo, así como tomarlo con los dedos y estirarlo sin que se rompa.

• *Período premenstrual*: volvemos a entrar en un período seco, en el que habrá muy poco moco, con consistencia pegajosa, o simplemente no habrá.

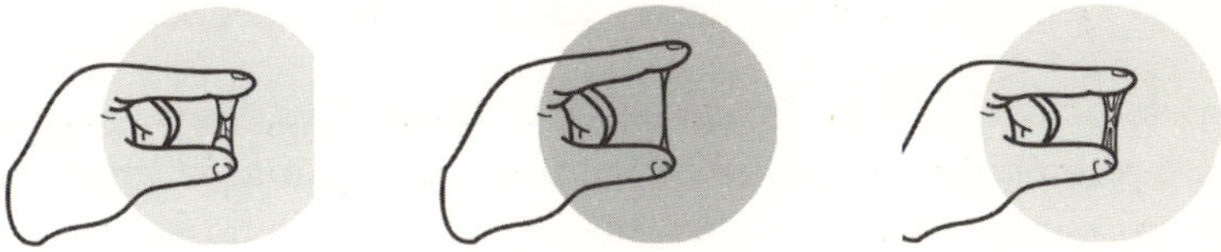

¿Cómo realizar el examen?

Deberás revisarte todos los días, ya sea al limpiarte al ir al baño o solo con introducir levemente los dedos en la vagina. No es necesario ir tan profundamente como para palpar el cérvix; solo en la entrada de la vagina.

¿Cómo y cuándo registrar?

Puedes realizarlo en cualquier horario, sin olvidar anotar el registro de cómo sientes y ves tu moco.

Como comentaba anteriormente, el moco puede verse alterado por muchos factores, tales como estrés, hongos, semen, ITS, etcétera, que pueden llevarnos a confusión. Por eso es tan importante potenciar estos métodos con la aplicación de otros, para que sean más efectivos.

Método de la Amenorrea de la Lactancia (MELA)

Según el Fondo de las Naciones Unidas para la Infancia (Unicef), este método tiene más de un 98% de eficacia si se realiza con los siguientes tres recaudos:

1. Que la menstruación no haya ocurrido tras haber pasado cincuenta y seis días de postparto.
2. Que se practique lactancia exclusiva.
3. Que el/la bebé no supere los seis meses de edad.

Suele ocurrir que, luego de parir, a las mujeres, les desaparece la menstruación por un buen tiempo. Algunas la retoman en un par de meses y otras pueden demorarse hasta pasado el año. Este proceso, denominado "amenorrea", más la práctica de la lactancia exclusiva, inhibe la ovulación en el ciclo de la mujer.

No deberá alimentarse al/a la bebé con suplementos durante los primeros seis meses de vida, así como se deberá evitar el uso de chupetes, biberones con agua o jugos. El tiempo entre tomas no deberá sobrepasar las cuatro horas durante el día ni las seis horas durante la noche.

Desde antaño, la lactancia ha sido un método de control de la natalidad durante el período de posparto. Es completamente confiable dentro de los primeros seis meses cuando se cumplen los tres puntos mencionados. Sin embargo, pasado ese tiempo, deberá comenzar a utilizarse algún otro método de control de la natalidad.

Método sintotérmico (MST)

Este es un método muy efectivo, que mezcla todas las observaciones que hemos comentado anteriormente sobre cómo identificar la ovulación, más el estudio y registro de la temperatura basal. Para complementarlo, deberás generar tu propia pauta de signos fisiológicos según los que te aparezcan con frecuencia durante la ovulación. Estos signos, muchas veces, son tomados como poco objetivos, debido a que responden a la particularidad de cada mujer, pero no por eso son menos válidos. Por eso, es tan importante el autoconocimiento individual y profundo.

La temperatura, en cambio, será un dato objetivo, desde el cual podremos desmembrar ciertos hechos que ocurren cuando la temperatura se eleva. Para complementar esto, podremos fijarnos en nuestra mucosidad, la consistencia del cérvix, el aumento del deseo sexual, las puntadas en los ovarios, la sensibilidad en el busto, etcétera. Utilizaremos, principalmente, la mezcla de estos tres métodos: método de la temperatura basal, del moco cervical y del calendario, además de todas las anotaciones que quieras agregar en tu calendario de registro.

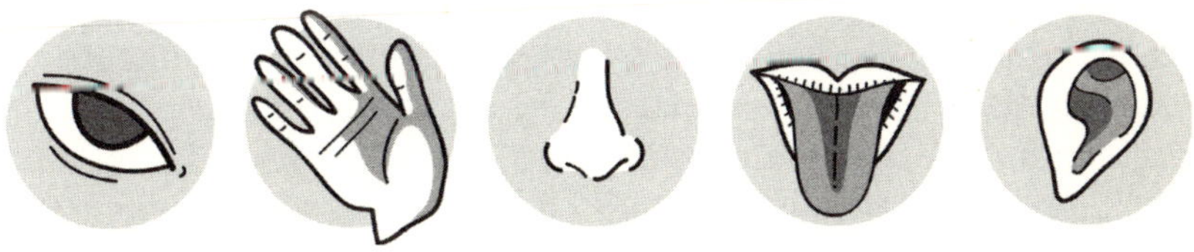

Indaga y aplica métodos de planificación familiar y guíate por uno o una mezcla de ellos.

Plantas medicinales contraceptivas

Desde siempre, las mujeres han complementado el control de su fertilidad con el uso de ciertas hierbas que evitan la concepción, así como también han experimentado con remedios para regularizar su menstruación o bien para interrumpir una gestación. Estos saberes han ido poco a poco desapareciendo y actualmente la ciencia no desarrolla estudios con respecto a la efectividad de estos como métodos anticonceptivos, obviamente porque no le conviene al mercado farmacéutico. Sin embargo, la Naturaleza está a merced de quien la necesite: solo una semilla sembrada en nuestra huerta en un ciclo puede alimentarnos y sanarnos gratis.

Es sabido que muchas mujeres, antiguamente, utilizaron ciertas técnicas naturales como métodos de barrera para la concepción, entre los que el más común es el uso de vinagre o jugo de limón introducidos en la vagina como espermicidas a partir de una esponja, que además hacía como de tapón protector. Esta práctica era muy popular en varios lugares del mundo. Asimismo, las mujeres, desde antaño, han usado todo tipo de hierbas amargas tales como artemisa, ajenjo, angélica y perejil, entre otras, que se encuentran en la lista de hierbas emenagogas, es decir, que estimulan la menstruación, llegando a interrumpir en ciertos casos una gestación.

Las siguientes hierbas son un complemento al conocimiento de nuestra fertilidad, y actuarán sobre nuestro organismo impidiendo la fecundación del óvulo o como espermicidas. Trabajaremos con base en el estudio de tres plantas que han sido utilizadas desde inmemoriales tiempos por su acción ante la fecundidad. Como los métodos hormonales, estas no son 100% efectivas y las recomiendo como complemento cuando ya se está usando un método de planificación natural.

NEEM

El aceite de *neem* es un eficaz método anticonceptivo, como demuestran varias investigaciones realizadas en la India[11]. Puede ser aplicado en la vagina previamente a la relación sexual, usado como espermicida, así como después de la relación, como la "píldora del día después". El experimento demostró que el aceite de Neem es capaz de matar en menos de treinta segundos todos los espermatozoides y mantener su efectividad hasta cinco horas después de ser aplicado. No genera reacciones alérgicas, no irrita, ni daña nuestra fertilidad, además de funcionar muy bien como lubricante. Su único inconveniente es que su olor puede ser un poco fuerte.

Diversos estudios demuestran que el neem tiene propiedades espermicidas, antimicrobianas, antihongos y antivirales[12]. Actúa protegiendo ante virus e infecciones, y se ha comprobado su efectividad ante ciertas ITS. Esta planta posee una "interesante acción inhibidora sobre un amplio espectro de microorganismos, incluyendo *Candida albicans* y *tropicalis*, *Neisseria gonorrhoeae*, el multirresistente *Staphylococcus aureus* y la infección del tracto urinario por *Escherichia coli*, el *Herpes simplex-2* y el *VIH-1*"[13].

Hasta el momento, su aplicación como aceite de uso externo es la forma más sometida a análisis y comprobada en efectividad.

---

11 KHILLARE, B. Y SHRIVASTAV, TG. (2003). "Spermicidal Activity of *Azadirachta indica* (Neem) Leaf Extract", en *Contraception*, 68(3): 225-9, septiembre.

12 ZEITLIN, L. Y OTROS (1997). "Tests of Vaginal Microbicides in the Mouse Genital Herpes Model", en *Contraception*, 56(5): 329-35, noviembre.

13 Ídem.

También se está estudiando el neem como método anticonceptivo masculino, y ya se han tenido algunos buenos resultados[14]. Se está experimentando con el extracto de neem en cápsulas, ingerido por varones. Este genera una infertilidad momentánea, reversible en tan solo seis semanas desde que se dejan de tomar las píldoras. El neem no afectaría la fertilidad, ni la libido o el esperma. "La dosis recomendada es de dos cápsulas de hoja de neem, tres veces por día antes de las comidas"[15] y se deberá tomar al menos un mes antes de que su acción comience a ser efectiva.

Ñame silvestre

La matrona Willa Shaffer escribió el libro *Birth Control Without Fear: Wild Yam* (Woodland, Woodland Health, 1994), en el que cuenta que experimentó con un grupo de mujeres el uso del ñame tomado diariamente como método anticonceptivo. Después de cuatro años de experiencias, concluyó que el ñame no altera la fertilidad ni la ovulación, solo ocasiona que el óvulo se vuelva estéril, endureciendo su cobertura externa e impidiendo así que este sea penetrado por los espermatozoides.

Las dosis recomendadas por Shaffer son de dos ingestiones diarias de tres cápsulas tamaño "00". Si deja de tomarse, podría no dar resultados, así como aumentar la fertilidad.

La única contraindicación para su uso sería el consumo simultáneo de antibióticos (incluso los naturales), que provocaría que el ñame deje de actuar como anticonceptivo.

---

14 Yin, Z. y otros. (2004). "Preparation of Contraceptive Pill Microcapsules and its Anti-fertility Effect", en *Journal of Biomedical Engineering*, 21(6): 979-82, diciembre.

15 Esta información fue extraída del artículo disponible en <www.sisterzeus.com/neem_men.html>.

Sin embargo, se necesitan más indagaciones, así como complementar este método con otros para no correr riesgos[16].

Semillas de zanahoria silvestre

Estas semillas se conocen desde hace mucho tiempo como método anticonceptivo, incluso de emergencia postcoital. Su versión más recomendable es la planta silvestre que se da a la orilla de los ríos. Podrá distinguirse por sus cogollos cargados de semillas en forma de capullo. No deberá confundirse con la cicuta, debido a que son parecidas y esta última es venenosa. Las semillas industrializadas pueden estar atestadas de químicos dañinos para la salud, por lo que no es confiable su uso. En mi región (Valparaíso), esta hierba abunda cargada de semillas a finales del verano. Indaga en tu zona; quizás puedas recolectarla o conseguirte sus semillas y sembrarla tú misma.

Se dice que su acción es la de no permitir al óvulo implantarse en el útero. Esto ocurre al consumirlas durante un buen período de tiempo, debido a que puede detener la subida de estrógenos necesaria para preparar el útero para una gestación. Su dosis más utilizada es una cucharada diaria de semillas, que puedes machacar en un mortero para que liberen su aceite y luego puedes mezclarlas en agua o jugo para beberlas.

Como método anticonceptivo, puedes consumirlas durante todo el mes. Si conoces muy bien tu ciclo, puedes consumirlas solo en tu período fértil, por diez días a partir del día en que comienza tu ovulación, y descansar hasta el nuevo ciclo fértil para evitar la posible implantación del óvulo.

---

16 Algunas referencias fueron tomadas del proyecto *Living with Our Fertility*, <www.sisterzeus.com>.

Como método de emergencia, deberás consumir las semillas diariamente durante diez días después de una relación sin protección[17].

Nota: Toda esta información sobre cómo reconocer tu fertilidad está destinada a que logres tener un autocontrol y a que puedas planificar o evitar una gestación. En casos de "problemas de fertilidad", te recomendamos acudir a un/a terapeuta integral, ya que por la extensión de la temática y sus diversas causas, nos fue imposible incluirla en este libro. Sabemos que es una deuda a investigar en una nueva etapa.

17 Algunas referencias fueron tomadas de *Queen Anne's Lace / Wild Carrot (Daucus carota)*, disponible en <www.sisterzeus.com/qaluse.htm#5>.

CAPÍTULO XI

Gestación, parto y lactancia

«Si queremos crear un mundo menos violento,
donde el respeto y la gentileza reemplazarán el miedo y el odio,
debemos comenzar por la manera en que tratamos
el comienzo de la vida.
Porque es en ese momento que se instalan
nuestros modelos más profundos,
de estas raíces brotan el miedo y la alienación
o el amor y la confianza».

SUZANNE ARMS

La gestación, el parto y la lactancia son temáticas extensas que no se pueden abordar apenas en un capítulo. Sin embargo, haremos el intento de repasar algunos asuntos importantes relacionados con estos períodos de la vida únicos, atestados de transformaciones, aprendizajes y crecimientos. Este capítulo es solo una guía básica para acompañarte a tratar ciertas molestias y padecimientos de manera no invasiva.

Como mujer, madre y partera tradicional, me cuestiono una y otra vez un fenómeno recurrente que afecta a las mujeres que transitan una gestación: el miedo, promovido por la sociedad y las autoridades de salud, a quienes confiamos nuestras vidas. El temor nos llueve a cántaros. El miedo a los riesgos, las enfermedades y la muerte se nos aparece en las conversaciones, en los controles médicos, en las publicidades, en las películas... En definitiva, se nos genera pánico ante los procesos naturales, ante lo indomable y susceptible que es la vida en sí misma.

La gestación es un proceso maravilloso que lamentablemente hoy en día es tratado como una "enfermedad". Las mujeres y sus bebés reciben excesivos controles, monitoreos, exámenes, ecografías, etcétera. La gestación es el camino necesario para madurar el fruto, que descenderá solamente cuando se encuentre preparado para hacerlo… Sin embargo, la medicina apresura e interviene los procesos naturales, siempre con la excusa de prevenir un posible "riesgo".

El agitado ritmo de vida que llevamos (sin a veces percibirlo) nos hace vivir en desequilibrio con nuestra salud, por lo que es común reconocer una larga lista de padecimientos y malestares que llegan a sufrir las mujeres al momento de gestar. Esto reposa en la percepción que se tiene de los procesos de salud/enfermedad, así como en los hábitos alimentarios. Es común que la transformación hormonal ocasione sensaciones "molestas", que no son síntoma de nada grave; quizás se sientan algunos "desajustes", pues es una metamorfosis llena de nuevas sensaciones, pero nada más grave debería ocurrir. Los síntomas suelen magnificarse, principalmente al somatizarse los miedos, lo que ocasiona que algunas mujeres vivan medicadas durante toda su gestación, o incluso después del parto.

El miedo cultural es un factor importante. Nos hacen creer que gestar es un período de "vulnerabilidad", como si todas las enfermedades y riesgos estuvieran al acecho. Algunas mujeres se asustan de solo pensar en las contracciones. Ya nos imaginamos cómo será el temor al momento del parto, que desde el cine hasta los relatos urbanos de terror se asocia con el sufrimiento y el castigo divino de "parirás con dolor" que lanzó Dios (según la Biblia) sobre Eva (la primera mujer) por desobedecerles a su marido y a "Él".

Lo sagrado que significa materializar el espíritu de un ser al parirlo, hoy en día se programa como si fuera una cita al dentista. El nacimiento común en una clínica u hospital es un suceso frío, despersonalizado y excesivamente intervenido por diferentes manos, generándose en casi el 90% de los casos el primer trauma, que es el de nacer bajo violencia obstétrica. Pocos agentes de salud aseguran el apego inmediato de la madre y su bebé, así como la estimulación de la lactancia temprana. Todo es muy raudo, frívolo y agresivo. Lo que para nosotras es uno de los sucesos más importantes de nuestra vida, para el sistema médico es un mero número que se suma a su larga lista de atención.

La nueva era nos hace temer mucho lo natural, catalogado de "arcaico". Esto nos conduce más hacia la robotización del mundo, a creer y depender más de las máquinas, y por ende a creer mucho menos en nosotras mismas. No escuchamos los mensajes sabios de nuestro cuerpo y mucho menos sabemos sanarnos sin la ayuda de un especialista que nos indique medicación.

La tecnología genera "seguridad" pero al mismo tiempo crea miedo, un miedo que le tenemos a la vida y por ende a la muerte, a nuestra capacidad reguladora y a la aptitud que tienen, por ejemplo, las plantas medicinales para sanarnos.

Con toda la maquinaria que nos brinda la tecnología médica, en síntesis, nos envían este mensaje: "Tú no eres lo suficientemente buena como para parir por tu cuenta; la máquina es superior a ti y a tus instintos. Los instintos son impredecibles; la máquina no"[1].

---

[1] Schmid, V. (2011). *La sabiduría del cuerpo al gestar, parir y maternar*. Buenos Aires, Mujer Sabia Editoras, p. 31.

Ninguna mujer merece gestar con miedo; menos, parir sin contención, respeto y cariño. No podemos permitirles a nuestras hijas e hijos que sigan naciendo bajo la sumisión a este sistema, que nos necesita atemorizados desde la placenta. Exijamos el respeto que merecemos. Ser mujer no es sinónimo de "enferma". Gestar, parir y amamantar no son patologías; son procesos fisiológicos hermosos y naturales. No puedo desconocer que existen ciertos riesgos, que siguen siendo mínimos en la mayoría de los casos. Tengo certeza de que gran parte de los riesgos y patologías son creados por nuestra propia mente. Abusos, traumas, miedos culturales, alimentación deficiente y poca preparación colaboran en un desfavorable panorama, sumados a la obtusa atención que suele brindar el sistema de salud.

> No se trata solo de acabar con el dolor innecesario del parto [...]. Se trata de acabar con la violencia interiorizada que supone inhibir nuestra sexualidad y nuestra capacidad orgásmica desde la infancia; la violencia interiorizada de la negación de nuestros cuerpos y de nuestras vidas[2].

Debemos tomar conciencia de que las mujeres estamos hechas para gestar, parir y amamantar si así lo deseamos. Nacemos con un segundo corazón, que da vida, ¡nuestra útera!, a la que debemos honrar, pues desde la menarquía, en cada menstruación se prepara para anidar una nueva vida.

Necesitamos recuperar el protagonismo de gestar una vida en armonía, parir sin miedo, con placer y en un estado de completo amor. Nuestras hijas e hijos necesitan nuestras contracciones, nuestro poder ancestral, nuestra leche... y no los sucedáneos que (nos convencen) son "más nutricios" que nosotras mismas. Nosotras, desde siempre, fuimos capaces de dar a nuestras hijas e hijos todo eso y mucho más.

---

2 Rodrigáñez, C. (2010). *Pariremos con placer*. Buenos Aires, Madreselva, p. 11.

Las mujeres se necesitan unas a otras

El patriarcado se esmera en romper los vínculos entre mujeres, despreciando nuestras capacidades y conocimientos, quebrando la tradición que se ocupa de transmitir saberes ancestrales entre nosotras. Un hecho significante es haber arrebatado la sabiduría del nacimiento, destinándola a una especialidad médica androcéntrica, liderada por una cosmovisión machista que "multiplica los instrumentos de violencia destinados a romper el vínculo entre madre e hijo"[3]. Toda esa fragmentación la vemos en las relaciones humanas basadas en la violencia, que tienen gran parte de su origen en cómo nacemos.

Actualmente, los hombres lideran el paradigma de la medicina y las matronas o enfermeras obstétricas son adoctrinadas bajo sus mandatos, lo que hace que la actitud de estas mujeres hacia las demás siga funcionando bajo el orden patriarcal. No es fácil encontrar en ellas un acompañamiento amoroso y empático con los procesos femeninos, como sí sucedió y sigue sucediendo con las parteras tradicionales, mujeres que están al servicio de otras bajo el amparo y las leyes de la Naturaleza. Lamentablemente, ellas fueron arrebatadas de su labor ancestral. Desde que se promovió la *caza de brujas*, sus saberes han sido menospreciados sin reconocer que si no fuera por ellas, no estaríamos vivas. Gracias a su conocimiento milenario, nuestras ancestras y ancestros nacieron. Y gracias a las diosas siguen naciendo niñas y niños acompañados por estas mujeres en muchos rincones del planeta. Asimismo, hoy existe un auge de *doulas*, matronas y doctores/as con una visión más consciente y amorosa de lo que significa una gestación y un parto respetados para la mujer y su bebé.

---

3 Navoiseau-Bertaux, M. (2010). "Placenta, clítoris, prepucio, Leboyer contra la violencia de los adultos", publicado en español el 29 de enero de 2013 en <http://analiz-arte.blogspot.com.ar>.

> La caza de brujas tuvo consecuencias duraderas. En efecto, desde entonces un aspecto del ser mujer ha sido siempre asociado a la brujería y las mujeres que han continuado actuando como sanadoras han seguido rodeadas de un halo de superstición y temor. Esa destructiva y temprana exclusión de las mujeres del ejercicio autónomo de la sanación fue un precedente violento y una advertencia para el futuro[4].

Las mujeres seguimos siendo un misterio para la ciencia y mantenernos medicadas es favorable para este sistema, que nos conserva anestesiadas, mudas y separadas. Eduardo Galeano dice: "Los científicos dicen que estamos hechos de átomos, pero a mí un pajarito me ha contado que estamos hechos de historias"[5]. Aprendemos los misterios femeninos de las historias que nos trasmiten nuestras mujeres mayores; de ellas recibimos los conocimientos ancestrales. Así fue por milenios y hoy vemos que esa cadena de saberes fue cortada. Hoy vemos extinguidas las comunidades de mujeres que históricamente se protegían, aconsejaban e incluso asistían los nacimientos entre ellas. Todo eso quedó delegado a un servicio médico despersonalizado.

Las mujeres debemos volver a hacer comunidad y tejer como arañas la urdimbre del saber femenino. Transformemos este mundo, cantemos al resto de las mujeres nuestras buenas experiencias y empecemos a desmitificar todo lo malo que nos han enseñado de nosotras mismas.

---

4 Ehrenreich, B. y English, D. (1981). *Brujas, parteras y enfermeras. Una historia de sanadoras*. Barcelona, La Sal, p. 7.

5 Galeano, E. (2011). *Los hijos de los días*. Montevideo, Siglo XXI.

Gestación: madurar el fruto

Hablaremos de "gestación" y no de "embarazo", debido a que este término carga con una connotación muy negativa. La Real Academia Española (RAE) define "embarazo" como "impedimento, dificultad, obstáculo", como un proceso o situación molesta. Esta connotación contribuye a que la gestación sea vista como un período crítico o de riesgo para la salud de la mujer. Asimismo, se utiliza popularmente el término "mejorarse" cuando las mujeres van a dar a luz, aludiendo a lo "enfermas" que viven durante nueve meses...

El de "gestación" es un concepto que se usa en zoología para referirse a las hembras vivíparas, que durante períodos diversos amparan crías en su útero. En los humanos, se estima un período de nueve meses. Al igual que los animales mamíferos, nosotras, las mujeres (que también lo somos), tenemos el poder de generar el mejor alimento para nuestra cría.

Recomendaciones alimentarias

Integrar a la dieta:

- Abundantes frutas y verduras (en lo posible crudas o poco cocidas, para no perder las propiedades)
- Jugos de fruta natural
- Semillas (sésamo, chía, amapola, etcétera)
- Brotes o semillas germinadas (alfalfa, lentejas, arvejas, etcétera)
- Legumbres (porotos, garbanzos, lentejas, arvejas, etcétera)
- Frutos secos (almendras, nueces, castañas, piñones, etcétera)

- Alimentos integrales (avena, azúcar integral, arroz, fideos, pan y galletas)
- Abundante agua
- Sal de mar, preferentemente.

Disminuir el consumo de:

- Comida chatarra (comida rápida y frituras)
- Grasas saturadas y grasas trans (eliminar la margarina y reemplazar por mantequilla, *ghee* o *vanaspati ghee*)
- Aceites no prensados en frío (optar por el aceite de oliva o pepita de uva)
- Dulces y chocolates (llenos de azúcar, grasa animal, conservantes, colorantes, etcétera)
- Bebidas gaseosas
- Alimentos refinados (como azúcar blanca y harina blanca).

Debemos alimentarnos solo cuando tenemos hambre y no "comer por dos". Evitar la ansiedad de "antojos" y controlar los alimentos que nos hacen daño, ya que nada aportan a nuestra salud.

Los tres ciclos de la gestación

Dividiremos la gestación en tres ciclos importantes. Durante todos ellos haremos un recorrido por los cambios que van sucediendo progresivamente y también en algunos casos, por las enfermedades que podrán tratarse a través de una alimentación saludable y de preparados medicinales.

Así como nuestros rostros son distintos, cada mujer es diferente, cada una es la construcción de años, de una historia familiar que la contiene y completa, cada útera es diferente, cada una se alimenta de formas diversas. Por ende, no creas que lo que le sucedió a una amiga conocida o a tu madre te sucederá necesariamente a ti. *Ninguna gestación es idéntica a otra.*

Hemos creado esta guía para acompañarte y demostrarte que muchos síntomas o cambios que te pueden suceder son comunes y no necesitan ser tratados como enfermedades. Existen desde hace miles de años alternativas ecológicas y saludables para cuidarte, sanarte y mantenerte alejada de todos los medicamentos que te ofrece hoy la industria médica, que pueden llegar a dañar tu salud y la de tu bebé.

El primer ciclo

Va desde la primera semana de gestación hasta la semana 12, es decir, los tres primeros meses. Durante este período, la mujer comenzará a sentir los primeros cambios a nivel emocional y físico. Esto se debe a la acción de las hormonas, promovida principalmente por la placenta. La sensibilidad estará a flor de piel, lo que se podrá manifestar, en muchos casos, sin ningún problema. Sin embargo, habrá mujeres que no lo experimentarán de la misma forma. Las mamas estarán muy sensibles, aumentarán de tamaño y se pigmentarán.

Es posible que percibas alguno de los siguientes cambios, una mezcla, todos o ninguno, así como también pueden aparecer en los distintos ciclos de la gestación. Todo es muy relativo.

- Baja de energías y aumento del cansancio
- Sensibilidad a los olores
- Sensibilidad emocional
- Acidez estomacal
- Hinchazón y gases
- Falta de apetito
- Nauseas y vómitos
- Dolor de cabeza
- Dolor de útero y pechos.

Algunas molestias pueden ser más delicadas, como:

- Amenaza de aborto
- Anemia
- Presión arterial baja.

Baja de energías y aumento del cansancio

Ante esto, solo se puede recomendar descanso, meditación y relajo. Todo nuestro sagrado sistema cuerpo-mente-espíritu lo está necesitando para adaptarse al nuevo cántaro que se expande para acoger y nutrir al nuevo ser que nos cohabita. Procura dormir al menos ocho horas diarias.

Sensibilidad a los olores

Podrás percibir cómo tus sentidos se expanden. Intenta conectarte conscientemente con todo lo que va ocurriendo en tu proceso. Es posible advertir cómo tu sensibilidad para el gusto y el olfato aumentan notoriamente. Influyen el dinámico cambio hormonal y la energía cósmica de ser una réplica de la Madre Tierra. Recomendaciones: evita los olores fuertes, sobre todo de productos químicos, de perfumes, de desodorantes ambientales o para el vehículo, etcétera. Esto no es realmente un problema y verás que irá disminuyendo, sobre todo en el segundo ciclo de la gestación.

Acidez estomacal

Se produce debido a los cambios hormonales, que distienden el esfínter gastroesofágico. Esto ayuda a la aparición de reflujo de ácidos hacia el estómago, sumado al crecimiento del útero, sobre todo en los últimos meses, cuando se comprime el estómago. Recomendaciones: comer fraccionadamente (con mayor frecuencia y en pequeñas cantidades), de manera lenta y masticando bien los alimentos. Se debe comer al menos dos horas antes de dormir por la noche. Evitar por completo el café y los alimentos causantes de flatulencias, grasos y picantes. Comer zanahoria fresca es un remedio eficaz para disminuir la acidez.

Falta de apetito

Es normal, muchas veces, no tener apetito. Si sucede, no te preocupes: presta atención a tus cambios sin forzar nada. No obstante, si la falta de apetito te genera problemas y se hace muy frecuente, considera las siguientes recomendaciones de alimentos para incorporar a tu dieta:

- *Hojas verdes crudas*: espinaca, acelga, lechuga, achicoria, etcétera. Prepara una ensalada de lechuga mezclada con otras hojas verdes y consúmela antes de cualquier otra comida, ya sea en el almuerzo o en la cena, debido a que ayuda a incrementar el apetito.

- *Semillas de chía*: consúmelas en las comidas, en ensaladas, en jugos de fruta, etcétera. Son una buena fuente de Omega 3 y aumentan el apetito.

- *Fresa*: haz un jugo mezclado con agua y bébelo en ayunas.

- *Limón*: mezcla el jugo de tres limones en una taza de agua caliente y bébelo media hora antes de cada comida.

- *Ajo*: consúmelo crudo en las comidas, ya que contiene propiedades que estimulan el sistema digestivo y aumenta el apetito.

Náuseas y vómitos

La sensación de náuseas puede evitarse si se come poco y con mayor frecuencia durante el día. No debes olvidar una alimentación saludable y equilibrada con el objetivo de aportar todos los nutrientes necesarios tanto para ti como para tu bebé.

- Evita levantarte rápido en las mañanas y come al menos dos galletas de soda sin mezclar con líquidos, antes del desayuno.

- Evita beber líquidos durante las comidas.

- Evita consumir fritos y grasas saturadas.

- Incrementa la vitamina B6 en tu dieta. La puedes encontrar en cereales integrales, garbanzos, frutos secos (como el maní o las avellanas), plátanos y vegetales verdes, entre otros.

- Toma una infusión de jengibre, come algún alimento que lo contenga o ponte un trocito en la boca hasta que pase la náusea. Es muy efectivo.

- Toma melisa en infusión. Pequeñas cantidades ayudan a tener mejor digestión y evitan las náuseas.

- Si las náuseas continúan después del primer ciclo, haz una infusión de menta y tómala en pequeñas cantidades y bien diluida.

- Evita los olores fuertes, así como cepillarte los dientes muy cerca de las comidas y/o con una pasta muy fuerte.

- Dos horas antes de dormir, consume una colación rica en proteínas.

Dolor de cabeza

Puede suceder por muchos factores. Descubrir la causa es importante, sobre todo si el dolor es muy persistente y se prolonga por más de cuarenta y ocho horas.

Los abruptos cambios emocionales y la tensión pueden provocarlo, como también problemas digestivos, agotamiento físico, etcétera.

Recomendaciones:

- Evita estar en lugares donde no circula aire fresco.

- Ponte rodajas de papa fresca en las sienes. Puedes sujetarlas con una manta o gasa.

- Huele aceite esencial de lavanda. Es muy efectivo, así como poner una gota en las sienes.

Dolor de útero y pechos

Es frecuente que los pechos estén sensibles, que aumenten de tamaño y se pigmente de tono oscuro la piel del pezón y la areola. También es posible que salga calostro de tus pezones en cualquier momento de la gestación. Además, es común sentir dolor en el vientre (como dolor menstrual). Esto es natural y se debe a que nuestra útera está en pleno crecimiento y adaptación.

Recomendaciones:

- Usa un sostén cómodo que mantenga tus pechos firmes, pero también procura exponerlos al contacto con la Naturaleza liberándolos al aire libre. Esto te ayudará a relajarlos y a prepararlos para la lactancia, cuando pasarán buen tiempo expuestos a una amorosa e intensa succión.

Amenaza de aborto

Aunque poco se hable de esto, es común que suceda durante los tres primeros meses. Durante las primeras semanas, se produce un aborto en una de cada cinco gestaciones. ¿Cuándo se está frente a una amenaza de pérdida? Puede existir un sangrado leve (no necesariamente rojo: puede ser de color marrón). Si es abundante, debes pedir asistencia médica inmediata.

Recomendaciones:

- Guarda REPOSO ABSOLUTO, mínimo por unas dos semanas, hasta que cese el sangrado.
- No hagas ningún tipo de esfuerzo ni movimiento, ni uses tacones o ropa ajustada.
- Come de manera regular, excluyendo alimentos que producen flatulencias o son muy estimulantes, o que provocan contracciones, como especias y condimentos.

- Bebe líquidos calientes.
- Si hay contracciones, date baños de asiento con cocimientos de manzanilla, que ayudan a relajar los músculos y a controlar las contracciones. Esto debes hacerlo siempre con la ayuda de alguien más.

Anemia

La anemia no es una enfermedad, sino un síntoma de baja hemoglobina en la sangre, lo que sucede por diversos factores. Es indispensable mantener una buena alimentación. Para evitarla, debes asegurarte de incorporar a tu dieta:

- Leche de soya orgánica
- Bastantes verduras verdes, sobre todo espinacas y acelgas, mezcladas con limón
- Almejas, que contienen mucho hierro
- Cereales integrales
- Semillas de calabaza o zapallo
- Elixir con hierro, vitaminas y extractos herbales. Lo puedes conseguir en una farmacia homeopática.

El segundo ciclo

Va desde la semana 13 hasta la 24, aproximadamente. Es decir, corresponde al 4°, 5° y 6° mes de gestación. Durante esta etapa, ya te habrás acostumbrado a los cambios iniciales, que pueden o no haber sido incómodos. Comenzarás a sentirte mejor, tendrás más energías y será más seguro realizar actividad física. Yoga prenatal es muy recomendable desde aquí en adelante. La pancita se pondrá a crecer de forma rápida y con esto empezarás a sentir los primeros movimientos de tu bebé.

Esto irá generando mayor conexión y conciencia de que tienes uno o más bebés en el vientre.

Como en el ciclo anterior, hay cambios que son característicos de esta etapa, pero su aparición también puede darse en otros momentos, al mismo tiempo que pueden continuar algunas de las sensaciones que se hayan experimentado al principio de la gestación. Los cambios más característicos de este ciclo son:

- Sangrado de encías y salivación excesiva
- Cambios en la piel (manchas y estrías)
- Línea parda (en la panza)
- Insomnio
- Molestias en las costillas
- Calambres
- Retención de líquido
- Estreñimiento.

Algunos son más delicados, como:

- Infecciones vaginales
- Infecciones urinarias
- Diabetes gestacional.

Sangrado de encías

Es muy común que en este período haya una mayor sensibilidad al cepillarse los dientes y comer alimentos duros. Solo si el sangrado es excesivo debes consultar a un/a odontólogo/a, ya que se podría tratar de una gingivitis. Será importante mantener un buen aseo bucal durante toda la gestación.

Existe el mito de que la/el bebé absorbe el calcio que necesita para su crecimiento de los dientes de la madre. Sin embargo, esto no es cierto. El calcio necesario lo aportará la alimentación de la madre.

Cambios en la piel

Puede ocurrir que la piel se ponga más oscura, con aparición de pecas o manchas. Existen muchas teorías y mitos al respecto. Lo importante es cuidar la piel de la excesiva exposición al sol a través de protectores solares.

En el caso de las estrías, se dice que cuánto afectan depende de la elasticidad de la piel de cada una, lo que puede incluso ser hereditario. De todos modos, se debe mantener una buena alimentación para no subir excesivamente de peso, comiendo alimentos que contengan vitaminas A y E (como zanahoria y jugos de fruta). También se puede nutrir la piel a través de masajes con aceites de almendra, germen de trigo, jojoba y rosa mosqueta, entre otros.

Línea parda

Es muy común que aparezca, de manera vertical cruzando toda la panza. Se debe a los cambios hormonales que van sucediendo. Puede aparecer junto con vellos y desaparece con el tiempo, después del parto.

Insomnio

Puede suceder que durante este período y en los últimos meses te cueste conciliar el sueño. Esto se debe a varios factores, como lograr acomodarse con la panza, los movimientos de tu bebé, la acidez, las ganas de orinar, etcétera. Intenta darle una tregua a tu mente unos minutos antes de ir a la cama, alejando todas las preocupaciones que te rodean. Realiza, además, ejercicios de respiración profunda.

También, puedes tomar infusiones de melisa, hojas de naranjo o valeriana, con una cucharada de la planta por litro de agua hervida.

Molestias en las costillas

Esto se debe a que tu bebé se está acomodando y moviendo para seguir creciendo. No debes preocuparte. Relájate, ya que tu hijito/a te está demostrando que está con salud y en pleno crecimiento.

Calambres

No debes reproducir hábitos sedentarios durante este período, a menos que tengas alguna complicación. Si no es así, debes moverte (sin hacer grandes esfuerzos), caminar, estirar y ejercitar tu musculatura. Cuando te vengan calambres, debes procurar relajarte y flexionar la zona afectada, así como elevar tus piernas al momento de descansar.

Para evitar los calambres o reducir su frecuencia, puedes consumir vegetales, alimentos ricos en potasio (como el plátano) y ricos en calcio.

Retención de líquido (edema)

Se manifiesta con sensaciones de pesadez, cansancio e hinchazón de manos, pies, piernas y tobillos, situación que puede llegar a incrementarse hacia el final del día, sobre todo en las últimas semanas de gestación.

Recomendaciones:

- Descansa con las piernas elevadas. Una forma sencilla es la siguiente: recuéstate en la cama y levanta las piernas, apoyándolas en la pared. Este ejercicio te ayudará sobre todo en la hinchazón de las piernas. Intenta hacerlo por veinte minutos, con las piernas siempre hacia arriba.
- Evita la sal en las comidas, incluidos los alimentos que la contienen en gran cantidad, como las conservas, la comida enlatada, los embutidos, los quesos, las hamburguesas, etcétera.
- Bebe mucha agua o jugos de fruta sin azúcar.
- Usa ropa holgada y zapatos cómodos.
- En caso de que el edema sea brusco en la zona de la cara o siempre al comienzo del día, será bueno que consultes con tu partera, matrona o médico/a.

Estreñimiento

Es muy común que suceda en cualquier momento de la gestación y se debe al aumento de la progesterona y la disminución de la movilidad del tracto digestivo. Muchas veces es ocasionado por los suplementos de hierro que suelen recetar los/as obstetras. Ante esto, busca una alternativa natural, como los elixires de hierro con vitaminas y hierbas.

Recomendaciones:

- Consume alimentos frescos, como frutas y verduras ricas en fibra (avena, naranja, kiwi, pera, betarraga, ciruela, papaya, etcétera).
- Mantente activa a través ejercicios recomendados para la gestación.
- Bebe jugos de fruta en ayunas.
- Consume abundante líquido durante el día.

Infecciones vaginales

El movimiento hormonal ocasiona que haya un aumento del flujo vaginal. Si notas que más allá del aumento del flujo existen otras características tales como mal olor, picazón o irritación, puedes estar en presencia de un hongo o una infección vaginal.

La vagina, en estado normal, se protege mediante la producción de su acidez natural. Cuando el estado natural de la vagina se ve alterado, se genera una infección causada por un tipo de hongo (llamado *Candida*), que se encuentra normalmente en la vagina, pero se reproduce solo cuando se altera la acidez de su entorno. Debido a los cambios hormonales, es frecuente que esto ocurra durante la gestación. Hablaremos de estas infecciones y sus tratamientos en el capítulo XIII.

Infecciones urinarias

Es muy común que se desaten en la gestación. Lo más importante es el diagnóstico temprano y el tratamiento inmediato. Por eso, durante el primer y segundo ciclo de gestación, las mujeres deberán realizarse exámenes de orina preventivos.

Una infección urinaria no tratada en la gestación puede desencadenar alteraciones graves que pueden afectar tu salud y la de tu bebé. Puede ocurrir, también, como me ocurrió, que padezcas una infección denominada “Bacteriuria asintomática”. En mi caso, al no ser tratada a tiempo, ocasionó una pielonefritis que desencadenó síntomas de parto prematuro y una semana de lamentable hospitalización. Es muy importante que consultes con tu matrona o médico/a si el examen aparece alterado, para ver cuál es el mejor tratamiento. Si en los exámenes tu orina resulta alterada con la presencia de bacterias (como, por ejemplo, *Escherichia coli*), debes medicarte con los antibióticos que indique tu médico/a.

No debes tomar las hierbas que recomendamos para infecciones en este libro, pues suelen ser abortivas y/o deben beberse por largos períodos, lo que puede ser riesgoso en una gestación. Puedes complementar el tratamiento médico con jugo de arándanos, vitamina C y jugos de fruta natural, además de abundante líquido diario. Esto solo se aplica a infecciones urinarias. Para las infecciones vaginales, puedes seguir los tratamientos recomendados en el capítulo XIII.

Diabetes gestacional

Debido a las alteraciones en la alimentación y al exceso de comida perjudicial que nos brinda la industria alimentaria, la diabetes está en auge. En gran parte, se le otorga la responsabilidad a la herencia genética, pero mucho tienen que ver en esto los hábitos alimentarios que nos transmiten las familias. Asimismo, las hormonas juegan un rol fundamental en este asunto, ya que pueden alterar la acción de la insulina, ocasionando que los niveles de glucosa lleguen a aumentar en la sangre de la gestante. Este padecimiento se diagnostica pasadas las veinte semanas de gestación a partir de un examen de tolerancia a la glucosa, ya que comúnmente no se presentan síntomas evidentes.

Cuando una mujer logra equilibrar su dieta de manera saludable, este padecimiento puede pasar desapercibido, sin alterar la salud de la madre ni la de su bebé. La idea es mantener los niveles de azúcar en equilibrio. Es recomendable que acudas a un/a nutricionista especializado/a en diabetes para que te asesore sobre una óptima dieta, dependiendo de tu tipo de alimentación (carnívora, vegetariana, vegana, etcétera). La dieta, principalmente, estará enfocada en disminuir los hidratos de carbono de absorción rápida en el torrente sanguíneo.

Recomendaciones:

- Disminuye el consumo de proteínas, grasa y leche de vaca.
- Consume frutas y verduras crudas.
- Regula el consumo de carbohidratos (como pan, cereales, pasta y arroz refinado). Consúmelos preferentemente en su versión integral.
- Disminuye la ingesta de alimentos con altas cantidades de azúcar: gaseosas, jugos, pasteles, postres, miel, chocolates y helados, entre otros.
- Realiza alguna actividad física, como Yoga prenatal, para regular los niveles de azúcar.

El tercer ciclo

Va de la semana 33 en adelante. El parto, comúnmente, sucede entre la semana 37 y la 42. Puede que te sientas un poco más cansada, así como ansiosa ante la llegada de tu retoño. Idealmente, debes descansar y aprovechar este tiempo para disfrutarlo con tu bebé y con las personas que amas. Tómate tu tiempo; no realices todo apresurada como si se fuera a "acabar el mundo". Esta es una experiencia única; procura disfrutarla a pleno.

Los cambios o padecimientos más característicos del último ciclo de la gestación suelen ser:

- Dolor de espalda
- Hipertensión: preeclampsia
- Infección Perinatal por Estreptococo grupo B (EGB)
- Hemorroides.

Dolor de espalda

En el último ciclo, esta molestia puede acrecentarse. Para no empeorar la situación, es importante cuidarse de no subir demasiado de peso durante la gestación.

Recomendaciones:

- Usa zapatos cómodos durante el día.
- Duerme con una almohada bajo las rodillas.
- Practica Yoga y ejercicios físicos que fortalezcan tus músculos dorsales y lumbares.
- Utiliza calor local con la ayuda de compresas tibias de manzanilla.

Hipertensión

Sucede cuando la sangre ejerce una mayor presión sobre las paredes de las arterias. En Chile acontece en alrededor del 10% de las gestaciones y puede deberse a predisposición genética, hipertensión previa y preeclampsia (causada por la gestación). Si la presión se ve afectada en la gestación, deberá ser controlada bajo asesoría médica ya que, por ejemplo, una preeclampsia no tratada puede evolucionar a una eclampsia y ocasionar desde convulsiones hasta un coma.

La *preeclampsia* es un trastorno que solo es causado durante la gestación. Se desconocen los factores que la ocasionan y se detecta por un aumento de la presión arterial y de proteínas en la orina. Los síntomas principales son: el cuerpo hinchado (edema), repentino aumento de peso corporal, dolor de cabeza, zumbidos en los oídos, visión borrosa y poca frecuencia al orinar, entre otras.

Precauciones y cuidados:

- Evita el exceso de sal en los alimentos (embutidos, pan, quesos, comida rápida y pizzas, entre otras nombradas anteriormente).

Recomendaciones:

- Guarda reposo y acuéstate sobre el lado izquierdo del cuerpo, poniendo almohadas altas para ayudarte. De esta manera, no presionas la vena cava (situada al lado derecho) y favoreces una mayor irrigación de sangre a la placenta, lo cual asegura oxígeno y nutrientes para el/la bebé.

- Presiona el punto de la mano entre el dedo gordo y el índice. Ayudará a bajar la presión.

- Consume mucho calcio. Estudios recientes han demostrado que cumple un papel protector contra las complicaciones de la presión alta en la mujer en gestación.

Este padecimiento se sana dando a luz al bebé.

Infección Perinatal por Estreptococo grupo B (EGB)

Se trata de una bacteria que puede aparecer en el aparato digestivo. En algunos casos, puede encontrarse en la vagina y la vejiga. Se realizan exámenes durante el tercer ciclo de la gestación para determinar su presencia en la vagina y así evitar posibles daños que puedan ocasionarse al recién nacido, ya que su presencia puede afectar la bolsa de las aguas y generar una ruptura prematura de las membranas. Esto afectaría la salud del/la bebé, al ocasionar desde septicemia, neumonía, meningitis, osteoartritis y parálisis cerebral hasta la muerte.

Cuando se detecta esta infección, el tratamiento preventivo que propone la medicina alopática utiliza antibióticos y se denomina "profilaxis antibiótica intraparto".

Las instrucciones a continuación[6] son una sugerencia para prevenir y curar una infección por EGB. Después de este tratamiento, será conveniente realizarse un examen para conocer el estado de la infección:

1. Pela, corta o machaca un diente de ajo fresco para activar la alicina.
2. Átalo con un hilo para que sea más fácil retirarlo al día siguiente.
3. Colócate el diente de ajo en el fondo de la vagina al acostarte.
4. De ser posible, evita levantarte en el transcurso de la noche.
5. Retíralo a la mañana siguiente.
6. Repite este procedimiento durante ocho noches corridas.

Hemorroides

Para tratarlas, deberás considerar los consejos de alimentación mencionados para estreñimiento y los siguientes:

- Ponte caléndula en aceite o ungüento alrededor de la zona afectada.
- Lava la zona con hemorroides con un cocimiento de marrubio, manzanilla, romero y hierba del platero. Realiza un cocimiento de partes iguales de hierba en un litro de agua, filtra y espera que se enfríe.

---

6 COHAIN, J. S. (2010). "Case Series: Symptomatic Group B Streptococcus Vaginitis Treated With Fresh Garlic", en *Integrative Medicine*, 9(3): 40-43.

• Envuelve hielo en un paño y aplícalo sobre la zona afectada.

• Usa cataplasmas de aloe vera. Esto se hace cortando las espinas y la cáscara de la planta y luego sacando el gel de adentro. Hay que lavarlo, cortar el trozo que se va a utilizar y ponerlo como cataplasma. El resto del aloe se puede refrigerar y conservar.

El parto

Para recorrer esta poderosa fase, que puede durar desde un par de horas hasta días, puedes acompañarte de las siguientes recetas herbales, que forman parte de los conocimientos adquiridos en mi formación como partera tradicional y han sido amparados en los bolsos de las parteras durante siglos.

Idealmente, para fortalecer la musculatura debes prepararte con ejercicios de Kegel durante la gestación y con masajes de estiramiento del periné.

Recomendaciones

Para el trabajo de parto

• *Laurel:* en infusión. Beber desde el comienzo. Esto ayuda a mantener la dinámica de las contracciones.

• *Romero:* en infusión. Beber solo una vez entrada en la segunda etapa del trabajo de parto, ya que relaja los músculos y fortalece el músculo cardíaco.

• *Albahaca:* en infusión. Beber en caso de muchas horas de trabajo de parto, por su efecto calmante.

• *Menta:* aceite esencial. Poner unas gotas en un pañuelo para oler en caso de mareo y agotamiento. También se puede utilizar un difusor (hornito) donde quemar unas gotas del aceite.

Para evitar desgarros

• *Manzanilla:* en infusión. Utilizar una gasa limpia (esterilizada) mojada con la infusión tibia. Otra persona debe colocártela en la zona del periné y presionar suavemente.

Para el expulsivo

• *Pimienta:* cocimiento de sus semillas (previamente machacadas). Solo tres a cuatro unidades por taza de agua. Cocinar por unos minutos y beber. Esto ayudará si el expulsivo se demora.

Como masaje

• *Lavanda* y *pimienta:* aceite esencial diluido en un aceite base. Dar masajes en la zona baja de la espalda y caderas (esto lo debe hacer otra persona).

Para las heridas de posparto

• *Matico:* cocimiento de sus hojas en un litro de agua solo por diez minutos. Filtrar, dejar enfriar y lavar la zona de la vulva con esta agua, para regenerar la zona herida y acelerar la cicatrización y la caída de los puntos en casos de laceración.

La placenta: el árbol de la vida

«Fue concebida en el momento de tu creación. Es genéticamente exacta a ti. A menos que tengas un hermano gemelo monocigótico (idéntico), nada ha sido nunca tan perfectamente exacto a ti excepto tu placenta».

Robin Lim – *La placenta: el chakra olvidado*[7]

La placenta es un órgano maravilloso. Sin su presencia, no existirían nuestras vidas. Ella hace todo por el/la bebé dentro del útero, protegiendo y satisfaciendo sus necesidades de respiración, nutrición y excreción. Es un órgano tan increíble y poderoso que, según la tradición de las parteras, posee una vida y un aura propias.

Poco se nos enseña sobre este maravilloso ser. En los hospitales, suele ocurrir que la retiran como si fuera un desecho. Primero, cortan el cordón umbilical apresuradamente, lo que debiera evitarse, por lo menos, hasta que el cordón deje de latir. Este acto solo se realiza rutinariamente para separar al/la bebé de la madre y realizarle una serie de limpiezas y chequeos innecesarios, además de la vestimenta, que pueden ser realizados en el pecho de la madre o minutos más tarde.

Al retirar y cortar abruptamente el cordón, el/la bebé pierde la sangre que se sigue bombeando desde la placenta, así como su capacidad de oxigenación, que puede seguir siendo muy necesaria.

También ocurre que la placenta es extraída manualmente con demasiada rapidez después del parto, cuando naturalmente debe ser parida, al igual que nuestros/as hijos/as. En un recinto

7 Tenerife, Ob Stare, 2014, p. 17.

hospitalario se puede esperar hasta una media hora, pero quienes trabajamos en partos domiciliarios sabemos que este tiempo es muy relativo y que se puede ayudar a la salida de la placenta con estimulación natural.

Placentofagia

Es el acto que realizan los mamíferos de consumir su propia placenta. La mayoría de los animales la consumen tras el parto y los seres humanos de diferentes culturas la han consumido también, bajo creencias y rituales diversos. Una de las tantas formas beneficiosas de consumirla es que la parturienta, tras ocurrido el parto, ingiera un trozo fresco o mezclado con frutas para hacerlo en jugo y así se beneficie de todos los nutrientes y hormonas necesarios para la madre. Con la placenta restante se puede realizar una poderosa medicina que beneficiará tanto a la madre como al/la bebé y a toda persona enferma que la necesite.

En la medicina tradicional china existe el *Zi he che*, una milenaria medicina placentaria, cuyo principal uso está relacionado con el rejuvenecimiento y la vitalidad, principios que son extraídos de la placenta.

Estudios recientes demuestran que consumir la placenta retrasa el envejecimiento a través de una mejora de la función de los procesos metabólicos, además de favorecer los sistemas cardiovascular, endocrino, inmune y el sistema nervioso central.

¿Cuáles son, para la madre, los beneficios del consumo de placenta tras el parto?

- Estimula la involución del útero debido a sus altos niveles de prostaglandina.
- Es rica en vitamina K, un poderoso antihemorrágico.
- Es rica en hierro, con lo que se evita una posible anemia posparto.
- Aumenta la energía vital, lo que ayuda a disminuir el riesgo de depresión posparto.
- Equilibra el cambio hormonal posparto.
- Repone la vitamina B.
- Ofrece alivio natural al dolor.
- Ayuda a reducir el insomnio y otros trastornos del sueño.

La lactancia

No existe otro alimento tan completo y esencial para tu hijo/a como la leche materna. Dentro de la primera hora de ocurrido el alumbramiento, idealmente, habrá que generar el apego inmediato: poner al/la bebé en el pecho de la madre, dejar que busque su camino y con sus sentidos expandidos logre alcanzar la teta. Quizás tendrá sueño y tendremos que darle un poco de ayuda[8].

Amamantar no suele ser simple. Es bueno que sepas que para hacerlo necesitas de un contexto adecuado de apoyo,

[8] Para esto, sugiero revisar las recomendaciones para una efectiva lactancia promovidas por Unicef, disponibles en <www.unicef.cl/lactancia/>.

buena asesoría y, sobre todo, cariño. Como parece un asunto "sencillo", muchas mujeres se frustran al no lograrlo inmediatamente o "a la perfección". Pero no te preocupes: a mí, incluso, con preparación y todo, me costó mucho. Y vi amigas a las que, sin saber nada, les resultó muy fácil amamantar... Todo es muy relativo. Es importante informarse y pedir ayuda a tu entorno cercano.

Frecuentemente, la gente dice que la leche materna no es suficiente para alimentar a un/a bebé. Pero eso no es cierto. Solo si tu bebé no sube de peso durante semanas y su pediatra te lo indica, deberás aplicar un refuerzo de la leche materna para complementar la nutrición. Pero si esto no ocurre, no te dejes llevar por los comentarios a tu alrededor. Tu leche materna siempre será el mejor alimento para tu hijo/a.

Te recomiendo que, si tienes problemas en esta etapa, acudas a una asesora de lactancia materna acreditada; ellas pueden orientarte de la mejor forma según tu caso.

Receta para aumentar la leche

Si deseas aumentar tu leche, deberás beber bastante líquido a diario, así como alimentarte óptimamente. Además, puedes ayudarte con infusiones de hinojo y galega, y beber leches vegetales de avena, sésamo y pepa de calabaza.

Mastitis

Evita que la leche se acumule en tus pechos. Si tu bebé no mama o pasa muchas horas durmiendo, extrae la leche con tus manos o con la ayuda de un extractor manual (o, idealmente, amamanta a otro niño o niña). Si tus pechos están muy hinchados y la leche no puede fluir por el estancamiento, toma unas hojas grandes de repollo, sumérgelas en agua caliente y ponlas tibias en tus pechos. Puede que solo tengas una acumulación o estancamiento de leche, pero si llegas a sentir durezas en alguna mama, tienes fiebre de más de 38ºC o te sientes con fatiga, puede que estés atravesando una mastitis. Comúnmente, son tratadas con antibióticos para evitar que tu pecho se infecte y tengas que someterte a una cirugía. Lo mejor para no llegar a una mastitis es evitar que tus pechos se llenen de leche y hacer que tu hijo/a mame a libre demanda.

Heridas en los pezones

Esto es muy común, por eso es importante trabajar con los pezones antes de la lactancia. Durante toda nuestra vida, los pezones son espacios que nunca se exponen libremente, que viven ocultos. Un buen ejercicio durante la gestación es exponerlos al sol, a la luz, al viento, al aire, al tacto. Estirarlos, cepillarlos suavemente, masajearlos para que se formen. La manera en que el/la bebé succiona es muy intensa y profunda. Si el pezón no está formado hacia afuera, es común que se lastime y que con la boca tu hijo/a les vaya dando la forma.

Intenta secar las heridas al sol o con la ayuda de una lámpara de luz cualquiera. Puedes usar crema pura de lanolina o ungüento de matico y/o caléndula. Asimismo, puedes machacar las hojas de estas hierbas y ponerlas directamente en el pezón, luego sacarlas, lavarte y secar tus heridas con la ayuda de un secador de cabello.

CAPÍTULO XII

LA PLENOPAUSIA

El período de fertilidad de la mujer se extiende generalmente entre los 10/15 años y los 45/55, aproximadamente[1]. Para la medicina tradicional china, el período posterior a la etapa fértil es denominado *segunda primavera* “porque representa una renovación de la energía y de las oportunidades”[2].

El fin del período fértil es un proceso lento, que puede comenzar varios años antes del cese definitivo del ciclo menstrual. En nuestra cultura, como todo lo que forma parte de la sexualidad, este también es un tema tabú. Es por esto que, lamentablemente, muchas mujeres lo viven en silencio y aisladas, como si estuviesen pasando por una enfermedad contagiosa o de la cual habría que avergonzarse. Sin embargo, todas llegaremos a ese momento que solo conocemos como la desaparición de nuestra sangre, lo que supuestamente acarrea síntomas desagradables. Sin embargo, es un momento mucho más complejo y poderoso de lo que sabemos.

En muchas culturas, la terminación de la fertilidad es una etapa venerada, pues es el momento en que las mujeres se vuelcan hacia su propio centro y espiritualidad, reciben la

[1] La palabra “plenopausia” es un juego de palabras orientado a representar una experiencia plena del momento de la vida de una mujer comúnmente conocido como “menopausia”. De ningún modo intenta significar un cese en la plenitud, sino todo lo contrario.

[2] Zhao, X. (2006). *Medicina tradicional china para la mujer*. Barcelona, Urano, p. 233.

misión de guardianas de la sabiduría y de su transmisión a las más jóvenes. Las mujeres mayores, así como las ancianas, suelen ser consejeras de las tribus y aldeas. Ante su vasta experiencia, se les pedirá que sean un médium entre la sabiduría terrenal y la espiritual que cohabitamos.

> Cuando la sangre deja de fluir hacia el útero, puede ir hacia el corazón. Allí nutre el *Shen*, que es el espíritu interno de nuestra identidad. Por esta razón, puede que sintamos el deseo de realizar nuestras necesidades espirituales[3].

Al igual que la adolescencia, la *segunda primavera* es un proceso de cambios que trae consigo modificaciones físicas y emocionales intensas, que se manifestarán de distinta forma, dependiendo de cómo estemos transitando nuestra vida y cómo sea nuestra sexualidad.

Los estereotipos femeninos y la sobrevaloración de la juventud en desmedro de la vejez juegan roles fundamentales en la percepción que tendremos para atravesar esta fase. Asimismo, existe mucha estigmatización, ignorancia y mitos relacionados con los cambios sexuales ocurridos en esta etapa. Muchos suelen ser despectivos, y la sociedad se encarga bien de asustarnos y de crear realidades apresuradas y "aterradoras" con respecto a lo que nos sucederá. Nuestra mente, apoyada en los temores previos, suele buscar apresuradamente alguna medicación para paliar los "síntomas", que no son más que respuestas naturales ante el descenso hormonal.

> La mujer postmenopáusica tiene la capacidad de ofrecer a sus hijos su conocimiento y experiencia acerca del mundo interior, la divina fuente creativa y la espiral del linaje; también ama y cuida, pero esta vez superando el rol de mujer que nutre y alimenta[4].

3 Ídem, p. 237.
4 Gray, M. (2003). *Luna roja: los dones del ciclo menstrual.* Buenos Aires, Gaia, p. 244.

Es momento de valorar a nuestras mujeres en sus variados ciclos, pero sobre todo en su madurez, cuando es momento de reconocer su trayectoria y potencial espiritual. En este período, la mujer deberá desplegar toda su sabiduría a su interior y complacerse con todo lo que hasta entonces no ha podido realizar. No solo de enseñar se trata; también de realización personal, de exploración y de buceo en nuevos placeres y expresiones.

Este período de plenitud será liderado por el arquetipo de la Mujer Sabia [*kimche domo*], así como también por el de la Bruja, Chamana, Hechicera o Curandera [*kalku*]. Ya se habrá recorrido el camino de los ciclos y se gozará de madurez, belleza y sabiduría. Como dice Miranda Gray, "ya no estás unida al ciclo, sino que eres el ciclo"[5].

Terapia Hormonal de Reemplazo (THR)

La menopausia es un excelente ejemplo de cómo la medicina ha experimentado y se ha equivocado con nosotras. Si bien existen muchas mujeres a las que estar reguladas por hormonas sintéticas les genera un alivio a sus "malestares" a corto o largo plazo, esto esconde varias contraindicaciones, que van desde la posibilidad de agravar un cáncer preexistente hasta la de provocar hemorragias, trombosis, aumento de peso, náuseas y dolores de cabeza, entre otros. Lo lamentable es que una vez que el organismo se acostumbra a la medicación, es difícil abandonarla, debido a que los síntomas vuelven más intensamente.

Ante la posibilidad de un aumento del riesgo de enfermedades cardiovasculares en mujeres postmenopáusicas, se ha promovido la THR como una medida de protección y prevención.

5 Ídem, p. 248.

Sin embargo, su eficacia se ha desmentido, como se puede comprobar en varias investigaciones.

Lo que sí demostró mejorar la THR, debido a la baja de estrógenos, fue el problema de los sofocos[6]. Pero, como veremos más adelante, este tema también se puede resolver con remedios naturales.

Otro asunto importante es que la THR suele recomendarse de manera rutinaria a muchas mujeres, sin hacer un estudio previo para cada caso. Hay que tener en cuenta que está contraindicada si se padecen problemas de riñones, hígado, corazón, diabetes o si hay un historial familiar de cáncer. En estos casos, esta medicación puede aumentar el riesgo de cáncer de mama, así como enfermedades cardíacas y derrame cerebral.

¿Cuáles son los síntomas de la menopausia?

Años antes del cese definitivo de la menstruación, de a poco la mujer irá percibiendo la baja hormonal. Esto se puede presentar de manera gradual, lo cual puede ser un tanto confuso y desestructurante. Este es el período de premenopausia, durante el que la menstruación es totalmente irregular. Solo después de transitar al menos un año, o incluso hasta veinticuatro meses en ciertos casos, sin menstruación, se considera que ha ocurrido la menopausia, que en sí misma significa "la última menstruación". El período que viene después se denomina "postmenopausia" y solo desde entonces la mujer podrá despreocuparse de su método de control de natalidad. Es común que en la transición muchas mujeres queden en gestación por sorpresa.

6 Harman, S. M. y otros (2014). "Arterial Imaging Outcomes and Cardiovascular Risk Factors in Recently Menopausal Women. A Randomized Trial", en *Annals of Internal Medicine*, vol. 161, pp. 249-260.

Cada mujer vivirá esta transición de manera peculiar. Todo dependerá de cómo se haya preparado para esta etapa y cómo se encuentre su salud física y emocional.

Será natural, debido a la baja hormonal, sentir ciertos síntomas inquietantes. Solo cuando estos se vuelven un problema grave de salud es necesario recurrir a la medicación. Los síntomas van desde irregularidad en la menstruación, sofocos, insomnio, inestabilidad emocional, infecciones vaginales y urinarias, sequedad vaginal y tensión en los senos hasta problemas óseos y circulatorios, entre otros. Es posible tener alguno de estos síntomas, una mezcla o ninguno. La medicina intenta resolverlos agregando hormonas sintéticas y tratando de regularizar esta etapa, haciendo de alguna manera "regresar" a la mujer a las hormonas que el cuerpo naturalmente está bajando. Además, se suelen recetar tranquilizantes, óvulos vaginales, medicación para la osteoporosis, etcétera.

Consejos para la transición

- Reúnete con mujeres que transiten esta misma fase: organiza círculos de mujeres y desarrolla a la par alguna actividad artística para el estallido de las energías creativas.

- Busca literatura amorosa que abarque este período y que trabaje con el arquetipo de la Mujer Sabia, que te acompañará.

- Ábrete a buenas experiencias y omite las malas, con las que de seguro te sentirás bombardeada.

- Habla de "plenopausia". Dile adiós a la "menopausia", pues esto no es un fin, sino el comienzo de algo nuevo, una segunda primavera.

- Naturaliza tu proceso ante tu comunidad, familia, pareja, amigos/as, y todas las personas que te quieren y desean acompañarte.

- Libérate de la categoría "enfermedad" y con ella, deshazte de la medicación hormonal. Conoce las terapias herbales, dietéticas, energéticas y físicas que te pueden ayudar en el equilibrio de tus hormonas.

- ¡Disfruta de tu sexualidad! Ante la sequedad vaginal, la masturbación y los orgasmos son la mejor solución.

Ejercicios físicos

Mantenerte activa será vital para conservar un equilibrio entre cuerpo, mente y espíritu. Son muy recomendables prácticas como el Yoga, ya que se han desarrollado diversas técnicas exclusivamente para la regulación hormonal. Asimismo, el Tai chi, el Chi kung, las caminatas descalzas y la meditación son excelentes complementos para mantenerte en equilibrio y con energía.

ALIMENTACIÓN

La alimentación será fundamental para acompañar todas estas transformaciones. Planifica una dieta equilibrada siguiendo estas recomendaciones:

- Consume soya orgánica. Puede ser en leche, tofu, brotes, etcétera. Cómela tres o cuatro veces a la semana, ya que posee fitoestrógenos.

- Integra alimentos ricos en vitaminas A, E, B y F, así como minerales (calcio, hierro, magnesio y fósforo).

• Incluye maca en tu dieta. Es un regulador natural que constituye un efectivo tratamiento ante la baja hormonal. Es un tubérculo de origen andino-peruano que estimula la glándula pituitaria y el hipotálamo. Utilizada desde antaño para aumentar la fertilidad en los animales, funciona también como energizante y como regulador hormonal, y ayuda a aumentar la memoria. Se consume como un suplemento alimentario. Se encuentra fácilmente en el mercado en forma de polvo deshidratado, que podrá consumirse mezclado en agua, jugos o sopas. Se puede comenzar con media cucharada diaria y luego aumentar a una cucharada, dependiendo de los síntomas. Asimismo, se puede conseguirla en cápsulas, que se pueden consumir entre tres y seis diarias, en función de la necesidad. No se recomienda su consumo a mujeres que están bajo tratamiento con anticonceptivos hormonales o THR.

Para los problemas de elasticidad de la vagina

• Consume vitamina E, que ayudará a disminuir la pérdida de los estrógenos. La encuentras en las nueces, almendras, cereales integrales, germen de trigo, etcétera.

• *Perlas de Onagra*: su aceite, en cápsulas, contiene ácidos grasos esenciales poliinsaturados, que resuelven problemas de retención de líquidos, sofocos, sequedad de mucosas, etcétera.

Para la sequedad vaginal

• Usa localmente aceites esenciales de salvia y ciprés, diluidos en una base de aceite de jojoba.

Para tratar las ráfagas de energía (sofocos)

• *Arvejas, pepas de girasol* y *pepino*: intégralas a tu dieta tres veces por semana.

• *Zarzaparrilla*: infusión de una cucharada de hojas en una taza. Beber una taza diaria.

• *Salvia*: infusión de una cucharada por taza. Beber todas las noches una taza antes de acostarte. Disminuye los sofocos nocturnos y ayuda a tener un buen sueño.

• *Sustitutivo del agua*: tomar al menos tres vasitos al día durante un mínimo de nueve días[7]. Este tratamiento se puede repetir siempre que se quiera.

1. Triturar un apio y un limón con cáscara.
2. Hervir todos los ingredientes durante treinta minutos.
3. Dejarlos reposar durante diez minutos.
4. Colar el preparado y guardarlo en botellas de vidrio.

Para la osteoporosis (pérdida de minerales y calcio en los huesos)

Durante nuestra infancia y durante una gestación, es fundamental el aporte de calcio, para evitar una serie de problemas a futuro durante la menopausia. Debemos consumir alimentos ricos en calcio y vitamina D, que ayuda a fijar el calcio.

• Integra frutos secos y semillas (girasol, sésamo, almendras, avellanas, pistacho, avena, cacao, higos secos, pasas, etcétera).

• Consume frutas cítricas (mandarina, pomelo, limón y lima), porque además de ser ricas en vitamina C, tienen calcio.

---

7 "La menopausia", volumen 5 de la *Revista Vida Sana y Natural*, donde se explica el uso de distintos remedios caseros (2002-2006), p. 6.

- Incorpora también algunas verduras que proveen calcio (zanahoria, alcachofa, apio, coliflor y cebolla, entre otras).

Batido para combatir la osteoporosis[8]: tomarlo tres veces por semana, durante todo el tiempo que sea necesario.

1. Romper un huevo y quitarle la cáscara.
2. Poner a hervir la cáscara en un recipiente con agua durante cuatro minutos.
3. Sacar la cáscara del agua y triturarla en un mortero.
4. En un recipiente aparte, mezclar la cáscara triturada con el jugo de un limón y batir.
5. Dejar reposar doce horas o más para que el limón le extraiga el calcio a la cáscara de huevo.

Como complemento de este ajuste de las costumbres alimentarias, se debe practicar una caminata diaria como ejercicio físico, al menos media hora, para ayudar a fijar el calcio, así como exponerse a los rayos del sol (excepto en horas de máxima radiación), ya que esto ayuda a su absorción.

Además, hay ciertos ladrones de calcio que siempre deberán evitarse: café, cigarrillo, harinas refinadas, azúcar refinada y gaseosas negras, tipo cola.

Para equilibrar el sistema nervioso

Toda transformación repentina puede llevarnos a estados nerviosos o de ansiedad. Para acompañarte en estos cambios, te recomendamos las siguientes recetas.

- *Melisa*: infusión de una cucharada en un litro de agua. Beber dos tazas diarias.

8 Ídem, p. 27.

- Come verduras verdes por la noche, especialmente lechuga, que contiene magnesio y favorece el sueño. Se puede tomar una infusión de cogollos tiernos de lechuga si se sufre de insomnio[9].

Placentofagia (consumo de placenta)

En mi experiencia y aprendizaje con mujeres sabias –en su mayoría parteras tradicionales, a quienes honro y de quienes sigo aprendiendo–, he conocido la ancestral práctica del consumo de placenta como medicina para esta etapa. La forma habitual es en *tintura madre* de placenta: consumir a diario por tiempo indefinido una cucharada de tintura en medio vaso de agua. Esta poderosa medicina es rica en hormonas orgánicas (no sintetizadas en laboratorios) que ayudarán a equilibrar la situación hormonal. Hablamos más sobre placentofagia en el capítulo XI, que trata sobre la gestación, el parto y la lactancia.

Plantas afrodisíacas: recetas de Afrodita

Las mujeres podemos usar estas plantas y especias en cualquier momento de nuestras vidas; su uso no es exclusivo de la menopausia[10].

Una vez que nos conocemos, podemos encender nuestra libido deseosa y disfrutarla mejor a partir de ciertas plantas

---

9 Vargas, L.; Vargas, R. y Naccarato, P. (1995). *De salvia a toronjil. Guía de medicina natural para la salud de la mujer*. Lima, Flora Tristán, p. 83.

10 Quisiera aclarar que no pienso que este sea exclusivamente el período en el que las mujeres necesitan afrodisíacos. Quise incluir esta información aquí porque este es un momento óptimo para regalarse placer. He escuchado de las propias mujeres decir que este período significa para ellas "el fin de su sexualidad", uno de los tantos mitos negativos que rodean a esta etapa.

y pociones mágicas que nos acompañan desde siempre. La palabra "afrodisíaco" proviene de la Diosa griega del amor, Afrodita, "nacida de las espumas", deidad que representa la belleza, el erotismo, la sensualidad y la sexualidad. A lo largo de la mitología, han existido muchas plantas, así como minerales y alimentos, que estimulan la energía sexual/sensual. Las siguientes son plantas, frutas, aceites y especias reconocidas por encender las pasiones y el erotismo, hacer circular la sangre de los genitales, estimular y activar la energía sexual. Han sido utilizadas por milenios y, por supuesto, han sido prohibidas en ciertos períodos históricos, al ser acusadas de incitar a rituales "demoníacos".

Las incluimos en este capítulo para estimular la segunda primavera y así aprovecharla con mayor intensidad. También serán muy útiles como complemento para mujeres con problemas de falta de deseo o de energía sexual.

- *Piña:* comer la fruta fresca o el siguiente preparado: "se mezcla con chile en polvo o con miel macerada en ron blanco; se dice que un vasito diario incrementa la fuerza sexual"[11].

- *Ajenjo:* en infusión. También es conocida su bebida alcohólica, *absenta*, llamada "hada verde" por ser embriagante y estimulante. En altas dosis, puede ser tóxica.

- *Ylang-ylang:* en difusor para aromaterapia y en aceite esencial diluido para masajes corporales.

- *Canela:* beber en cocimiento, junto a clavo de olor y vino tinto. También es usado en aromaterapia su aceite esencial, que puede utilizarse diluido para masajes corporales.

---

11 Rätsch, C. (2011). *Las plantas del amor. Los afrodisíacos en los mitos. La historia y el presente.* México, Fondo de Cultura Económica, p. 46.

• *Ajo:* comer el bulbo crudo en ensaladas para despertar las pasiones. Este alimento posee múltiples connotaciones místicas relacionadas con la magia y la brujería. "Los romanos lo consagraban a la Diosa de la fertilidad, Ceres, y elaboraban un brebaje amoroso de ajo mezclándolo con cilantro"[12].

• *Ágave:* es un remedio curativo, embriagante y de uso ritual. Beber el líquido y destilado de las pencas (pulque). Tiene un efecto ligeramente embriagante y desinhibidor[13].

• *Amaro:* aceite esencial. Aplicarlo diluido en zonas sensibles de la piel o inhalar directamente el aceite. Tiene efectos estimulantes y excitantes.

• *Cáñamo:* la planta hembra fumada en cigarrillo es altamente excitante.

• *Clavo de olor:* en infusión. Beberlo mezclado con miel y canela.

• *Fenogreco:* decocción de media cucharada en un litro de agua. Beber un vaso todas las noches.

• *Jengibre:* comer la raíz cruda rallada en ensaladas o beber infusiones.

• *Zarzaparrilla:* popularmente se utiliza mezclada con regaliz. Se prepara un cocimiento de las raíces de ambas. Beber dos vasos diarios treinta minutos antes de las comidas (contraindicada en casos de hipertensión).

---

12 Ídem, p. 45.
13 Ídem, p. 44.

CAPÍTULO XIII

INFECCIONES GINECOLÓGICAS

HONGOS, ITS Y CISTITIS

Hoy en día es muy común padecer alguna infección ginecológica en el transcurso de nuestras vidas. Existen diferentes tipos, que pueden afectar nuestra salud al situarse en la vulva (provocando "vulvitis"), en la vagina ("vaginitis"), en el cuello uterino ("cervicitis") y en zonas del tracto genital superior, como el útero ("enfermedad inflamatoria pelviana – EIP"). También existen las infecciones genitourinarias, que pueden afectar la vejiga, la uretra o los riñones.

Si las infecciones provienen de microorganismos que ellas mismas producen, se llaman "infecciones endógenas", como las que se ocasionan dentro de la misma flora vaginal. Si, por el contrario, llegan al organismo desde afuera, se dice que son "exógenas", como cuando se adquiere alguna infección de transmisión sexual (ITS), por ejemplo.

Dentro de esta clasificación de infecciones, las endógenas suelen ser: *candidiasis vulvovaginal*, *vaginosis bacteriana* y *estreptococo b-hemolítico*. Las exógenas: *clamidiasis*, *herpes genital* (herpes simple o VHS), *gonococia*, *tricomoniasis*, *sífilis*, *virus de inmunodeficiencia humana* (VIH), *virus del papiloma humano* (VPH) y *micoplasmosis*[1].

---

1 Referencias tomadas de la sección de infecciones ginecológicas de: <www.salud-mujer.idoneos.com>.

Ante las diferentes infecciones vaginales, el diagnóstico médico más común suele ser el de “vaginitis”. Sin embargo, con este nombre se denomina cualquier tipo de inflamación o infección presente en la vagina, por lo que es necesaria más precisión. Los síntomas más comunes son: descarga vaginal, prurito, inflamación de los genitales, dolor al orinar y/o durante el coito y olor desagradable, entre otros.

Un tratamiento natural deberá realizarse con base en un diagnóstico certero. Habrá que preguntarse, por ejemplo, si esa vaginitis se debe a una infección por clamidia o a un virus u hongo no tratado.

Si el tratamiento médico efectuado para un primer diagnóstico no da buenos resultados, exige la realización de exámenes que determinen con exactitud la infección que padeces para realizar un tratamiento efectivo, debido a que puede tratarse de una ITS que esté dañando sigilosamente tus órganos.

Diferencias entre hongos e infecciones vaginales

Es frecuente que las personas confundan los síntomas de la presencia de un hongo con los de una infección vaginal. A diferencia del hongo, las infecciones (comúnmente las ITS) provocan un flujo con olor más fuerte, de color amarillo o verde y a veces espumoso. En hombres, pueden ser asintomáticas. No obstante, si la pareja sexual resultara diagnosticada con una infección, es necesario que ambos sigan un tratamiento. En las mujeres, los síntomas más comunes son: molestias durante las relaciones sexuales con penetración, picazón externa por toda la zona de la vulva y la vagina, y secreción vaginal de diversos tipos (amarillenta, verdosa y/o espumosa). También puede presentarse inflamación en los labios vaginales, sumada a olor desagradable e intenso.

Cuando se presentan síntomas en los hombres, estos pueden ser: ardor después de orinar o al momento de eyacular, secreción especial o picazón en la uretra. Detallaremos cada una de las ITS más adelante.

Mediante un amoroso y profundo trabajo de autoconocimiento, te resultará más sencillo reconocer estos desajustes, lo cual es de gran importancia debido a que muchas mujeres y sobre todo hombres suelen no realizarse un tratamiento por pudor o porque se suele creer que toda infección es un simple hongo que se esfuma por "arte de magia" con el tiempo, pero tanto un hongo como una infección deberán ser curados a tiempo y cada uno necesitará un tratamiento diferente.

FLUIDOS VAGINALES: GUARDIANES SILENCIOSOS

La vagina forma un ecosistema muy eficaz para protegerse a sí misma de todos los agentes externos que puedan invadirla. A través de toda una acción colaborativa de nuestro organismo, se mantiene protegida mediante la acidez de la flora habitual que reconocemos en el flujo vaginal. Cualquier situación que genere alteraciones en su equilibrio ácido-alcalino dejará a nuestros órganos desprotegidos ante la posible aparición o contagio de patógenos.

Los factores externos que pueden alterar este ecosistema son el uso de protectores diarios, toallas higiénicas desechables, jabones, desodorantes vaginales, anticonceptivos hormonales y ropa interior sintética, entre otros. Asimismo, el semen, con un pH 6, es mucho más alcalino o básico que la vagina, con su pH 4,5, por lo que debemos evitar su permanencia en ella. Para esto, puede aportar la alternancia de nuevas formas de relaciones sexuales, como prácticas tántricas o que involucren el uso de condón.

Del mismo modo, debemos evitar el uso prolongado de antibióticos y una alimentación con excesiva presencia de harinas y azúcares refinadas, para que ninguno de estos agentes neutralice nuestros mecanismos naturales de protección.

El flujo vaginal se autorregula de manera perfecta: limpia y protege de patógenos externos a partir de su macrobiota compuesta por bacterias vivas, mayormente *Lactobacillus*. Asimismo, la acción de los estrógenos es fundamental para el mantenimiento de este equilibrio. Si estas hormonas se ven alteradas, la humedad se modifica, así como la consistencia y composición de nuestro flujo.

Como el flujo vaginal sufre variaciones a lo largo de todo nuestro ciclo lunar, es necesario aprender a reconocer cuándo los cambios son parte de nuestra transformación hormonal y cuándo están alertándonos de que algo anda mal. Sin nuestro flujo guardián, se facilitará la proliferación de hongos o el contagio de infecciones. Hoy se reconoce que la acción del ácido láctico (presente en una vagina sana) protege ante diversas infecciones.

> El ácido láctico ha demostrado ser más eficaz que la acidez por sí sola como microbicida contra el VIH o contra los patógenos como *Neisseria gonorrea*. Se cree que la exposición a bacterias Gram-negativas, en presencia de ácido láctico, tiene efectos estimulantes sobre el sistema inmunológico de defensa innata del huésped[2].

La alteración de nuestra flora vaginal se manifiesta con una descarga inusual de flujo acompañada por mal olor, irritación, etcétera. Podemos notar que aquello es un aviso, para intentar retornar al equilibrio de nuestro ecosistema.

---

[2] Ma, B.; Forney, L. y Ravel, J. (2012). "The Vaginal Microbiome: Rethinking Health and Diseases", en *Annual Review of Microbiology*, nº 66, pp. 371-389.

El medio social nos enseña a ocultar todo tipo de "fluidos". Paradójicamente, las mujeres somos "seres de fluidos": flujo vaginal, sangre menstrual, leche materna, etcétera. Nos enseñan a no tener contacto con estas secreciones, a sacarlas de nosotras e higienizar lo máximo posible nuestras "zonas íntimas". Eso nos conduce a actuar en contra de nuestra propia salud, ya que al menos la vagina se limpia a sí misma y no necesita más que agua para el mantenimiento de su higiene. Su excesiva limpieza termina dañando su sistema natural de protección.

Es tan imprescindible el mantenimiento del equilibrio de nuestra flora vaginal que hoy se estudia mucho el uso y aplicación de probióticos para promover el balance de microorganismos en nuestro cuerpo. Un interesante estudio reveló que

> el canal vaginal es el sitio original de colonización microbiana para los bebés nacidos naturalmente. Se ha descubierto que los bebés nacidos por cesárea poseen comunidades microbianas mucho menos diversas, lo que ha sido relacionado con un incremento en el riesgo de obesidad, asma, enfermedad celíaca y diabetes. A la luz de esta nueva revelación, las investigaciones se han centrado en determinar cuán efectivo sería "bautizar" con microbios vaginales a los bebés nacidos por cesárea[3].

Cabe destacar que estamos hablando de una vagina saludable, que posee su vasto mundo de bacterias protectoras. No obstante, cuando existe una infección en la vagina, se pueden

---

3 Flox, A. V. (2015), "Enter the Vaginome: Meet the Microbes that Live in our Vaginas", en *Motherboard*, 3 de marzo.
Para más información ver Biasucci, G.; Benenati, B.; Morelli, L.; Bessi, E. y Boehm, G. (2008). "Cesarean Delivery May Affect the Early Biodiversity of Intestinal Bacteria", en *The Journal of Nutrition*, 138(9): 1796-1800, septiembre.

producir daños a la salud del recién nacido cuando atraviese el canal de parto. Por ello, se realiza un examen preventivo durante la gestación, específicamente para determinar el *estreptococo* del grupo B, que es un tipo de bacteria que vive en el tracto intestinal y vaginal, y que naturalmente no genera daños en su portadora pero al recién nacido (no en todos los casos) puede ocasionarle daños en la sangre, los pulmones o el cerebro.

Moco cervical

Es parte de nuestro flujo vaginal y es secretado por el cuello del útero a partir de sus criptas (glándulas), que bajo influencia neurológica y hormonal secretan diferentes tipos de moco durante todo el ciclo. Su función es la de bloquear nuestro cérvix para la entrada de los espermatozoides y acogerlos en momentos de fertilidad para una posible concepción, así como generar un tampón que cierra y protege la entrada de posibles patógenos a nuestro útero. Los cambios se pueden percibir en tres fases: la fase preovulatoria o folicular, la ovulación y la fase premenstrual o lútea.

¿Cómo se comporta nuestro moco cervical durante nuestro ciclo?

- *Durante la fase preovulatoria o folicular:* al finalizar nuestra menstruación, pasamos por un período "seco" de mucosidad, durante el que aparece el moco cervical ácido, concentrado en ejercer de tampón en el cuello del útero para protegerlo de infecciones y de la posible entrada de espermatozoides. Es un período de poca fertilidad. El moco tiene una consistencia espesa, no elástica y de coloración blanca, amarillenta u opaca. Esta fase suele durar siete días, aproximadamente, en un ciclo de veintiocho.

- *Durante la ovulación:* las hormonas de a poco se van preparando para la ovulación, lo que ocasiona que las criptas del cuello uterino comiencen a secretar un moco más elástico y menos ácido unos días antes. De a poco, el flujo aumenta notoriamente, por lo que te sientes más húmeda. Al examinarlo, su consistencia es similar a la de la clara de huevo. Es transparente y, si lo estiras con tus dedos, no se corta. Podrás ir notando que el día cúspide de tu fertilidad se acerca. Es el momento en que el cérvix se dilata y se alinea con la vagina para la posible entrada de los espermatozoides. La función de este moco fértil es la de proteger y encaminar a los espermatozoides desde la vagina hasta las trompas uterinas, además de brindarles más tiempo de vida: pueden estar vivos de tres a cinco días dentro de nuestro cuerpo. Por otro lado, el moco cervical nos ayuda a una mejor lubricación para aquellos días de más libido.

- *Durante la fase premenstrual o lútea:* ocurrida la ovulación, si el ovocito no es fecundado, tres días después del día de máxima fertilidad, vuelve a aparecer el tampón mucoso en el cérvix que cierra la entrada del útero y nos protege ante patógenos. Este moco es espeso y pegajoso, de textura gruesa y coloración blanca o amarilla. Este período será de infertilidad y durará hasta el comienzo de una nueva menstruación.

¡Conozcamos nuestros fluidos!

La vagina y sus glándulas secretan fluidos lubricantes a partir de la excitación sexual. Estos se componen de agua, piridina, escualeno, urea, ácido acético y ácido láctico, entre otros. Su consistencia dependerá de la fase del ciclo que transites. El escualeno es nuestro lubricante natural por excelencia, una sustancia que también existe en el hígado de los tiburones. Curioso, ¿no? Se extrae de estos animales para cremas humectantes y lubricantes y se ha descubierto que tiene incluso propiedades anticancerígenas.

La única secreción vaginal que nos perjudica es aquella que se manifiesta al padecer un hongo o infección, ya que su aparición suele ser incómoda. La mayoría de los productos químicos (como protectores diarios, hechos para ocultar el moco cervical) atacan nuestro propio sistema de defensa, interfiriendo con nuestra ecología vaginal.

Por otro lado, la anticoncepción hormonal (al modificar nuestras propias hormonas) tiene como función interferir en el funcionamiento natural de nuestro moco cervical para impedir la concepción, por lo que es común manifestar hongos vaginales cuando nos encontramos bajo tratamiento con este tipo de medicamentos, lo que hace difícil reconocer nuestro moco en sus fases naturales.

La contaminación y el estrés, así como una alimentación deficiente o una baja de defensas, entre otras cosas, afectan nuestro sagrado moco guardián. Es momento de interactuar con nuestro fluido ecosistema y protegerlo con la ayuda de alimentos que contengan probióticos, así como dejarlos libres de químicos ante la obsesiva higiene que propone el mercado.

Hongos vaginales

El hongo que más comúnmente provoca infecciones es el *Candida albicans.* Es un hongo que se encuentra en todas partes, en la flora común de la boca, el intestino y la vagina. En esta última puede vivir sin provocar daños, pero si el equilibrio ecológico de la vagina se ve alterado, este hongo puede desarrollarse y multiplicarse, provocando molestias. Cuando la acidez se altera, permite al hongo reproducirse, causando la infección.

Todas las mujeres somos vulnerables a padecer hongos vaginales en algún momento o en varios a través de nuestras vidas. Es importante tratarlos a tiempo para evitar su expansión y las incomodidades que conllevan, que van desde la inflamación de las vías urinarias hasta fuerte dolor abdominal.

Síntomas

Sus principales síntomas son: flujo vaginal anormal (muy abundante, de color blanco y de espesura lechosa) y enrojecimiento de la vulva, con ardor y picazón. Además, puede que las relaciones sexuales con penetración resulten dolorosas y que haya dolor al orinar.

Tratamiento natural

- *Yogurt natural (kéfir o de pajaritos):* que contenga lactobacilos vivos. Deberás ponerte yogurt en la vagina, con la ayuda de una cuchara pequeña o una jeringa (sin aguja). Una vez que haya entrado, debes ponerte una toalla para que no se salga y recostarte. A la mañana siguiente, lávate solo con agua. Este tratamiento debe durar siete noches seguidas.

- *Cápsulas de yogurt:* son óvulos de yogurt que se consiguen con el nombre de "Lactobacilos acidófilos". Debes colocártelos en la vagina durante cinco noches seguidas.

- *Óvulos vaginales de caléndula y hamamelis:* úsalos entre cinco y siete noches seguidas.

- *Pomada o aceite de salvia:* colócatela con el dedo dentro de la vagina entre cinco y siete noches seguidas.

- *Ajo:* pela un diente de ajo e insértalo en lo más profundo de tu vagina en la noche, antes de dormir, durante cinco noches seguidas. Cada mañana, retíralo y usa uno diferente cada noche.

- Para la picazón, lávate con una taza de agua cocida (hervida y luego enfriada a temperatura ambiente) más dos cucharadas de vinagre de manzana. También puede ser jugo de limón. Recuerda: ¡no debes rascarte! Solo empeorará la situación.

- Ajo machacado y puesto a macerar en agua fría: lávate con esa agua.

Debes realizar cada una de estas opciones por separado. Espera a terminar una, descansa una semana y, si el hongo sigue, elige otra opción.

INFECCIONES GENITOURINARIAS: CISTITIS

Otras infecciones muy comunes son las de tipo urinario. La *cistitis* es una inflamación de la vejiga que suele ser frecuente en las mujeres. Solemos ser más propensas a contraerla debido a que nuestra uretra es más bien corta y cercana al ano, lo que facilitaría una infección. Aún más propensa a padecer infecciones urinarias puedes ser si utilizas píldoras anticonceptivas, si sufres de diabetes, si estás gestando, si estás con defensas bajas, si tienes cálculos renales, etcétera. Más persistente se hace la cistitis cuando no dejamos fluir las aguas de nuestras emociones, como por ejemplo, llorando o expresando deliberadamente lo que sentimos o necesitamos.

La función de la vejiga es albergar, almacenar y expulsar todos los residuos sintetizados por los riñones. Es un órgano que debe mantener un equilibrio constante entre la retención y la evacuación, un balance no solo físico sino también psicoemocional. Lo antiguo o viejo debe salir de nosotras; debemos dejar de retenerlo para soltarlo. ¿Para qué guardar? Este órgano también se relaciona con la rabia o la ira acumuladas, y con la irritabilidad de nuestras emociones, que generan la misma sensación en nuestra vejiga.

Síntomas

Los más comunes son: frecuentes ganas de orinar, sensación de ardor, micción con dolor o con sangre, ardor al finalizar la micción (se siente que sube un ardor por la uretra), dolor por encima del pubis, falso deseo de orinar (solo se hacen gotas), orina con mal olor y más oscura de lo común, entre otras. También es posible no percibir síntomas.

Si sientes dolores en la región lumbar, fiebre, náuseas, vómitos o sangre en la orina, puede ser producto de una infección más grave que se haya expandido a los riñones (pielonefritis).

Recomendaciones

- Bebe mucha agua, por lo menos dos litros diarios.
- Evita el azúcar blanco, el café, el té, el alcohol, los condimentos fuertes, la sal y el cigarrillo, así como los lácteos, las harinas y los picantes, que aumentan los síntomas.
- No debes aguantar las ganas de orinar.
- En las relaciones sexuales, evita las posiciones que te produzcan dolor por la inflamación.
- Consume frutas y verduras frescas, alternando con jugos de fruta depurativos.

• Orina al poco tiempo de tener relaciones sexuales.

• Date baños de asiento con decocción de hojas y flores de malva. También puede ser con pichirromero o llantén.

• Coloca una bolsa de agua caliente (guatero) en la entrepierna y la zona pelviana.

Plantas medicinales

• *Arándanos:* beber tres vasos diarios de jugo fresco o consumir cápsulas de *cranberries.* Este es un eficaz remedio para prevenir y sanar la cistitis.

• *Ortiga:* infusión de sus hojas secas. Beber hasta tres tazas diarias.

• *Acelga:* infusión de tres hojas en un litro de agua. Beber tres tazas al día.

• *Perejil:* en infusión. Beber dos tazas diarias.

• *Hierba del platero:* cocer tres cucharadas por un litro de agua. El jugo fresco de la planta es más efectivo. Beber tres tazas al día, por hasta dos semanas.

• *Pelo de maíz seco* (deshidratado a la sombra): infusión de cuatro cucharadas por un litro de agua. Beber tres tazas al día. Contraindicado para personas que sufren de hipertensión.

• *Jugos de apio y piña:* licuar en partes iguales y beber en ayunas.

• *Alcachofas:* comer la flor cocida y beber el agua del cocimiento.

• *Barro:* aplicar cataplasmas en la zona de la vejiga y los riñones para desinflamar.

INFECCIONES DE TRANSMISIÓN SEXUAL (ITS)

Los desórdenes de transmisión sexual, antes conocidos como "enfermedades venéreas", hoy son denominados por la OMS "infecciones de transmisión sexual". No se las nombra como "enfermedades" debido a que la mayoría suelen ser asintomáticas, por lo que pueden padecerse sin percibirlo. Asimismo, muchas pueden ser contagiadas no solo a través del contacto sexual, sino por medio del contacto de las mucosas, heridas, en transfusiones de sangre, por el contacto directo de utensilios con la sangre, etcétera. Una persona (por ejemplo, un bebé) puede contraer una infección en el útero materno, durante el parto o la lactancia. Estos casos suelen ser principalmente de clamidiasis, gonorrea, hepatitis B, VIH, VPH, VHS-2 y sífilis.

Sin embargo, el principal medio de propagación de estas infecciones es el contacto sexual, que puede ser vaginal, anal y oral. "Existen más de treinta bacterias, virus y parásitos causantes de infecciones de transmisión sexual. Las ITS figuran entre las cinco categorías principales por las que los adultos buscan atención médica"[4].

SÍNTOMAS

Los más comunes son la modificación del flujo vaginal en la mujer y la aparición de secreción uretral en los hombres, así como heridas o úlceras genitales y, en algunos casos, dolor en el abdomen. Aunque cada ITS tiene síntomas particulares que la diferencian de otras, es fácil confundirse.

---

4 OMS (2013). *Infecciones de transmisión sexual.* Nota descriptiva nº 110, noviembre.

Tratamientos naturales

Existen experiencias de personas que se han sanado de manera natural de graves enfermedades, tales como la sífilis. Así lo relata el doctor Manuel Lezaeta Acharán en su libro *La Medicina Natural al alcance de todos.* En su trabajo, expone diversas maneras de sanar y equilibrar nuestro organismo. Hay que tener en cuenta que hablamos de un trabajo no menor, para el que deberemos desprogramarnos y entregarnos a la depuración y el autocuidado absolutos. Si logras conectar con su metodología, será increíble, pues incluye desde paseos descalzos por el rocío del pasto al amanecer, frotaciones de agua fría, vapores de cajón, limpieza de sangre, excursiones a la montaña, dietas y cataplasmas de barro, entre otros.

Apoyo a los tratamientos médicos

La medicina tradicional sana las ITS a partir de antibióticos. Pero su uso excesivo ha ocasionado, en muchos casos, que no hagan efecto y que las bacterias lleguen a hacérseles resistentes. En las siguientes líneas entregaremos recomendaciones naturales, que deberán ser tomadas como apoyo a un tratamiento completo. Primero, sigue las indicaciones de tu terapeuta y compleméntalas con estas recomendaciones naturales para ayudarte a restablecer el equilibrio de tu salud.

Prevención

- El principal cuidado siempre será conocer y respetar tu cuerpo, así como educarte y educar a tu/s compañeros/as sexual/es.
- Practica sexo seguro, ya sea teniendo parejas establecidas o con el uso sistemático de preservativos de látex, masculinos o femeninos.

• Evita el uso de productos intravenosos o inyectables (jeringas, sondas, etcétera), principalmente en transfusiones de sangre y uso de drogas, ya que podrían estar infectados.

• Si estás en gestación, deberás realizarte las pruebas necesarias, ya que una mujer infectada (que quizás no lo sabe) podría transmitir alguna infección a su bebé durante la gestación, el parto o la lactancia.

Sugerencias para el autocuidado de tu salud sexual

• Evita los desodorantes vaginales, ya que alteran el pH natural de tu vagina y generan un círculo vicioso con la aparición de hongos, que facilitan el contagio de infecciones.

• Las toallas higiénicas sintéticas y los tampones, a través de sus blanqueadores, químicos y aromatizantes, viven en contacto directo con nuestra piel y mucosas, alterando el flujo normal y llegando a provocar hongos. Necesitas mantener tu flujo con una acidez natural dispuesta a proteger tu flora vaginal de patógenos. Reemplaza toallas sintéticas y tampones por toallas de tela o una copa menstrual.

• No laves con jabón ni detergentes químicos tu vagina. Esto también altera la flora protectora. Para tu higiene, solo aplícate un poco de jabón neutro por la zona del pubis y del ano.

• Evita la ropa interior sintética: reemplázala por ropa de algodón. También evita la ropa muy ajustada, ya que no deja respirar tus genitales.

• Cada cierto tiempo, toma baños de sol en tus genitales. Estos ayudan a fortalecer la humedad vaginal, combaten los hongos, activan el trabajo de los ovarios y reducen las molestias del síndrome premenstrual.

- Cuando te limpies en el baño, hazlo siempre de adelante hacia atrás y no al revés. De otra forma, arrastrarás bacterias de la materia fecal hacia la vagina, generando infecciones.

- No aguantes las ganas de orinar. Hazlo cuando lo sientas y procura realizarlo siempre antes y después de una relación sexual.

- Evita sentarte en baños sucios o públicos. Orina semi-parada o con la ayuda de conos ecológicos.

- Si las infecciones son recurrentes, no te automediques ni repitas el mismo tratamiento. Procura buscar nuevos diagnósticos y, sobre todo, nuevas alternativas para lograr una sanación integral.

- Los tratamientos con plantas medicinales pueden ser largos, por lo que debes ser paciente. Intenta buscar las causas que generan los síntomas y procura siempre seguir una dieta saludable y una vida conectada a la Naturaleza.

Antibióticos

Los antibióticos son los medicamentos "anti-vida", como indica la palabra en sí misma. Su finalidad es la de eliminar las bacterias que causan enfermedades infecciosas, por lo que son la solución médica a la mayoría de las ITS. Humildemente, creo que hay ciertos casos en los que se hacen muy necesarios; suelen ser lo más rápido y eficaz. Sin embargo, abusar de ellos es un error garrafal, que solo destruirá todas tus bacterias y defensas. Es preciso tomarlos en serio y comprometerse a tomar la dosis necesaria. Un tratamiento de antibióticos cumplido a medias termina siendo peor. Si tu organismo no está acostumbrado a ellos, su acción será más efectiva. Luego podrás ir restableciendo tu salud y flora intestinal consumiendo alimentos probióticos, así como vitaminas y hierbas medicinales.

¡Obsérvate!

- Revisa periódicamente tus genitales con la ayuda de un espéculo o simplemente con tus manos y un espejo. Con el tiempo, te será fácil reconocer el estado natural de tu vulva y de cada órgano. Así podrás detectar a tiempo si algo anda mal. Reconocerás flujos anormales, manchas, heridas, verrugas, sangre fuera del ciclo, inflamaciones, etcétera.

- Nuestro moco cervical posee muchas bacterias vivas responsables de mantener la acidez guardiana para protegernos de muchas infecciones. Comúnmente, cuando estamos en presencia de una infección u hongo, el flujo cambia: aumenta, cambia de color, tiene mal olor, genera picazón, etcétera.

- Existen muchas infecciones que son asintomáticas. Si sospechas que algo ha afectado tu cuerpo y escapa de tu entendimiento, no dudes en realizarte chequeos médicos para tener un diagnóstico seguro y precavido.

- Cuando ya tengas un diagnóstico, analiza cuál es el mejor tratamiento. Realízalo con persistencia hasta el final. Idealmente, deberá ser complementado con una dieta, ejercicios físicos, terapia psicoemocional, etcétera. Cuando lo hayas finalizado, deberás realizarte un test para saber si el tratamiento fue efectivo y si la ITS ha desaparecido. Lo mismo debe realizarse, si la tienes, tu pareja sexual.

Mientras estés en tratamiento por una ITS, debes evitar el contacto sexual, sobre todo penetrativo, ya que podrías reinfectarte, abrir heridas, propagar aún más la infección a otras zonas, etcétera. Descansa. Limpia y deja cicatrizar bien las heridas.

Haremos un repaso por las ITS más comunes: *clamidia*, *gonorrea*, *sífilis*, *tricomoniasis*, *VHS*, *VIH* y *VPH*.

CLAMIDIA

Es una infección causada por la bacteria llamada *Clamydia trachomatis*. Puede no presentar síntomas evidentes en muchas mujeres y hombres. Y puede llegar a ocasionar infecciones urinarias en ambos sexos, y provocar desde una gestación ectópica o una enfermedad inflamatoria pélvica (EIP) hasta infertilidad, si no es tratada. También puede afectar los ojos si entran en contacto con flujo infectado. Un bebé infectado durante el parto podría contraer infección ocular, así como infección por neumonía. Una quinta parte de las mujeres no padece síntomas hasta que, cuando aparecen, lo hacen al séptimo día posterior al contagio. La mujer suele notarlo por el cambio del flujo vaginal. Algunos de sus síntomas suelen confundirse con los de la gonorrea, por lo que son necesarios exámenes específicos para descartar que se trate de esa infección.

SÍNTOMAS EN LA MUJER

- Flujo vaginal de color amarillento en el cérvix
- Ardor al orinar
- Mal olor vaginal
- Relaciones sexuales dolorosas
- Infección en el recto: dolor al defecar, con eventual sangrado y/o pus
- Conjuntivitis.

Los síntomas comunes en los hombres son similares a los de la gonorrea, que comentaremos más adelante.

¿CÓMO SE DIAGNOSTICA?

A partir de muestras de materia orgánica tomadas del cérvix o del pene en los hombres, así como muestras de orina.

¿QUÉ DAÑOS GENERA?

En un principio, solo te afectarán sus síntomas desagradables, pero si no es tratada a tiempo, puede derivar en una inflamación pélvica o bien en cicatrices en las trompas uterinas, que predisponen a una gestación ectópica, infecciones posparto, y hasta esterilidad.

Recomendaciones

La medicina alópata la trata con antibióticos. Como es un padecimiento que, si no es controlado oportunamente, puede ocasionar daños irreparables y podrá ser transmitido en una larga cadena, el tratamiento deberá ser realizado siempre a la par con la/s pareja/s sexual/es.

Complementos naturales

- Para trabajar con tu sistema inmunológico, consume altas dosis de jugo de naranja en ayunas, así como infusiones de té verde.

- *Echinácea:* tintura madre, 20 gotas tres veces al día durante un mes. Esto ayudará a fortalecer tu sistema inmunológico para el combate contra la infección.

• *Polen:* agrégalo en tus comidas (dos cucharadas diarias), pues tiene propiedades antibacterianas (omítelo si eres alérgica).

• *Propóleo:* tintura, 15 gotas tres veces al día, para tratar la infección.

• *Óvulos de ajo:* insértate un diente recién pelado en la vagina cada ocho horas durante tres días. Luego, sigue cuatro días con uno durante la noche antes de ir a dormir y retíralo al amanecer. Además, come bastante ajo crudo o consúmelo en tintura.

Después del tratamiento, realiza un test para comprobar que la infección ha desaparecido en un máximo de cuatro semanas.

Tricomoniasis

Es causada por el parásito *Trichomonas vaginalis.* Se transmite principalmente por relaciones sexuales. En la mujer, se encuentra con más frecuencia en la vagina y en el hombre, en la uretra. No afecta otras zonas del cuerpo, como la boca, las manos o el ano. En los hombres no causa síntomas y suele aparecer y desaparecer. En los dos sexos afecta el sistema urinario, especialmente la vejiga.

Síntomas en la mujer

• Inflamación de la vulva y de la vagina

• Flujo amarillento, con mal olor

• Ardor al orinar y picazón en la vulva

• Pequeños puntos rojos en las paredes vaginales y en el cérvix (puedes revisarte con un espéculo).

¿CÓMO SE DIAGNOSTICA?

A partir de un autoexamen, conociendo los síntomas comunes que presenta, puedes evaluar si estás ante una infección de tricomoniasis. Para confirmar el diagnóstico, tu ginecóloga/o podrá tomarte una muestra de flujo vaginal, que será analizada en laboratorio, debido a que muchas veces la infección puede no presentar síntomas.

¿QUÉ DAÑOS GENERA?

Puede generar irritaciones e inflamaciones graves. Si no es tratada, facilita la posibilidad de infectarse con otras ITS y puede ocasionar partos prematuros en mujeres gestantes.

Recomendaciones

Es tratada comúnmente por la medicina a partir de antibióticos, que suelen ser *metronidazol* o *tinidazol*. El mismo tratamiento deberá ser seguido por tu/s pareja/s sexual/es.

- Sigue las recomendaciones para clamidia.
- Para la picazón, sigue el mismo tratamiento indicado para hongos vaginales.
- *Ajo:* si nuestra pareja es hombre, debe comer bastante ajo crudo o consumirlo en tintura, además de frotarlo en la uretra.
- *Sello de oro:* toma cinco glóbulos homeopáticos de 5 CH, tres o cuatro veces al día.

Virus del Herpes Simple (VHS)

Es una enfermedad infecciosa causada por un virus, por lo que es intracelular: una vez que aparece la vesícula del herpes, no puede vivir fuera de las células huésped. Va a vivir para siempre en un sector, donde puede aparecer una ampolla y quedar en latencia. Cada vez que bajan las defensas (por estrés, mala alimentación, etcétera), se produce la ampolla típica. Existen distintos tipos de herpes y pueden surgir en cualquier parte del cuerpo. El modo más común es el tipo I (VHS-1) aquel que aparece comúnmente en la boca y que conocemos como "calor", y el segundo más común es el herpes tipo II (VHS-2), que es el que se presenta más frecuentemente en la zona genital y se propaga por contacto de órganos genitales. Se desconoce una cura definitiva para el virus y los tratamientos ayudan solo a reducir los síntomas.

Síntomas del VHS-2

Los más comunes pueden ser dolor, ardor, ganglios hinchados, fiebre, gripe, dolor muscular. Estos pueden aparecer entre dos días y dos semanas después del contagio. Como siempre, esto es diferente en cada persona: hay quienes sufren una erupción, en lugar de los síntomas de la gripe. Muchas veces, la herida no es visible; es solo interna.

El herpes vive en nuestro sistema y puede reaparecer, sobre todo cuando se pasa por momentos de mucho estrés, consumo de alcohol o drogas, cambios de dieta, en definitiva, cuando bajan nuestras defensas. Para evitar erupciones, deberás reducir las situaciones de estrés, la medicación y los alimentos estimulantes (chocolate, nueces, cafeína, azúcar, alcohol, coco, avena, trigo, salvado y maní).

Se puede contagiar al bebé durante el parto, solo si el herpes se encuentra activo. Por eso, antes de parir, es importante realizarse chequeos para saber cuál es el estado del herpes.

Recomendaciones

- *Ajo:* comerlo crudo en gran cantidad o tomarlo en cápsulas.
- *Bardana:* tintura madre, 30 gotas tres veces al día.
- *Zarzaparrilla:* tintura madre, 10 gotas al día o decocción de la raíz en un litro de agua. Beber tres tazas al día.

Para las erupciones

- Mantén las heridas limpias y secas. Para esto, lávalas con agua fría y sécalas con aire fresco.
- Aplícate barro como cataplasma en las heridas.
- Aplícate baños de tina tibios con avena o maicena para cicatrizar las úlceras.
- *Té verde:* coloca bolsas tibias de té en las erupciones.
- *Manzanilla:* coloca cataplasmas tibias sobre las heridas.
- *Aloe vera:* aplica su gel sobre las erupciones.

Para fortalecer el sistema inmunológico

- Incluye en tu dieta suplementos o alimentos ricos en vitamina A, E y C.
- Activa el timo (*thymos:* del griego, significa "corazón", "alma", "deseo"). Es un órgano que crece cuando estamos felices y se encoge cuando estamos

tristes o enfermas. Se encuentra en el centro del pecho. Actívalo dándole pequeños golpecitos con los nudillos, al tiempo que respiras profundamente y mantienes tus piernas a la altura de tus hombros en posición semi-flechadas. Hazlo todas las mañanas. Este es un órgano olvidado, pero, paradójicamente, es un pilar en nuestro sistema inmunológico.

Gonorrea

Es una infección provocada por una bacteria llamada *Neisseria gonorrhoeae.* Los síntomas de contagio se pueden sentir tras el período de incubación de la bacteria, que comienza desde el segundo día hasta dos semanas después, aunque en los hombres esto puede tomar más tiempo (hasta cuatro semanas). Es un padecimiento que también puede presentarse sin síntomas, lo que empeora la salud y evita un tratamiento oportuno.

Síntomas en la mujer

Pueden no existir síntomas evidentes, pero, de haberlos, pueden ser confundidos con los síntomas de otra infección. Los más comunes son los siguientes:

- Abundante flujo vaginal
- Incomodidad o dolor al orinar
- Aumento de la micción
- Sangrado fuera del ciclo
- Dolor en las relaciones sexuales
- Dolor en el bajo vientre.

SÍNTOMAS EN EL HOMBRE

- Ardor al orinar, mucha frecuencia de micción
- Secreciones en el pene con mal olor
- Uretra irritada, abierta, roja o inflamada.

Recomendaciones

• *Hierba del platero, albahaca* y *ortiga:* infusión de partes iguales. Bebe de manera constante, al menos tres tazas diarias.

• *Boldo:* en infusión. Bebe hasta tres tazas diarias. Refuerza el sistema inmunológico, limpia el hígado y combate infecciones. En Chile, su uso es tradicional para combatir esta infección.

• *Cardo santo:* cocimiento de sus hojas para lavado genital. Posee sustancias desinfectantes, febrífugas y antiinflamatorias.

• *Bardana:* cocimiento de sus raíces y semillas para depurar la sangre y activar los órganos: intestino, riñones, útero y próstata. En la medicina china, esta hierba es utilizada para el tratamiento del cáncer y el VIH.

Para sanar heridas

• *Árnica* o *matico:* lavados con su infusión o uso en forma de pomadas.

Alimentos

• *Ajo* y *cebolla*: consúmelos crudos en gran cantidad. Tienen múltiples propiedades bactericidas.

Sífilis

Es causada por la bacteria *Treponema pallidum.* Se contagia a partir del contacto genital, vaginal, anal, oral y a través del contacto directo con las mucosas o heridas.

Síntomas

Si no se trata a tiempo, puede avanzar por cuatro etapas:

- *Etapa primaria:* se manifiesta entre diez y noventa días después de haber sucedido la infección. Durante este período, aparecerá una úlcera o herida llamada “chancro”. En las mujeres, puede aparecer en la vagina o en el ano, y puede ser interna, es decir, puede pasar desapercibida y no generar incomodidad. En los hombres, aparece en el pene, los testículos o el ano.

- *Etapa secundaria:* se desarrolla desde las dos semanas hasta pasados seis meses a partir del contagio. Aparecen heridas (ampollas) en las palmas de las manos y en los pies, y también en otras zonas del cuerpo, así como verrugas genitales en ambos sexos. Hay decaimiento general y, comúnmente, caída del cabello. Los síntomas suelen aparecer y desaparecer, haciendo creer que la enfermedad se ha terminado. Sin embargo, no es así: el padecimiento puede durar muchísimos años sin síntomas evidentes. Durante esta etapa, si existe una gestación, el bebé podría ser contagiado.

- *Etapa latente:* puede durar desde dos hasta más de treinta años desde la infección y se conoce como una etapa sin síntomas. Es diagnosticada a partir de exámenes de sangre.

- *Etapa terciaria:* después de cuatro años de la infección, se presentan los daños más graves de la sífilis, que pueden ir desde aparición de tumores, daños neurológicos, óseos y cardíacos. Si no hay un tratamiento oportuno, esta infección tiene consecuencias irreversibles; incluso puede ocasionar la muerte. En esta etapa, el padecimiento ya no es contagioso.

Recomendaciones

Es fundamental realizar una limpieza completa para restablecer todo tu organismo. Debes sumergirte en una dieta de alimentos vivos, crudos, entregarte a la aplicación de técnicas como el biomagnetismo y fortalecer tus defensas a partir de suplementos, plantas medicinales y hierbas bactericidas. Presentamos estas recomendaciones como un complemento a un tratamiento médico de resguardo.

Plantas medicinales

- *Sanguinaria:* en infusión, tres tazas diarias. Te ayudará a depurar la sangre.
- *Boldo:* en infusión, hasta tres tazas diarias. Refuerza el sistema inmunológico, limpia el hígado y combate infecciones.
- *Jacarandá:* infusión de sus hojas, cuatro tazas diarias. Es depurativa de la sangre.

Para sanar heridas

- *Matico, árnica* y *nogal:* cataplasmas, directamente sobre la piel o lavados con la infusión de estas plantas.
- *Barro:* cataplasmas sobre las heridas, de 1 centímetro de espesor.

Alimentos y suplementos

- Consume alimentos ricos en clorofila, tales como tomates, espinacas e higos, además de altas dosis de limón.
- Suplementos de espirulina, lúpulo, sello de oro y trébol rojo, vitamina C, zinc y plata coloidal.

Virus de Inmunodeficiencia Humana (VIH)

El VIH es un tema muy delicado. No comparto muchas de las facultades que se ha tomado la medicina para tratarlo... ¿o más bien "crearlo"? Es un tema del cual no me siento capaz de hablar y entregar los típicos tratamientos clínicos de "cuidado", que no paran de equivocarse y ser costosos para la salud. Por otra parte, llamo a las personas que han sido notificadas con esta enfermedad a contrainformarse en cuanto a lo que provoca el tratamiento médico oficial, a buscar alternativas integrales y conectadas a la Naturaleza para tratarse[5].

Conocí de cerca el trabajo de Daniela Saig, una ingeniera agrónoma especialista en plantas medicinales, quien denominó su proyecto de tesis "Selección de plantas medicinales que mejoren la calidad de vida de los pacientes con VIH", presentada en 2007 en la Universidad Federal de Minas Gerais, en Brasil. En su investigación, experimentó con personas diagnosticadas con VIH, bajo tratamiento antirretroviral. ¿Cuáles eran las plantas medicinales que las ayudarían a mejorar su calidad de vida, entre los desagradables efectos secundarios de la medicación? Comparto brevemente las

---

5 Para más información, pueden revisar el interesante proyecto "La ciencia del pánico", disponible en <www.lacienciadelpanico.tk>.

conclusiones de su investigación, que se enfocaron en mejorar la inmunidad y combatir los problemas digestivos y del sistema nervioso.

Plantas que mejoran el sistema inmunológico

- Acerola
- Aloe vera
- Guanábana.

Plantas que actúan sobre los efectos colaterales digestivos

- *Diarrea:* cáscara de granada y guayabo
- *Flatulencia:* romero y menta
- *Náuseas:* jengibre
- *Disminución de apetito:* ajenjo.

Plantas que actúan sobre el sistema nervioso

- Hierba limón
- Pronto alivio.

Virus del Papiloma Humano (VPH)

Para información sobre este virus, lee el final de capítulo VII, sobre nuestra útera.

CAPÍTULO XIV

CÁNCER

Según la ciencia, el cáncer ocurre principalmente a partir de un grupo de células anormales que crece de manera descontrolada y abundante, dando paso a un tumor o neoplasia, y que tienen capacidad para invadir o crecer en otros tejidos u órganos, lo que se denomina "metástasis".

La "carcinogénesis" es el proceso por el cual se produce el cáncer. Es ocasionada por anomalías en el ADN de las células. Esto puede ser producido por factores diversos y otros aún desconocidos, que se pueden clasificar en:

- *Físicos*: radiación ionizante o ultravioleta, fibras minerales, radiografías, luz solar y asbesto, entre otros.
- *Químicos*: benzopireno, nitrosaminas (encontradas en el humo del cigarrillo), nitritos (aditivos alimentarios en carnes frías), metales pesados (plomo, mercurio, cadmio) y hormonas, entre otros.
- *Biológicos*: virus, bacterias, virus de papiloma humano (VPH), virus de Epstein-Barr, hepatitis B y C, bacteria *Helicobacter pylori*, etcétera[1].
- *Hábitos sostenidos*: dietas altas en grasa, azúcar y carbohidratos y bajas en fibra; consumo de cigarrillo, exceso de alcohol, obesidad, uso de anticonceptivos orales o terapia hormonal de reemplazo.

1 Instituto Nacional del Cáncer (Argentina) (2010). *Manual de enfermería oncológica*, disponible en <www.msal.gov.ar>.

Existen tumores benignos y malignos. Los primeros poseen un crecimiento lento, no invaden otros tejidos u órganos y comúnmente no vuelven a aparecer una vez eliminados. En cambio, los llamados “malignos” crecen rápidamente, invaden y crecen en otros tejidos, pueden reaparecer después de ser extirpados y pueden provocar la muerte.

Una nueva visión

El médico alemán Ryke Geerd Hamer sufrió un cáncer. El asesinato de su hijo Dick lo condujo a estudiar el origen que nos lleva a padecer esta enfermedad. Fue entonces que experimentó y concluyó que cada enfermedad comienza con una situación traumática que nos ha golpeado por sorpresa. Aquel brutal conflicto se resume en un síndrome, que este médico denominó “DHS” (por las siglas en inglés de “Síndrome Dick Hamer”) que impacta y se desarrolla en el cerebro y simultáneamente en algún órgano del cuerpo.

> Después de analizar sistemáticamente cientos de escáneres cerebrales de pacientes con cáncer de mama, el Dr. Hamer estableció claramente que el cáncer de las glándulas mamarias siempre tiene que ver con preocupaciones o peleas dentro de lo que una mujer considera su “nido” (su hogar, sus hijos, su pareja, su mascota, su lugar de trabajo, etcétera)[2].

Ciertas visiones integrales de la salud coinciden en que el cáncer suele aparecer después de haber transitado períodos emocionales complejos de mucho estrés, depresión, pérdida de seres queridos, baja autoestima, abusos, períodos de

---

2 Tabuenca, A. (2011). “Cáncer de mama, una visión diferente”, en *El Guardián de la Salud*, nº 90.

tristeza, rabia, rencor, sufrimiento acumulado, etcétera. Un estado emocional crítico vivido durante largo tiempo debilita nuestro sistema inmunológico, lo que puede favorecer el camino para un padecimiento de este tipo, sin dejar de lado que una alimentación deficiente, la exposición a químicos y otros factores que llevan la calidad de vida de la persona a una situación desfavorable también inciden en la aparición de la enfermedad. "Recordemos que no es la emoción en sí la que causa el problema, sino la incapacidad para expresarla y liberarla totalmente, y reaccionar a la situación de un modo sano y flexible"[3].

Desde el punto de vista nutricional, se dice que ninguna enfermedad puede atacarnos si la alimentación que tenemos cubre todas nuestras necesidades orgánicas de manera saludable. Néstor Palmetti, dietético y nutricionista natural, declara que

> una célula normal puede convertirse en cancerosa cuando el medio se degrada por sobrecargas (toxemia) y carencias (oxígeno). En este contexto, el destino de la célula cancerosa depende totalmente del terreno, pues una célula cancerosa no se convierte automáticamente en un tumor. Todo ser vivo, ya sea un microbio o una célula (cancerosa o no), solo puede vivir en un organismo que lo acepta y le ofrece condiciones para su desarrollo. Cuando esto ocurre, los microbios se multiplican y se puede generar una infección; si se trata de una célula cancerosa, su multiplicación puede generar un tumor. Pero cuando el terreno no ofrece las condiciones necesarias, el microbio resulta inofensivo y es destruido, mientras que la célula cancerosa tampoco se desarrolla en un medio hostil[4].

---

3 Northrup, C. (1999). *Cuerpo de mujer, sabiduría de mujer*. Barcelona, Urano, p. 374.

4 Palmetti, N. (2008). *Cuerpo saludable*. Córdoba, edición de autor, p. 97.

La industria del cáncer

Resulta indispensable cuestionarse la "calidad de vida" o el "estilo de vida" que tenemos que llevar para nuestro bienestar y autocuidado. Sin embargo, no podemos dejar libre de responsabilidades y reprobaciones a los grandes magnates dueños de multinacionales que contribuyen en gran medida a la contaminación y destrucción de nuestro planeta… Por ejemplo, la industria minera explotadora de los recursos naturales, que extirpa de la tierra sus minerales para hacer entre muchas otras cosas ¡armas!, además de erosionar la tierra, apropiarse del agua y devolverla contaminada; la industria que deforesta la selva para la producción de soya transgénica; la industria del plástico, que contamina nuestro medio ambiente y nuestra salud con sus desechos; la industria alimentaria, con su comida "rápida" atestada de colorantes, conservantes, hormonas sintéticas, etcétera; Monsanto, la principal transnacional que modifica la agricultura, explota la tierra con sus agroquímicos, empobrece a los campesinos locales y daña nuestra salud con sus modificaciones genéticas a la semillas y con el desvergonzado uso de pesticidas... A todos ellos y a muchos otros no podemos dejarlos libres de responsabilidades sobre el gran cáncer que le provocan inicialmente a la tierra que nos sostiene y alimenta.

La industria del miedo

Las soluciones son desalentadoras. No vemos políticas que realmente protejan la salud de las personas. Por el contrario, se nos informa de manera vaga y se nos introduce miedo a partir de la industria médica farmacéutica, que se alimenta de la enfermedad. ¿Para qué otra cosa puede existir si no es para generar nuevas tecnologías para curar o, más bien, "anestesiar" y "extirpar" los síntomas?

Por otra parte, hoy existe la cuestionable tendencia "preventiva" dirigida a las mujeres, que incita a la cirugía para extirpar órganos como el útero y los senos, para así evitar un posible cáncer... Es una práctica que se acepta y se hace aún más familiar si conocidos actores y actrices de cine contratados por la industria médica la promueven.

Como acto de consuelo y "solidaridad", existe la mercadotecnia rosa del cáncer, específicamente del cáncer de mama, que es la principal causa de muerte por cáncer en mujeres occidentales. Grandes marcas multinacionales, que venden desde alimentos hasta productos cosméticos –y paradójicamente poseen en su lista componentes cancerígenos–, invitan a consumir sus "productos rosa" para colaborar con fundaciones de mujeres que padecen cáncer... Todo un espectáculo para que las empresas limpien su "imagen", ya que en nada ofrecen soluciones reales para resolver algo ante la arrasante enfermedad.

Nunca es tarde para prevenir

Hago un llamado a leer las etiquetas de los alimentos, a modificar la dieta a una más saludable... Las familias aún están a tiempo de no alimentar a sus niños y niñas con basura, comenzando por eliminar los sucedáneos de leche materna y luego las papillas industrializadas y las golosinas, que en su mayoría poseen colorantes y conservantes cancerígenos.

Lo mismo ocurre con los productos de belleza, como maquillaje, cremas, perfumes, champú, cremas para peinar, etcétera. En su gran mayoría, estos productos están colmados de químicos perjudiciales, por lo que no son más que bombas de veneno innecesarias en nuestras vidas. En este punto, cabe resaltar la sabiduría del Ayurveda (que es uno de los sistemas de salud vigentes más antiguos), que proclama "no pongas en tu piel nada que no puedes poner en tu boca". ¿Se imaginan ingiriendo cremas o desodorantes? Es así como los seguidores de esta filosofía solo utilizan aceites vegetales para poner en su cuerpo (ya que todo entra por la piel). Es muy común el uso de aceite de sésamo para el cuerpo, el cabello, la sequedad vaginal, etcétera. Son variadas las opciones de cosmética natural que podemos comenzar a implementar.

Píldoras anticonceptivas

Los resultados de los estudios científicos que intentan revelar la relación entre el uso de píldoras anticonceptivas y diferentes tipos de cáncer en la mujer no son claros y hay mucha discrepancia al respecto. Sin embargo, sabemos lo fraudulento que es el gran mercado farmacéutico, así como las investigaciones, que necesitan de un gran financiamiento. ¿Se imaginan cuántas marcas se verían afectadas si se comprobaran abiertamente los daños que ocasionan las píldoras a nuestra salud? En Estados Unidos, durante 2014, la multinacional Bayer ha tenido que pagar altas demandas por los daños ocasionados por los anticonceptivos orales Yasmin, Yaz, Ocella y Gianvi a la salud de muchas mujeres, que van desde coágulos venosos (trombosis venosa profunda o embolia pulmonar) hasta la muerte... Cada vez son más las mujeres que se suman a la demanda. Solo en ese país, ya hay cinco mil demandas por resolver.

Varios estudios concluyen que "los riesgos de cáncer de endometrio y de cáncer de ovarios parecen reducirse con el uso de los anticonceptivos orales, mientras que los riesgos de cáncer de mama, de cérvix y de hígado pueden aumentar"[5].

---

5 Burkman, R.; Schlesselman, J. J. y Zieman, M. (2004). "Safety Concerns and Health Benefits Associated with Oral Contraception", en *American Journal of Obstetrics and Gynecology*, 190(4 Suppl): S5-22.

¿Cómo es posible que para un tipo de cáncer ayuden a prevenir y para otro incrementen el riesgo? La siguiente síntesis fue realizada con base en diferentes estudios que aparecen en la página web del Instituto Nacional del Cáncer de Estados Unidos[6], y revelan los siguientes puntos clave:

- El uso actual de los anticonceptivos orales puede aumentar ligeramente el riesgo de cáncer de seno, especialmente en mujeres más jóvenes. Sin embargo, el grado de riesgo regresa a lo normal diez años o más después de discontinuar el uso de anticonceptivos orales.

- Las mujeres que usan anticonceptivos orales tienen menos riesgo de padecer cáncer de ovarios y de endometrio. Este efecto protector aumenta según el tiempo que dure el uso de los anticonceptivos orales.

- El uso de anticonceptivos orales está asociado con un riesgo mayor de cáncer cervical; sin embargo, este riesgo mayor puede ser causado porque las mujeres sexualmente activas tienen un riesgo más elevado de infección por los virus del papiloma humano, los cuales causan prácticamente todos los cánceres cervicales o de cuello uterino.

- Las mujeres que toman anticonceptivos orales tienen un mayor riesgo de sufrir tumores benignos de hígado, pero la relación entre el uso de anticonceptivos orales y estos tumores cancerosos es menos clara.

6 <www.cancer.gov>.

Alimentación

Mejorar los hábitos que desequilibran nuestra salud es un acto clave para la prevención. Es imprescindible identificar a tiempo desde qué lado estamos provocando el desajuste y transformarlo para equilibrarlo.

Se ha revelado en varios estudios la directa relación entre la ingesta de alimentos lácteos pasteurizados, en especial el consumo de leche de vaca industrializada, con un alto índice de cáncer de mama. Así lo demuestran diversos estudios que comparan la población de mujeres orientales con la población norteamericana e inglesa. Las mujeres de China (población que no consume leche de vaca) muestran un índice radicalmente bajo de cáncer de mama en comparación con las mujeres occidentales, que ingieren leche y sus derivados.

La leche de vaca está destinada a un ternero durante un período determinado de su vida. Su industrialización y la explotación animal hacen que la leche empeore su calidad, sumado a que naturalmente no está producida para la digestión humana.

Análisis químicos han encontrado en la leche diferentes virus, bacterias, hormonas, antibióticos, pesticidas, incluso pus procedente de la mastitis que suelen padecer las vacas que son ordeñadas de manera industrial.

En su libro *Your life in your hands*, Jane Plant (Virgin Books, 2007), geoquímica y científica, jefa de la British Geological Survey y sobreviviente de cinco tumores mamarios, demuestra cómo el uso de lácteos afecta la salud humana. Ella se pudo sanar a partir de una dieta libre de lácteos y sus derivados. En su trabajo, revela interesante información y cita un estudio del Dr. Daniel Cramer, de la Universidad de Harvard, quien ya en los años ochenta concluyó que los lácteos (en especial el yogurt) estarían implicados en la proliferación de tumores en los ovarios. Asimismo, un reciente análisis, que incluyó a más de quinientas mil mujeres, encontró que las que consumen grandes cantidades de lactosa (equivalente a tres tazas de leche por día) poseen un mayor riesgo de desarrollar cáncer de ovario, en comparación con las mujeres que consumen menos productos lácteos[7].

Recientemente, el programa *Healthy Eating Plate & Healthy Eating Pyramid*, creado por expertos en nutrición de la Escuela de Salud Pública de Harvard y editores de Harvard Health Publications, han creado un modelo de dieta saludable[8] que recomienda bajar el consumo de lácteos –poseen gran cantidad de grasa e incidencia en varios tipos de cáncer (principalmente de ovario, mama y próstata)– y aumentar el consumo de agua y alimentos con alto contenido de calcio: granos, frutas, verduras y suplementos.

Los siguientes alimentos son recomendadas por Jane Plant para implementar en la dieta: frutas y verduras frescas (no cocinadas), nueces, semillas de sésamo, tofu, infusiones de hierbas (en reemplazo del té) y leche de soya orgánica.

Alimentos anticancerígenos

Los siguientes alimentos son conocidos por sus propiedades nutritivas y balanceadas, que ayudan en la prevención de contraer un posible cáncer: brócoli, té verde, ajo, tofu, probióticos, naranja, zanahoria, semillas de lino, cebolla, algas, tomate, aceite de oliva, setas, trigo integral, granada y cúrcuma. No está de más agregar que mientras más naturales sean y más libre de químicos, pesticidas y hormonas estén los alimentos, mucho mejores serán para nuestro organismo.

---

7 Genkinger, J. M. y otros (2006). "Dairy Products and Ovarian Cancer: a Pooled Analysis of Twelve Cohort Studies", en *Cancer Epidemiology, Biomarkers & Prevention*, nº 15, pp. 364-367.

8 La guía de alimentación saludable está disponible en <www.hsph.harvard.edu>.

Cáncer de mama

Es el más común de los tipos de cáncer en la mujer. Frecuentemente, se manifiesta después de la menopausia y consiste en el crecimiento excesivo de células malignas en el tejido mamario.

Existen dos tipos principales de cáncer de mama: el *carcinoma ductal*, que comienza en los conductos que llevan leche desde la mama hasta el pezón (la mayoría de los casos son de este tipo) y el *carcinoma lobulillar*, que comienza en los lobulillos, encargados de producir la leche. En raras ocasiones, el cáncer de mama puede comenzar en otras áreas del seno.

Prevención

La prevención reposa en el autocuidado (alimentación saludable, actividad física y equilibrio de las emociones), los autoexámenes periódicos y un chequeo médico anual después de los 40 años de edad.

Es necesario realizar el autoexamen de mama todos los meses (ayúdate con el capítulo IV, de autoexámenes, para realizarlo). Las mujeres de más de 40 años que aún tienen su menstruación deberán realizarse el examen todos los meses los días 8 y 9, contando a partir del primer día de la menstruación. Durante estos días, las mamas no presentarán la congestión premenstrual, a la vez que estarán menos sensibles, por lo cual es más posible palpar algo diferente que pudiera ser causa de alerta. Si las mujeres ya se encuentran en período de menopausia, deberán realizarse el autoexamen todos los meses el mismo día, con el fin de llevar un registro ordenado.

¿Cómo prevenir?

- Mejorar los hábitos alimentarios. Esto desempeña un papel fundamental para prevenir cualquier tipo de cáncer.
- Disminuir el consumo de grasa, leche de vaca y sus derivados.
- Evitar la cafeína contenida en el café, las gaseosas negras y el té.
- Consumir alimentos ricos en vitamina C, betacaroteno y selenio.
- Evitar el peso corporal desmedido, que también es un factor de riesgo importante.
- Evitar el excesivo uso de cosmética industrializada, que contiene aceites minerales, fragancias artificiales, ftalatos, PEGS (polyethylenglycol), colorantes, formaldehídos, fenol, fenil y solventes, entre otros.
- Cuidar las emociones. No endurecerlas ni almacenar las cosas no dichas o no resueltas por mucho tiempo.

DAR Y RECIBIR

Los pechos son órganos que simbolizan la abundancia; son una manifestación en la Naturaleza del equilibrio de entregar y recibir a cambio. Viven diseñados para nutrir, alimentar, dar seguridad, protección y apego inmediato en el momento en que nace la cría.

Este generoso acto de amor y sustento no solo se mantiene durante los primeros meses y años de lactancia; las mujeres solemos entregar simbólicamente este sustento de manera constante a un nivel social, lo cual traspasa la maternidad y la crianza. En el imaginario cultural patriarcal, las mujeres suelen creer que los pechos "existen para el placer y el beneficio de otra persona distinta de sí misma"[9]. Lamentablemente, nuestros pechos viven bajo la presión de cánones de belleza y de la aprobación de otros... Pero ¿qué sucede cuando damos más de la cuenta, al punto de olvidarnos de nosotras mismas, al punto de solo entregar o funcionar para otros? Objetivamente, ocurre un desequilibrio que nos provoca estrés, etapas de tensión y angustias. Cuando no trabajamos esto, vamos tapando nuestras emociones, nuestras aguas, nuestro fluir, aquello que debe salir, correr y desbordarse. Lo mismo que pasa con las lágrimas pasa con la leche, que debe chorrear. De otro modo, se tapan los conductos que la llevan. Esto es lo que le puede acontecer a nuestro cuerpo cuando aparece un cáncer como el "carcinoma ductal", el más frecuente, que se detecta en el 80% de los casos.

Es común que las mujeres se olviden de sí mismas, que vivan con baja autoestima y que crean poder solas con todo, traspasando sus propios límites.

> Nuestra cultura ha deformado la metáfora del sustento con el fin de que las mujeres se entreguen a los demás sin sustentarse ellas mismas. Las mujeres dan y dan hasta que el pozo se seca. Si los hombres y mujeres anduvieran con el torso desnudo, veríamos que la principal herida de las mujeres es la cicatriz de la mastectomía. En el caso de los hombres, la principal cicatriz sería la de la anastomosis por *bypass* de la arteria coronaria, en el centro del pecho, porque los hombres necesitan aprender a abrir su corazón[10].

---

9 Northrup (1999), obra citada, p. 373.

10 Ídem, p. 374.

Esta síntesis es una interpretación integral, en la cual se considera una parte esencial en el bienestar de nuestra salud: el cuidado y desarrollo de las emociones. Este aspecto debería ser aún más profundamente investigado y trabajado por asesores médicos cuando se plantean indagar sobre los orígenes de los distintos tipos de cáncer, sobre cómo prevenirlos y tratarlos. Es importante reflexionar sobre esto para detectar el origen de esta enfermedad en cada contexto social.

CAPÍTULO XV

Aborto o pérdida gestacional

«Sin un recipiente bien construido, no se puede producir un verdadero desarrollo psicológico o espiritual, porque no hay un lugar seguro en el que ponerlo».

Carol Pearson

«En su cunita de tierra
lo arrullará una campana
mientras la lluvia le limpia
su carita en la mañana.
Cuando se muere la carne
el alma busca su diana
en el misterio del mundo
que le ha abierto su ventana».

Violeta Parra – *El rin del angelito*

No dudo de la sabiduría que posee la Naturaleza. Un aborto espontáneo es un hecho que ocurre por diversas y desconocidas causas. Se dice que una de cada cinco gestaciones puede verse afectada por un aborto espontáneo temprano, es decir, luego de pocas semanas de gestación. En la mayoría de los casos, se relaciona con que el ambiente de desarrollo o la salud de este nuevo ser se ve alterada y, naturalmente, la defunción se presenta como el final de un ciclo que no puede continuar. La etiología médica se explica a partir de factores genéticos, estructurales (en el útero), endocrinos, infecciosos, inmunológicos y ambientales. Se considerará "espontáneo" un aborto cuando suceda dentro de las primeras veintidós semanas de gestación. Si ocurre una pérdida gestacional después de ese período, se denominará "parto prematuro".

No es sencillo abordar el aborto en sus múltiples aspectos, al tratarse de una muerte, que afecta las susceptibilidades de todas las personas, con sus valores y creencias. Sin embargo, cuando hablamos de aborto, son las mujeres las principales afectadas.

Más complejo es cuando hablamos de abortos inducidos, un controversial tabú, aunque es una práctica de antaño y una experiencia que atraviesan miles de mujeres en todo el planeta. Confío en la sabiduría que posee la Naturaleza cuando observo a las hembras mamíferas, que llegan a provocarse abortos, e incluso a rechazar y hasta matar a sus crías en casos que "humanamente" no sabemos cómo descifrar o interpretar. Simplemente, son un misterio que no podemos negar.

Los abortos viven vetados socialmente, sean espontáneos o inducidos. Siempre se evitará hablar de ellos o exponerlos como una problemática social más allá de su discusión política, donde solo se lo trata en términos legales.

Como abunda el silencio, todo queda en manos de los/as médicos/as. Pero ¿esto es acaso una problemática exclusivamente médica? ¿Qué sucede con las mujeres y sus cuidados posteriores? ¿Se sabe cómo deberán reponerse en casa, qué debemos hacer para acompañar a una mujer después de un aborto?

Comúnmente, las mujeres no reciben el trato que merecen para ser acompañadas durante este difícil proceso. Juicios, culpas, responsabilidades y hasta abandono son algunos de los "castigos" que les adjudica la sociedad después de una pérdida o aborto inducido, como si el aborto fuera una responsabilidad y problemática exclusivamente nuestra.

Como esta cultura no nos enseña a relacionarnos con la muerte en ninguna de sus manifestaciones, ya sea como la finalización de algo (período, relación, ciclo, etcétera) o como la muerte material de un ser, nos enfrentamos con esta situación de manera dolorosa y aislada, muchas veces sin el apoyo de nuestras amistades, familiares o incluso de los agentes de salud, dedicados a brindar información y seguridad ante este dilema. Ignorancia, frialdad y poca empatía es lo que encontramos en las clínicas y hospitales. Para ellos, se trata de un procedimiento médico más en su agitada atención diaria, mientras que para nosotras son nuestras vidas necesitando contención, cariño y seguridad.

El aborto es un derecho que toda mujer debería poder ejercer en su vida. Sin embargo, el mundo sigue decidiendo sobre nosotras. Un aborto inducido, en muchos rincones del planeta, es un acto ilegal, por lo que muchas mujeres lo realizan a escondidas, en malas condiciones sanitarias y sin seguridad ni el apoyo afectivo necesario. No cabe duda de que "el aborto pone fin deliberadamente a una vida en potencia. Pero no permitir el aborto mata en potencia dos vidas"[1].

No es justo que un ser humano sea acunado en un cuerpo completamente hostil, sin ser bienvenido y luego, en su más tierna edad, siendo quizá rechazado. Eso no es justo para este ser ni para la madre, y se puede evitar tal situación de antemano.

En mi país, Chile, incluso una niña de 12 años que ha sido violada no tiene derecho al aborto, ni siquiera por los riesgos de salud que corre. Si, por ejemplo, tienes un cáncer estando en gestación o el feto tiene malformaciones graves y ambos corren peligro de muerte, tampoco tienes la opción de un aborto terapéutico. Solo a la mujer la afecta todo esto, pero a nadie le importa porque la moral, la religión y la política se ponen por sobre la vida y la libertad de todos los seres. Y nosotras, cuando atravesamos esta compleja situación, nos enfrentamos a miles de años de opresión y "castigos" a los que hemos sido sometidas y al poco respeto y cariño que nuestros cuerpos y nuestra sexualidad se han acostumbrado a recibir.

---

[1] Northrup, C. (1999). *Cuerpo de mujer, sabiduría de mujer*. Barcelona, Urano, p. 238.

Signos de advertencia

Si tras un aborto tienes estos síntomas, necesitas ayuda médica. Puedes estar en presencia de una hemorragia que puede desencadenar una anemia o una infección por restos en el útero.

- Cólicos fuertes, hinchazón y/o endurecimiento en la parte baja del vientre
- Sangrado abundante o durante más de dos semanas, coágulos de sangre muy grandes
- Mal olor en la vagina
- Fiebre
- Pulso rápido, de más de cien latidos por minuto
- Náuseas, mareos o sensación de desmayo.

Para prevenir infecciones y ayudar a reponer tu organismo:

- Toma suficiente líquido y come alimentos nutritivos como frutas frescas (naranja, piña, kiwi, papaya, mango), que tienen vitamina C y por eso ayudan a combatir las infecciones.
- Evita el trabajo pesado (al menos por una semana).
- Báñate con regularidad pero no te hagas lavados vaginales ni te bañes sentada en una tina de agua sino hasta varios días después de dejar de sangrar.
- Usa toallas higiénicas o paños de algodón limpios para absorber la sangre y cámbiatelos con frecuencia. No uses tampones ni copa menstrual.
- Se recomienda no tener relaciones sexuales coitales, como en cuarentena.

Algunos consejos prácticos

• *Avena:* te ayudará a reforzar tu sistema nervioso y será de gran ayuda en los desajustes que pueden acontecer; al ser un sedante natural, proporcionado por la acción de la avenina, combate la depresión, la ansiedad y el estrés. Proporciona fuerza y energía, mejorando el sistema inmunológico. Te ayudará a recuperar la pérdida de sangre porque tiene minerales como hierro, selenio, manganeso, cobre y zinc. Tu dieta deberá incluirla en el desayuno, con leche o en sopas.

• *Infecciones:* deberás comer ajo crudo pelado y comido al instante, para que no pierda, al cocinarlo, su efecto antibiótico. Si te parece demasiado fuerte, ponlo a macerar con vinagre y agua. El ajo puede ayudar a prevenir posibles infecciones.

• *Reparar el útero y tonificarlo:* prepara una infusión de una cucharada de hojas secas de frambueso por una taza de agua y bebe tres tazas al día durante dos semanas.

• *Calambres y dolores:* puedes tomar infusiones de jengibre, ajenjo, amapola, bardana, manzanilla, paico, quintral, ruda, tilo y yerba mora, entre otras. Para los cólicos, el orégano es muy efectivo.

• *Para calmar los nervios:* alhelí, boldo, lechuga, lavanda, valeriana, melisa, tilo y manzanilla.

• *Anemia:* ante la gran pérdida de sangre, consume alimentos ricos en hierro. Incorpora a tu dieta frutas y vegetales tales como espinaca, hinojo, hibisco, grosella negra, cereza, zarzamora, zanahoria, uva y pera, entre otros. Al ser *hierro no hemo*, deberán mezclarse siempre con alimentos ricos en vitamina C para facilitar su absorción.

• *Sistema inmunológico:* para fortalecer nuestra salud, pasados un par de días podemos comenzar a ingerir equinácea en tintura madre: quince gotas tres veces al día.

• *Aborto incompleto:* para evitar esto, puedes consumir infusiones de albahaca tres veces al día para ayudar a la eliminación de tejidos.

• *Cortar la leche materna:* realiza una infusión de salvia. Deberás beber un máximo de tres tazas al día. Aprendí en Brasil que muchas mujeres mantienen la tradición de realizarse un collar de flores de adelfa, que se coloca en el cuello y es capaz de secar la leche materna en un par de días.

Recomendaciones alimentarias

• Mantén una dieta liviana, libre de azúcar refinada, cigarrillo y alcohol. Consume preferentemente cereales integrales, verduras de color verde oscuro, frutas variadas y comidas a la plancha.

• Evita los siguientes alimentos: café, bebidas excitantes y gaseosas, alimentos muy condimentados y especiados como la canela, el chocolate, el té negro y el mate.

• Añade a jugos, sopas y ensaladas un poco de germen de trigo, ortiga y levadura de cerveza.

Recuperación

Siempre habrá abortos y pérdidas espontáneas (cualquiera sean las causas). Las mujeres necesitaremos convalecencia, amor, cuidado y comprensión, de todas maneras, ante aquel desajuste que nos afectará a nivel emocional, físico y espiritual. En algunos tipos de abortos, las mujeres tendrán que experimentar (dependiendo el tiempo de gestación) un trabajo de parto, dilatación y contracciones para la expulsión.

Es posible ser vulnerable a estados anímicos y emocionales frágiles, debido a la baja hormonal y a las muchas transformaciones que acontecen en el cuerpo, que son similares a las del período de posparto.

El útero perderá mucha sangre. Es un momento que requiere tranquilidad, descanso, contención humana, cariño, empatía, buena compañía y nutritiva alimentación para acompañar estas transformaciones.

Deberás estar alerta a tu estado físico. Por ejemplo, los signos fuera de riesgo y recurrentes son: dolores o cólicos leves en la parte baja del vientre y sangrado leve (hasta la misma cantidad que una menstruación) durante varios días, semanas o como máximo cuarenta y cinco días.

Pasada una semana hasta diez días de haber abortado, deberás acudir a realizarte una ecografía para chequear que no queden restos que puedan generar algún tipo de hemorragia e infección.

Duelo

La experiencia de un aborto inducido o, sobre todo, espontáneo, suele ser un suceso complejo de superar. Habrá que darle espacio al luto para traspasar el proceso de adaptación ante la pérdida. No dudes en pedir ayuda profesional psicológica si sientes la necesidad. No debes quedarte sola ni guardarte nada que debas decir. Hazte escuchar y, aunque suene fácil decirlo, intenta ser valiente. Ya eres poderosa por abatir esta situación en las condiciones en que se haya dado, que comprendo por experiencia propia que no suelen ser fáciles.

Un dolor no resuelto puede llevarte a estados depresivos o afectar tu salud física. Deberás ser fuerte y darte el espacio de vivir aquel duelo para seguir adelante, sin caer en los sentimientos de culpa que suelen sentir muchas mujeres.

Ritual de despedida

En pocas ocasiones logramos abrazar la muerte como parte de nuestros ciclos. Suele venir acompañada de un período doloroso. Intenta vivir este proceso de manera consciente, no racionalizando tus emociones.

Un acto fundamental es despedirse del ser que ha muerto. Podemos realizar un pequeño ritual de separación y ofrendarlo junto a elementos de la Naturaleza de regreso a su origen, la tierra. Esto puede ser incluso en el momento de estar sangrando en plena pérdida: aléjate a un lugar en la Naturaleza (ríos, playas o bosques) y pare en dirección a la tierra. Despídete, dile todo lo que sientas necesario (canta o eleva un rezo), no pierdas la amorosa oportunidad de hacerlo, para no dejar ventanas abiertas ante un ciclo que ya muestra su final.

Y si mi sangre cae a la tierra,
germinarán entre mis pies brotes de pasiflora
enredándose por las rodillas con tierra fértil y creativa
y si dejo que la luz de tu espíritu vuele entre las hojas de este otoño
soltando alientos de libertad y decisión
dejaré que se lleve las culpas y los dolores.

La escarcha del amanecer humedecerá mis pies descalzos
donde el brillo resplandeciente de la hora azul
alimenta la voluntad y renovación del cosmos,
el retorno del sol me entregará nuevas esperanzas
para fortalecerme como mujer guerrera.

Cultivaré en mi ser el retorno a una nueva vida
acariciando mi vulva con aloe vera,
empoderándome de toda la tierra fértil que soy.
Tomando sopita de llantén mi cuerpo cicatriza.
Descanso, me guardo, me quiero
y me recupero para ser medicina.

Brotarán hojas y ramas llenas de sabiduría,
le enseñaré al hombre a hacerse cargo de su semilla,
tocaré mis fluidos para saber de fertilidad
Con artemisa y chilko cultivo secretos,
me renuevo y regulo mi deseo.
Soy mujer, soy luna fértil que busca libertad.

Awawe – *Luna fértil*

CAPÍTULO XVI

La Matriz herida

Al reencuentro con la Madre

«Cada mujer que se sana a sí misma contribuye a sanar a todas las mujeres que la precedieron y a todas aquellas que vendrán después de ella».

CHRISTIANE NORTHRUP

Como parte de mi historia y de mi camino de sanación es que decidí incluir este nuevo capítulo para exponerlo como una problemática frecuente que nos acontece a nosotras, las mujeres.

He reconocido mi herida. Y la veo de manera frecuente en otras mujeres. Veo la urgencia de mis compañeras por sanar aquello que permanece vigente en lo más íntimo de sus úteras y que les provoca un gran dolor, muchas veces irreconocible, manifiesto de múltiples formas y que nos mantiene en una búsqueda confusa y constante.

Lograr dar con el origen de aquello que nos duele, nos estanca y enferma no es fácil y los caminos para sanarlo tampoco lo son. Sin embargo, el primer y gran paso es desear sanar, sin pensar en el tiempo que nos tomará ni en la dificultad para llegar a lograrlo; solo hay que tener la intención.

Abrirse a la posibilidad de mirar la herida, de mostrarla y de sumergirse en la autosanación no es un camino simple; a veces es más cómodo permanecer en los huecos oscuros de la victimización y la culpa... pero no hay mejor viaje que el de abrir un horizonte propio liberando ataduras traumáticas.

La "herida" se refleja de diversas formas, pero la constante es un desequilibrio permanente con nuestras principales referencias femeninas: principalmente nuestra Madre, gran influyente en nuestra historia de vida (amorosa, sexual, psicoemocional): suele coexistir en nosotras el rechazo hacia el hecho de poder llegar a ser "como nuestra madre". Resaltamos sus errores, idealizamos un modelo de madre que solo nos mantiene en una espiral de angustia ante la falta de aquello que no fue como nosotras quisimos o como aún deseamos que sea, actuando en nuestro inconsciente como una negación hacia nosotras mismas, hacia nuestra historia, hacia nuestra crianza, pero principalmente hacia la primera referencia de lo que es para nosotras "ser mujer". En muchos casos, allí, en nuestra propia matriz, se esconden muchas respuestas sobre nuestros padecimientos de salud sexual.

El arquetipo Madre

Un arquetipo es un modelo o fuente de referencia básica que va sentando los pilares en la comprensión de ciertos conceptos e ideas. A lo largo de nuestras vidas, experimentaremos conductas que remiten a varios arquetipos.

El arquetipo Madre es amplio y se compone de múltiples aspectos: posee características oscuras y luminosas. Una comprensión universal es la que se relaciona con la capacidad de crear vida.

> La Naturaleza, la Madre universal, señora de los elementos, criatura primordial del tiempo... Ella es la feminidad arquetípica, el origen de toda la vida;

> ella simboliza todas las fases de la vida cósmica, reuniendo todos los elementos, tanto los celestiales como los infernales. Ella nutre, protege, da calor, contiene en sí y, al mismo tiempo, se contiene en las terribles fuerzas de disolución, devoradora y repartidora de la muerte; ella es la creadora y alimentadora de toda vida…[1]

El arquetipo Madre es el origen de la vida. Aquí se materializa la primera relación afectiva que experimentamos, comenzando en el útero, donde por primera vez recibimos amor, protección y placer, así como temor, miedo y estrés si no fuera un espacio favorable.

Todo ser humano habita alguna vez un útero. La Madre es nuestra principal referencia del lado femenino de la vida. "Madre" no solo se refiere al rol biológico, sino también al arquetipo, al papel que cumplen nuestras abuelas, tías, madrastras, etcétera. Somos parte de ellas y vivimos luchando contra esa mujer que no queremos reproducir en nosotras mismas. "Lo que sea, pero nunca como mi madre", como dice la frase que analiza Carl Jung.

> El rol de la madre, de iniciadora de un hijo en el mundo es, por tanto, de importancia fundamental [...] pues representa la esencia femenina que configura los sentimientos íntimos hacia la vida y las relaciones con los demás en la *psique* del niño. A través de los ojos y los sentidos de ella, el niño aprenderá a comportarse y a confiar en sus intuiciones. Tanto los hombres como las mujeres adultos conservan diversos hábitos que sus madres les enseñaron, sobre todo en la esfera íntima del hogar y la familia… Cada partícula de la existencia está

---

1 COOPER, J. C. (1978). *An Illustrated Encyclopedia of Traditional Symbols.* Londres, Butler & Tañer LTD, p. 108.

sujeta al mito del eterno retorno representado por el arquetipo de la Madre: concepción, nacimiento, vida, muerte y renacimiento[2].

Negar el origen

Nacemos con una misión. Marcada por un contexto y antepasados, cargamos con nosotras la historia de quienes nos precedieron. La urdimbre de nuestro ADN almacena toda la información, y nuestra memoria corporal y espiritual permanece latente para ser activada. El útero de una mujer, como una gran vasija de agua, ha sostenido a todos los seres de su linaje que la anteceden; es nuestro lugar en común, donde tenemos el placer de disfrutar y recibir las primeras expresiones de amor. Nuestra primera relación amorosa se inicia en el útero. Nuestra madre nos transmite parte de sus genes, lengua, cultura e historia. Su forma de ser es la base emocional en nuestra infancia.

> Nuestras células se dividieron y desarrollaron al ritmo de los latidos de su corazón; nuestra piel, nuestro pelo, corazón, pulmones y huesos fueron alimentados por su sangre, sangre que estaba llena de las sustancias neuroquímicas formadas como respuesta a sus pensamientos, creencias y emociones. Si sentía miedo, ansiedad, nerviosismo, o se sentía muy desgraciada por el embarazo, nuestro cuerpo se enteró de eso; si se sentía segura, feliz y satisfecha, también lo notamos[3].

---

2 Manuela Dunn, citada en: Selowsky, S. (2004). *El Oráculo de las diosas.* Santiago de Chile, Grijalbo, p. 121.

3 Northrup, C. (2006). *Madres e hijas: creando un legado de salud física y emocional.* Barcelona, Urano, p. 17.

Somos, en gran medida, el resultado de la experiencia de nuestra madre, el reflejo de sus alegrías, penas y traumas. ¿Cómo negarla? ¿Cómo rechazarla por todo lo que entregó? Como dice Bethany Webster, "nuestra madre solo podía amarnos de la manera en que podía amarse a ella misma"[4].

Ella fue el cálido mar que nos cobijó para nuestra creación; su leche, nuestro alimento; su cuerpo, nuestra casa; sus abrazos cansados, nuestra seguridad ante el miedo. Ella, la manifestación de todas las madres y de la gran Madre Tierra.

La enfermedad como herencia

¿Cómo es tu relación con tu madre? ¿Cómo es la relación de tu madre con la suya (tu abuela)? ¿Cómo fue tu abuela con su propia madre (tu bisabuela)? Y así consecutivamente… El patrón de relacionamiento puede repetirse por varias generaciones. Estamos determinadas en gran medida de acuerdo a cómo fue nuestra madre, y podemos llegar a reproducir esa relación con nuestra hija.

El vínculo que se construye con nuestra madre, tanto con sus aspectos positivos como con los dolorosos, es el cimiento que luego tendremos para la comprensión de nuestra salud y sexualidad. El amor, la autoestima, el rechazo o el odio hacia nuestros cuerpos tienen mucho que ver con la relación que nos transmitió nuestra madre, sobre la visión que ella tenía sobre sí misma. ¿Y cómo no? Si ella fue nuestro primer mundo y la comprensión de todo lo que debemos saber durante nuestros primeros años de vida proviene de la suya.

---

4 Webster, B. (13/03/2013). "Transforming the Inner Mother", disponible en <womboflight.com>.

Es frecuente oír frases como: "Mi madre falleció de cáncer, pues ese será mi destino"; "Mi madre fue diabética, por lo que mis probabilidades de tener la enfermedad son altas"; "Mi madre no tuvo leche, por lo que yo tampoco tendré"; "Mi madre parió con dolor, pues programaré mi cesárea para no sufrir como ella"; "Mi madre tuvo una menopausia horrible; espero no llegar a ese momento", etcétera.

Creo firmemente que las enfermedades no son 100% herencias genéticas, sino más bien el cruce entre hábitos heredados, desde la alimentación hasta los valores sobre nuestro cuerpo, con todos los aspectos sociales y culturales que nos transmiten nuestra madre y nuestra familia sobre la comprensión del proceso salud/enfermedad.

Hay círculos viciosos que sin duda se deben cortar. No solo podemos culpar a la "inexactitud de la biología" sobre nuestra salud. ¡Nosotras creamos realidad! No podemos pensar que somos víctimas de un destino ni vivir bajo el rencor de lo que pudo ser mejor. Ahora estás tú con la posibilidad en tus manos de darte a ti misma el amor que no recibiste, los valores que tú deseas, la alimentación, el tiempo y el cariño que te hacen falta. Todas somos hijas del patriarcado y necesitamos sanar la sexualidad de nuestra madre y ancestras, que es un asunto que se nos hereda. Debemos lograr resolverla, porque ahí encontramos mucho dolor, abusos y heridas no resueltas por siglos que circulan en una constante con la que debemos terminar.

Detrás de la Madre se esconde una Mujer

El sistema social incita a que la mujer debiera convertirse en "madre" en algún momento de su vida. Las diversiones y juguetes están dirigidos a hacernos cumplir aquel rol desde que somos pequeñas, y lo hacemos a imagen y semejanza de nuestra madre. El sistema necesita de las madres para que, como agentes de cultura que son, reproduzcan una y otra vez este mismo orden social.

Cuando una mujer adulta asume no ser madre es generalmente muy juzgada por la sociedad, pero ¿qué sucede cuando te conviertes en madre? ¿Todo es color de rosa? ¿Se cumplen todos los sueños? Pues se dice que de solo mirar a nuestros hijos e hijas, olvidamos el dolor y el esfuerzo que muchas veces acompañan a la maternidad… Suele ser un tabú discutir sobre el lado oscuro que arrastra cumplir aquel rol, se asume que lo haremos bien, dadas las condiciones que sean. Pero "mala madre", eso nunca. Y pienso que nadie desea serlo, todas creemos estar dando lo mejor. Sin embargo, poco se habla de que la crianza es una de las tareas más difíciles que nos toca atravesar.

Creo que faltan espacios de discusión para encontrar apoyo en la crianza. Históricamente, el rol de la madre es un ejercicio que asumen las mujeres solas, esté o no presente la pareja. La sociedad y sus modelos de familia relegan la mayoría de los cuidados solo a la figura materna, aun cuando sabemos que es una tarea difícil que solo se logra en armonía, cuando la mujer encuentra apoyo y puede desarrollarse libremente.

> Contrariamente a lo que dice el mito, la crianza no es un dispositivo innato en la hembra humana […]. Ninguna madre humana fue diseñada jamás para ser la única fuente de la energía que sustenta la vida

> de su hijo sin recibir también apoyo y ayuda externa, para ella personalmente y para sus necesidades individuales[5].

Una madre que no consigue satisfacer sus propias necesidades básicas para desenvolverse plenamente puede ocasionar una serie de frustraciones que pueden desencadenar relaciones tormentosas madre-hijo/a, apareciendo períodos de histeria, depresión y agresividad.

Solo debido al rol de "madre" anulamos completamente a la "mujer" que hay detrás, en todos sus múltiples aspectos: creadora, soñadora, independiente y libre, que puede disfrutar de la vida. "La madre solamente es un blanco perfecto al que echar la culpa de la confusión y escasa autoestima que experimentan muchas mujeres en una cultura que glorifica lo masculino"[6].

Lamentablemente, nos cuesta mucho pensar en nuestras madres como seres neutrales, más allá de ser "nuestra madre". Ella es un fácil objetivo para las críticas y análisis, un lugar en común para la abnegación, el cansancio y el sacrificio. ¿En qué lugar se encuentran las necesidades de una mujer-madre para que su relación de crianza madre-hijo/a fluya con amor? Un dato interesante es el rol de la mujer madre en la sociedad matriarcal de la comunidad Mosuo en China, donde la mujer vive amparada bajo el linaje de su familia para siempre. Ninguna mujer u hombre se casa; ellas pueden elegir a su amante para toda la vida o cambiarlo con libertad, así como al fecundador de su descendencia. El cuidado de sus hijos/as es compartido con su madre, tías/os y hermanas/os, que forman parte de su propio clan. En esa sociedad, ninguna mujer sufre de abandono y ningún

5 Northrup (2006), obra citada, p. 23.
6 Murdock, M. (1998). *El viaje heroico de la mujer*. Madrid, Gaia, p. 35.

niño/a muere de hambre o sufre el abandono de la madre o el padre, ninguna familia se destruye, no hay separación, ni divorcio, ni viudez.

La herida como oportunidad

«De niños pensábamos que cuando llegáramos
a ser mayores ya no seríamos vulnerables.
Pero madurar es aceptar nuestra vulnerabilidad.
Vivir es ser vulnerable».

Madeleine L'Engle

No quiero liberar a la "madre" de errores y responsabilidades en su historia particular de vida. No quiero hacer de ella una "víctima", como hace este sistema. Creo que cada una debe reconocer sus equivocaciones y sanarlas en el lugar que le corresponde, así como cualquier otro ser.

En lugar de eso, pretendo contemplar y analizar el arquetipo y el rol que se le adjudica a la mujer-madre, debido al cual debe cumplir con expectativas que traspasan y anulan todos los otros aspectos de su ser.

Nuestras madres son el resultado de la maternidad bajo una sociedad patriarcal, donde no hay cabida al error ni es posible salirse del margen del comportamiento esperado; una situación desafortunadamente muy común, pero que sin embargo solo ocasiona culpas, angustias y traumas.

Pensando en esto, he comprendido que, en realidad, lo que he rechazado la mitad de mi vida sobre mi sexualidad y construcción como mujer (que se contrapone con mi esencia salvaje) es lo que esta sociedad ha construido como el arquetipo de Madre: el origen del rechazo hacia mi ser tiene que ver directamente con el rechazo a mi madre, a mi primer espejo y referencia como mujer.

Mi madre no estuvo presente en gran parte de mi infancia, y el hecho de que ella se saliera de la norma me hizo rechazarla aún más y cortar en mí misma toda la valoración hacia mi sexo. Me volví "la hija del héroe", como escribe Maureen Murdock en su libro de análisis exhaustivo sobre la relación de las hijas con su padre[7].

Mi padre fue quien salvó la historia y, como pasa en muchas historias de vida donde las madres incluso están presentes, las hijas se convierten en toda la proyección del padre: son las reinas, las princesas y el principal centro de atención. Hacemos todo por recibir su aceptación y todos nuestros logros se vuelcan a sorprenderlos a ellos, siguiendo las pautas de conducta de una señorita de bien, estudiosa, correcta, etcétera. Esta situación genera un triángulo morboso y competitivo con la madre, luchando contra ella, y nosotras, las hijas, peleamos por ser las preferidas del hombre de la casa.

Durante estos últimos años, he ido comprendiendo la importancia de restablecer el equilibrio con la Matriz que me brindó la vida: reencontrarme, reconciliarme, poder reconocerme en ella, abrazarla y honrarla.

Atacar la vida de otras mujeres no solo las violenta a ellas, sino que nos agrede a nosotras mismas y colabora en el proceso de no aceptación de nuestro cuerpo y de nuestros ciclos sexuales; colabora en hacernos perder la confianza en nosotras mismas y solo emprender la guerra.

---

7 MURDOCK, M. (1996). *La hija del héroe: una exploración del lado oscuro del amor paterno basada en la mitología, la historia y la psicología Jungiana.* Madrid, Neo Person.

La misión es dejar de proyectarnos en ella, "la madre", para liberarla. Ella es, ante todo, mujer y un ser independiente; su vida y sus acciones no deben ser juzgadas, como las de ninguna otra persona. El primer paso es separarnos de aquello que esperamos idealmente de ella, dejarla ser y aceptarla como es.

> Separarse de la madre es más complejo para una hija que para un hijo porque esta tiene que diferenciarse de una figura materna con la que se identifica, mientras que el hijo debe diferenciarse de una figura materna cuyas cualidades y comportamientos se le enseña a repudiar dentro de sí mismo para llegara a ser un hombre[8].

Sanar el linaje ahora y siempre

> *«Sanar para comprender, abandonar y aceptar.*
> *Para así agradecer, honrar y equilibrar».*

No fue hasta que me hice madre que comencé a entender a la mía. Viví la experiencia del puerperio y la crianza y comencé a pensar: ¿cómo era que mi madre lo hacía con hijos e hijas pequeños, amamantando y estando al mismo tiempo en gestación? A los 23 años, ella ya tenía cinco hijos/as. ¿Cómo mantenía la vida en equilibrio para demostrar al mundo que era una buena esposa y madre? ¿Y dónde estaba ella como mujer?

Debido a esto, comencé a cuestionar la situación económica de mis padres, la situación política de mi país (que sufría en esos tiempos la dictadura militar), el poco apoyo familiar que tenían, etcétera.

---

8 Goldhor Lerner, H. (1988). *Women in Therapy*. Nueva York, Harper & Row, p. 58.

Mi primer paso fue ser humilde, ponerme en el lugar de mi madre y de mi padre y dejar de juzgar lo que deberían o no haber hecho para que yo hubiera vivido una mejor infancia.

La historia de mi madre con su propia madre es exactamente la misma que la nuestra. Llevo anclada en mí la historia de mi madre, de mis abuelas, bisabuelas y tatarabuelas... Mujeres de clase trabajadora, invisibilizadas por el patriarcado, violentadas por abusos sexuales, tristemente maltratadas por sus maridos, mujeres profundamente heridas.

Tengo la oportunidad de poner fin a este ciclo sostenido de historias, comenzando por perdonarlas, para sanar esas heridas que ellas han vivido y que han marcado mi historia personal.

Ellas no necesitan más malos tratos ni juicios. Y hoy comienzo por mí. Ellas ya padecieron y siguen padeciendo muchos juicios en esta cultura. Yo quiero honrarlas por quienes son y por lo que yo soy gracias a ellas, en este camino de sanación y empoderamiento de las fuerzas femeninas. Desde que decidí dejar de enjuiciarlas y aceptar quiénes eran a partir de su propia historia, pude soltar mis dolores y amarlas libremente. Comprendí que mi herida era la suya, y que no poder aceptar a mi madre era mi propia no aceptación.

Comprendí que mi dolor de útero provenía, en gran parte, de la negación de mi madre, de mi principal referencia como mujer, y que el desajuste de mis hormonas era, en realidad, el desequilibrio con mi Matriz, con mi origen.

Desde que comencé a honrar a mis ancestras (no solo a las "buenas" que estuvieron conmigo, sino también a las que se apartaron del camino) sin cuestionarlas ni enjuiciarlas, para entenderlas, mi percepción del mundo cambió completamente. Comprendí que mis juicios hacia ellas provenían de la misma estructura patriarcal y que no estaba siendo empática con sus particulares procesos y desiguales contextos. Comprendí que mi discurso era castigador y moralista.

Desde que inicié el proceso de sanación con mi madre, me siento más cerca de ella. A pesar de que somos personas muy diferentes, empatizamos con nuestras vidas, respetamos nuestros valores y espacios propios… desde entonces, siento que puedo amarla en libertad, que amo mi útero, que mi femenino ancestral se está sanando y que ella, conmigo, también lo está haciendo.

> El "dolor corporal" del colectivo femenino es sanado una a una. Y a medida que el dolor corporal femenino se cura, lo mismo ocurre con el dolor de la comunidad humana. Nuestra propia sanación no es solo un regalo para nosotras mismas; también lo es para el mundo[9].

Hoy quiero honrar y nombrar a las mujeres que construyeron mi historia: a mi abuela paterna, Adelina del Carmen Arancibia; a mi Madre, Sandra San Martín; y a mi Mamá postiza, María Cecilia Gutiérrez Morales.

Les agradezco su Amor, su entrega, y cada comida realizada por sus manos. Les agradezco por sus caricias, por su contención, sus enseñanzas, sus lágrimas de cansancio y angustia.

Agradezco la oportunidad de poder tener tres madres en la historia de mi vida, y agradezco encontrar en todas las mujeres mayores que me rodean el abrazo cálido de la Madre Universal.

Hoy quiero cumplir parte de sus sueños frustrados, sus esperanzas marchitas, ser el puño que nunca dejará que la violencia nos vuelva a traspasar. Las honro y honro a todas

---

9 Webster, B. (23/05/2013). "La importancia de la Madre interna: el duelo por lo imperfecto, el encuentro", disponible en <womboflight.com>.

las mujeres que me antecedieron y que no llegué a conocer, pero que hoy están presentes en mí, sosteniéndome, conteniéndome, abrazándome. Las siento y las veo, presentes, en mi fe y en mi fuerza cotidiana contra este gran sistema.

Hoy comprendo mi camino porque sé que ellas están conmigo.

Herbolario

Abrojo	*Tribulus terrestris*
Acerola	*Malpighia glabra*
Adelfa	*Nerium oleander*
Ágave	*Agave americana L.*
Agripalma	*Leonurus cardiaca*
Ajenjo	*Artemisia absinthium L.*
Albahaca	*Ocimum basilicum*
Alfalfa	*Medicago sativa L.*
Alhelí	*Erysimum cheiri*
Aloe	*Aloe vera*
Amapola	*Papaver rhoeas L.*
Amaro	*Salvia sclarea*
Angélica	*Angelica archangelica L.*
Anís	*Pimpinella anisum L.*
Árnica	*Arnica montana L.*
Arrayán	*Luma apiculata*
Artemisa	*Artemisia vulgaris L.*
Bardana	*Arctium lappa L.*
Boldo	*Peumus boldus*
Bolsa de pastor	*Capsella bursapastoris*
Borraja	*Borago officinalis L.*

Cacao	*Theobroma cacao L.*
Caléndula	*Calendula officinalis L.*
Canela	*Cinnamomum zeylanicum*
Canelo	*Drimys winteri*
Cáñamo	*Cannabis sativa L.*
Cardo santo	*Cnicus benedictus L.*
Chia	*Salvia hispanica L.*
Chile	*Capsicum annum*
Cicuta	*Conium macalatum*
Cilantro	*Coriandrum sativum*
Ciprés	*Cupressus sempervirens L.*
Clavo de olor	*Syzygium aromaticum*
Cohosh negro	*Cimicifuga racemosa L.*
Cúrcuma	*Curcuma longa L.*
Damiana	*Turnera diffusa*
Diente de león	*Taraxacum officinale*
Dong quai	*Angelica sinensis*
Equinácea	*Echinacea angustifolia L.*
Espirulina	*Arthrospira platensis*
Fenogreco	*Trigonella foenum-graecum*
Frambueso	*Rubus idaeus*
Galega	*Galega officinalis*
Geranio	*Pelargonium zonale*
Girasol	*Helianthus annuus*
Granada	*Punica granatum*
Grosello negro	*Ribes nigrum L.*
Guanábana	*Annona muricata*
Guayabo	*Psidium guajava L.*
Hamamelis	*Hamamelis virginiana L.*
Hierba del platero o cola de caballo	*Equisetum bogotense H. B. K.*
Hierba limón o hierba luisa	*Cymbopogum citratus*
Hinojo	*Foeniculum vulgare*

Hoja de coca	*Erythroxylum coca*
Jacarandá	*Jacaranda mimosifolia*
Jengibre	*Zingiber officinale*
Laurel	*Laurus nobilis L.*
Lavanda	*Lavandula officinalis*
Linaza o lino	*Linum usitatissimum*
Llantén	*Plantago major L.*
Lúpulo	*Humulus lupulus L.*
Maca	*Lepidium meyenii W.*
Malva	*Malva sylvestris L.*
Manzanilla	*Matricaria chamomilla L.*
Maravilla	*Helianthus annuus*
Marrubio o toronjil cuyano	*Marrubium vulgare L.*
Matico	*Buddleja globosa*
Melisa	*Melissa officinalis L.*
Menta	*Mentha spp.*
Milenrama	*Achillea millefolium L.*
Molle	*Schinus molle*
Mostaza	*Brassica spp L.*
Muérdago	*Viscum album L.*
Neem	*Azadirachta indica*
Nogal	*Juglans regia L.*
Ñame silvestre	*Dioscorea villosa*
Orégano	*Origanum vulgare L.*
Ortiga	*Urtica dioica L.*
Paico	*Dysphania ambrosioides L.*
Peonia china	*Paeonia lactiflora*
Perejil	*Petroselinum crispum*
Pichirromero	*Fabiana imbricata R. y P.*
Pimienta	*Piper nigrum*
Piña	*Ananas comosus*
Pronto alivio o salvia morada	*Lippia alba*

Propóleo	*Propolis Gr.*
Quincha mali	*Quinchamalium chilense Molina*
Quintral	*Tristerix corymbosus*
Radal	*Lomatia hirsuta*
Regaliz	*Thuja occidentalis*
Romero	*Rosmarinus officinalis*
Rosa canina	*Rosal silvestre*
Rosa mosqueta	*Rosa eglanteria*
Rosa damascena	*Rosa x damascena*
Ruda	*Ruta graveolens L.*
Salvia	*Salvia officinalis L.*
Sanguinaria	*Polygonum sanguinaria R.*
Sauzgatillo	*Vitex agnus-castus*
Sello de oro	*Hydrastis canadensis L.*
Serenoa	*Serenoa repens*
Sésamo	*Sesamum indicum*
Tanaceto	*Tanacetum vulgare*
Té negro	*Camellia sinensis*
Té verde	*Camellia sinensis*
Thuja	*Thuja occidentalis*
Tilo	*Tilia europea L.*
Tomillo	*Thymus vulgaris*
Trébol rojo	*Trifolium pratense L.*
Triqui-triqui o trique	*Libertia sessiliflora*
Unicornio falso	*Chamaelirium luteum*
Valeriana	*Valeriana officinalis L.*
Yerba mate	*Ilex paraguariensis*
Yerba mora	*Solanum nigrum*
Ylang-ylang	*Cananga odorata*
Zanahoria silvestre	*Daucus carota ssp.carota*
Zarzaparrilla	*Smilax aspera L.*

Bibliografía

AA.VV. (1962). *Our Human Body*. Nueva York, The Reader's Digest Association.

BLACKLEDGE, C. (2003). *Historia de la vagina. Un territorio virgen al descubierto*. Barcelona, Ediciones Península.

BRENNAN, B. (2006). *Manos que curan II*. Buenos Aires, Martínez Roca.

CALVERA, L. (2005). *Diosas, brujas y damas de la noche*. Buenos Aires, Nuevo Hacer.

CAMPHAUSEN, R. (1999). *Diccionario de la sexualidad sagrada*. Barcelona, Editorial Alejandría.

CHANG, J. (1992). *El Tao del sexo y del amor. La antigua vía china hacia el éxtasis*. Barcelona, Plaza & Janés.

CHAVARRO, J. (2008). *La dieta de la fertilidad*. Universidad de Harvard.

CHIA, M. (1983). *Amor curativo a través del Tao. Cultivando la energía sexual femenina*. Madrid, Editorial Mirach.

CHIA, M. y CARLTON, R. (2003). *La mujer multiorgásmica*. Madrid, Neo Person.

COLER, R. (2005). *El reino de las mujeres. El último matriarcado*. Buenos Aires, Planeta.

COOPER, J. C. (1978). *An Illustrated Encyclopedia of Traditional Symbols*. Londres, Butler & Tañer LTD.

DIAMANT, A. (2009). *La tienda roja*. Barcelona, VíaMagna.

EDEN, D. y FEINSTEIN, D. (2012). *Medicina energética para mujeres. Alinea las energías de tu cuerpo para mejorar tu salud y vitalidad*. Barcelona, Obelisco.

Ehrenreich, B. y English, D. (1981). *Brujas, parteras y enfermeras. Una historia de sanadoras.* Barcelona, La Sal.

Federación Única de Mujeres Campesinas del Altiplano Sur "Bartolina Sisa" (1996). *Curso regional sobre plantas medicinales.* La Paz, Secretaría Nacional de Educación.

Federici, S. (2010). *Calibán y la bruja. Mujeres, cuerpo y acumulación originaria.* Buenos Aires, Tinta Limón.

Galeano, E. (2011). *Los hijos de los días.* Montevideo, Siglo XXI.

García Paniagua, J. y Vargas Casarola, N. (2007). *Ciclos femeninos y fertilidad consciente.* México, edición de las autoras.

Goldhor Lerner, H. (1988). *Women in Therapy.* Nueva York, Harper & Row.

Gray, M. (2003). *Luna roja: los dones del ciclo menstrual.* Buenos Aires, Gaia.

Itkin, S. (2004). *Plantas de la Patagonia para la salud.* Buenos Aires, Editorial Caleuche.

Klein, S.; Miller, S. y Thompson, F. (2007). *Un libro para parteras.* Berkeley, Hesperian.

Lark, S. (1990). *El síndrome premenstrual. Un programa natural para aliviar sus síntomas.* Barcelona, Tikal.

Lezaeta Acharán, M. (1956). *La medicina natural al alcance de todos.* México, PAX.

Lim, R. (2014). *La placenta: el chakra olvidado.* Tenerife, Ob Stare.

Mbembe, A. (2011). *Necropolítica.* Tenerife, Melusina.

Montecino, S. (1995). *Sol viejo, sol vieja. Lo femenino en las representaciones mapuches.* Santiago de Chile, SERNAM.

Mora Penroz, Z. (2003). *Palabras mágicas para reencantar la tierra.* Santiago de Chile, Norma.

Mora Penroz, Z. (2009). *Magia y secretos de la mujer mapuche. Sexualidad y sabiduría ancestral.* Santiago de Chile, Uqbar Editores.

Morgan, R. (ed.) (1970). *Sisterhood is Powerful.* Nueva York, Vintage.

Morgan, M. (1991). *Las voces del desierto. La transformación de una mujer en contacto con los aborígenes australianos.* Barcelona, Zeta Bolsillo.

MURDOCK, M. (1996). *La hija del héroe: una exploración del lado oscuro del amor paterno basada en la mitología, la historia y la psicología Jungiana*. Madrid, Neo Person.

MURDOCK, M. (1998). *El viaje heroico de la mujer*. Madrid, Gaia.

NORTHRUP, C. (1999). *Cuerpo de mujer, sabiduría de mujer*. Barcelona, Urano.

NORTHRUP, C. (2006). *Madres e hijas: creando un legado de salud física y emocional*. Barcelona, Urano.

PALMETTI, N. (2008). *Cuerpo saludable*. Córdoba, edición de autor.

RÄTSCH, C. (2011). *Las plantas del amor. Los afrodisíacos en los mitos. La historia y el presente*. México, Fondo de Cultura Económica.

REUBEN, D. (1976). *La dieta que salvará su vida*. Madrid, Cosmos.

ROCHE, C. (2008). *Zonas húmedas*. Barcelona, Anagrama.

RODRIGÁÑEZ, C. (2010). *El asalto al Hades. La rebelión de Edipo*. Edición de la autora.

RODRIGÁÑEZ, C. (2010). *Pariremos con placer*. Buenos Aires, Madreselva.

ROZZI SACHETTI, S. (1988). *Longevidad por el naturismo*. Santiago de Chile, Pía Sociedad de San Pablo.

SALVIA RIBERA, A. (2013). *Viaje al ciclo menstrual*. Barcelona, edición de la autora.

SANYAL, M. (2012). *Vulva, la revelación del sexo invisible*. Barcelona, Anagrama.

SCHMID, V. (2011). *La sabiduría del cuerpo al gestar, parir y maternar*. Buenos Aires, Mujer Sabia Editoras.

SELOWSKY, S. (2004). *El Oráculo de las diosas*. Santiago de Chile, Grijalbo.

TRUJILLO, I. (2012). *Las mujeres alimentan al mundo*. La Habana, Caminos.

VARGAS, L.; VARGAS, R. y NACCARATO, P. (1995). *De salvia a toronjil. Guía de medicina natural para la salud de la mujer*. Lima, Flora Tristán.

VERAZA, J. (2007). *Los peligros de comer en el capitalismo*. México, Ítaca.

ZHAO, X. (2006). *Medicina tradicional china para la mujer*. Barcelona, Urano.

Agradecimientos

A mi madre y a mi padre, a quienes miro con
otros ojos después de haber parido;

en definitiva, a mis raíces, a mis abuelas,
que sufrieron más brutalmente el peso del
patriarcado...;

a mi hijo, Damián, por ser el pulso de este trabajo;

a Ludo, mi gran compañero en esta travesía;

a Meli Wortman, la nueva integrante de este
equipo, nuestra "partera" editora y consejera.

Esta nueva edición fue publicada gracias a la venta "en verde" de este libro mediante el proyecto Verkami. Apostamos por sacarlo por ese medio, ya que la investigación independiente y posteriormente la autopublicación presenta bastantes obstáculos, sobre todo económicos. Tuvimos la suerte de ser un proyecto muy bien acogido alrededor del mundo por muchas personas que creyeron en él. GRACIAS.

CROWDFUNDEADO

VERKAMI